Dietrich Höllhuber / Innerstädtische Umzüge in Karlsruhe

ERLANGER GEOGRAPHISCHE ARBEITEN

Herausgegeben vom
Vorstand der Fränkischen Geographischen Gesellschaft

Sonderband 13

Dietrich Höllhuber

Innerstädtische Umzüge in Karlsruhe

Plädoyer für eine sozialpsychologisch
fundierte Humangeographie

Mit 88 Abbildungen und 19 Tabellen

Erlangen 1982

Selbstverlag der Fränkischen Geographischen Gesellschaft
in Kommission bei Palm & Enke

Als Habilitationsschrift auf Empfehlung der Naturwissenschaftlichen
Fakultät III (Geowissenschaften) der Friedrich-Alexander-Universität Erlangen-Nürnberg
gedruckt mit Unterstützung der Deutschen Forschungsgemeinschaft

ISBN 3-920405-53-6

ISSN 0170–5180

Der Inhalt dieses Sonderbandes ist nicht in den
„Mitteilungen der Fränkischen Geographischen Gesellschaft" erschienen.

Gedruckt in der Universitätsbuchdruckerei Junge & Sohn, Erlangen

Vorwort

Die vorliegende Habilitationsschrift ist ein Versuch über Ziele und Inhalte der Humangeographie. Die Idee zu dieser Arbeit entstand 1973, als ich mich mit der Frage herumschlug, wie ich gruppenspezifische Mental Maps von Karlsruhe erklären sollte. 1975 begann ich mit der eigentlichen Untersuchung, getragen von der Absicht, die noch unklare Fundierung des Wahrnehmungsansatzes in der Humangeographie zu untersuchen. Beim Versuch der Erklärung innerstädtischen Umzugsverhaltens stieß ich auf unüberwindliche Schwierigkeiten, sobald ich die mittlere Erklärungsebene verließ und individuelle Umzugsfälle betrachtete. Herkömmliche Methoden halfen mir nicht weiter, und erst die Beschäftigung mit sozialpsychologischen Theorien zeigte mir einen zum damaligen Zeitpunkt gangbar erscheinenden Weg zur Lösung meiner Probleme. Das Ergebnis von Überlegungen zur Erklärung räumlichen Verhaltens und damit räumlicher Muster durch eine Wanderungstheorie, die gleichermaßen auf einem Konzept des subjektiven Raumes wie auf einer Verhaltenstheorie aufbaut, ist Gegenstand dieser Arbeit.

Das Manuskript habe ich im Frühjahr 1978 abgeschlossen, 1979 wurden nur einige kleinere Änderungen vorgenommen, desgleichen Anfang 1980 nach Abschluß des Habilitationsverfahrens. Diese Korrekturen haben nicht mehr an der Substanz gerührt, die Arbeit bleibt das Produkt der Jahre 1975 bis 1978. Heute, 1982, würde ich sie in dieser Form nicht mehr schreiben. Mein Versuch, phänomenologische Konzepte und analytisch-empirische Vorgehensweise zusammenzubinden, erscheint mir zwar heute immer noch interessant; aber aus der Sicht gerade der beiden letzten Jahre, in denen ich mich einerseits intensiv mit Phänomenologie, andererseits mit den Beziehungen zwischen Gesellschaft und Wissenschaft beschäftigt habe, fällt es mir schwer, die dahinter stehende wissenschaftstheoretische Grundposition eines pluralistischen Neopositivismus nachzuvollziehen.

Trotz meiner Bedenken wegen des Ausklammerns des gesellschaftlich-politischen Rahmens der Wanderungsentscheidung in dieser Untersuchung, trotz meines nur zaghaften Votums für die phänomenologische Methode halte ich die Arbeit immer noch für so wichtig, daß mir eine Veröffentlichung sinnvoll erscheint. Den Versuch der Abgrenzung des subjektiven Raumes würde ich heute wieder machen – aber nur im Sinne und mit der Methode phänomenologischer Selbsterfahrung.

Humanistische Ideen habe ich zwar an einigen Stellen zitiert und in die Arbeit eingebracht – sie deckten sich schon damals mit meinen Zweifeln am analytisch-empirischen Wissenschaftsbegriff –, aber nicht systematisch und ohne zwingenden Zusammenhang. Man möge mir die Bedingungen zugute halten, unter denen so eine Habilitationsschrift entsteht: Die Drohung des Existenzverlustes, wenn die Arbeit bei Abschluß der Assistentenzeit nicht ebenfalls abgeschlossen ist, verhindert sehr effektiv eine wirkliche fundamentale Revision eines einmal aufgenommenen Forschungsvorhabens.

Hier eine Liste all derer aufzuführen, die am Zustandekommen dieser Arbeit beteiligt waren, halte ich für Platzverschwendung. Denen, die mir wirklich geholfen haben, habe ich bereits persönlich gedankt, diejenigen aufzuführen, die üblicherweise in Vorworten erscheinen, sehe ich keinen Grund. Zwei Ausnahmen möchte ich machen: Der Deutschen Forschungsgemeinschaft danke ich für die Übernahme der Druckkosten und der Fränkischen Geographischen Gesellschaft für die Aufnahme der Schrift in die Reihe der Sonderbände der Erlanger Geographischen Arbeiten.

Ich widme diese Arbeit mit allen ihren Schwächen und Unstimmigkeiten meiner Freundin Brigitte Philippi, deren Kritik an mechanistischen Erklärungsmodellen menschlichen Handelns mir mehr geholfen hat als mancher sehr konkrete Hinweis auf Mängel der Arbeit.

Erlangen, im März 1982 *Dietrich Höllhuber*

Inhaltsverzeichnis

Vorwort 5
Inhaltsverzeichnis 7
Verzeichnis der Abbildungen 9
Verzeichnis der Tabellen 11
Einleitung 13

I. Das Erklärungsproblem in der Humangeographie 15
   A. Was „erklärt" Humangeographie: den Raum oder den Menschen? 15
   B. Human-(sozial-)geographische Theoriebildung und „Erklärung" 16
   C. Das Beispiel des Konzepts „Distanzwiderstand" 17
   D. Sozialpsychologie und Environmental Psychology 23

II. Ein Modell humangeographischer Analyse 24
   A. Humangeographie und Sozialpsychologie 24
   B. Der Erklärungszusammenhang menschlicher Entscheidungen aus sozialpsychologischer Sicht 26
   C. Raumkonzepte der Humangeographie 27
      1. Konzepte des subjektiven Raumes 27
      2. Das Polarisierte Aktivitätsfeld 29
   D. Das Erklärungsschema menschlicher Entscheidungen aus humangeographischer Sicht 34
   E. Ein Modell humangeographischer Analyse 37

III. Der sozialpsychologische Theorierahmen 40
   A. Soziale Wahrnehmung 40
   B. Sozialpsychologische Theorien – ein Überblick 43
   C. Komplexe sozialpsychologische Theorien mit dem Anspruch der umfassenden Verhaltenstheorie 43
      1. Die Feldtheorie 44
      2. Die Gestaltpsychologie 44
      3. Die Theorien der kognitiven Konsistenz (Gleichgewichtstheorien) . . . 45
      4. Die Verstärkungstheorien 46
   D. Die Motivationstheorien 47
      1. Das Neugier- und Explorationsmotiv 48
      2. Das Motiv des Kontaktwunsches zum Mitmenschen (das Affiliationsmotiv) 48
      3. Das Motiv der Messung von eigenen Einstellungen und Fähigkeiten an den Einstellungen und Fähigkeiten anderer 49
      4. Das Neidmotiv 50
      5. Das Leistungsmotiv 51
      6. Das Geltungsmotiv 51

E.	Theorien der Attitüdenbildung und Anspruchsniveausetzung	52
	1. Theorien aus dem Bereich der physiologischen und sozialen Wahrnehmung	52
	2. Verstärkungstheorien	53
	3. Gestaltpsychologische Theorien kognitiver Konsistenz	55
	4. Theorien der Attitüdenbildung aus dem Bereich der Feldtheorie	55
F.	Eine Theorie der Anspruchsniveausetzung als kognitive Konflikttheorie: die Theorie der marginalen Differenz	56
IV.	Eine Theorie der Wanderungen am Beispiel innerstädtischer Umzüge	66
A.	Zum Stand der Wanderungsforschung	66
B.	Eine Wanderungstheorie	73
	1. Stufen der Analyse und die Wanderungstheorie	74
	2. Der Entscheidungsprozeß des innerstädtischen Umzugsverhaltens	74
	3. Entscheidungsprozeß und Polarisiertes Aktivitätsfeld	78
	4. Ausgangsdefinitionen und Theoreme der Wanderungstheorie	79
	5. Hypothesen auf der Makro-Ebene	81
	6. Hypothesen auf der Meso-Ebene	83
	a) Hypothesentyp 1: Hypothesen zu Umzugstypen	84
	b) Hypothesentyp 2: Hypothesenmatrizen	86
	7. Hypothesen auf der Mikro-Ebene	87
	a) Die Hypothesengruppe 1: Wohnstandortssituation, Sozialstatus und Umzugsverhalten	88
	b) Die Hypothesengruppe 2: Wohnumfeldsituation, Sozialstatus und Umzugsverhalten	89
	c) Die weiteren Hypothesengruppen	90
V.	Die empirische Überprüfung von Hypothesen zur Erklärung innerstädtischen Umzugsverhaltens: Umzüge in Karlsruhe 1974–1976	91
A.	Das Datenmaterial	92
	1. Daten der amtlichen Statistik	92
	2. Daten aus Befragungen	93
B.	Das räumliche Muster der Umzüge: Einige Grundinformationen	96
C.	Die Operationalisierung des Polarisierten Aktivitätsfeldes	102
	1. Das Polarpaar vertraut – fremd (Familiarität)	104
	2. Das Polarpaar bekannt – unbekannt (Nachbarschaft)	104
	3. Das Polarpaar nah – fern (subjektive Distanz)	105
	4. Die Festlegung der Kategorien des Polarisierten Aktivitätsfeldes	105
	5. Status der Raumeinheit	106
	6. Status der Person	109
D.	Die Bestimmung der Umzugstypen	111
E.	Hypothesen auf der Makro-Ebene	114
	1. Hypothese 1	114
	2. Hypothese 2	115
F.	Hypothesen auf der Meso-Ebene	118

  G. Hypothesen auf der Mikro-Ebene 128
    1. Polarprofile der Wohnumfeldqualität vor und nach dem Umzug . . . 129
    2. Wohnstandortssituation, Sozialstatus und Umzugsverhalten 137
    3. Wohnumfeldsituation, Alter, sozialer Status und Umzugstypus . . . 144
  H. Zusammenfassung der Ergebnisse der empirischen Überprüfung
    der Wanderungstheorie (Abschnitt V) 151
VI. Humangeographische Forschung auf sozialpsychologischer Basis
  in weiteren Forschungsbereichen 154
  A. Typen raumüberwindenden Verhaltens und humangeographische
    Erklärungsversuche 155
    1. Am Verkehr teilnehmen 156
    2. Sich erholen 158
    3. Sich versorgen 159
  B. Einige humangeographische Forschungsrichtungen und der Beitrag
    sozialpsychologischer Theorien und Konzepte zu ihrer Weiterentwicklung . 162
    1. Zur geographischen Diffusionsforschung 162
    2. Standorts- und Produktionsentscheidungen in der Landwirtschaft . . . 163
    3. Regionale Disparitäten der Lebensqualität und die
     Soziale-Indikatoren-Bewegung 165

Literaturverzeichnis 199
Anhang 213

Verzeichnis der Abbildungen

1. Die Realität aus einer sozialpsychologischen Perspektive S. 26
2. Schema des subjektiven Raumes S. 35
3. Schema des Polarisierten Aktivitätsfeldes S. 35
4. Die Realität aus einer humangeographischen Perspektive S. 36
5. Schaubild der humangeographischen Analyse S. 38
6. Die Motivkategorien S. 59
7. Stufen der Analyse anhand einer Wanderungstheorie S. 75
8. Schema des Entscheidungsprozesses beim Umzugsverhalten S. 77
9. Wahrscheinlichkeitsmatrix von Wohnstandortsveränderungen im Polarisierten Aktivitätsfeld S. 82
10. Hypothesenmatrix Kontaktmotiv S. 86
11. Hypothesenmatrix Konfliktvermeidungsmotiv S. 86
12. Hypothesenmatrix Aufwandsminimierungsmotiv S. 87
13. Karlsruhe: Verteilung der Probanden der Umzugsbefragung nach 1 × 1 km-Rasterfeldern S. 96
14. Karlsruhe: Bevölkerungsveränderung 1965–1975 S. 98
15. Karlsruhe: Baufertigstellungen 1975 (Wohnungen insgesamt) S. 99
16. Karlsruhe: Wohnungen mit 5 und mehr Räumen in Prozent aller Wohnungen 1975 S. 101

17. Karlsruhe: Wohnungen mit 1 bis 2 Räumen in Prozent aller Wohnungen 1975   S. 101
18. Karlsruhe: Stadtteiltreue bei innerstädtischen Umzügen   S. 103
19. Schema der Zuordnung von Umzügen zu Entfernungsbereichen   S. 106
20. Karlsruhe: Faktorenanalyse ‚Rangskala', Faktorenwerte von Faktor 1   S. 108
21. Schema der Rangfestlegung für die Personen   S. 110
22. Karlsruhe: Verteilung der Probanden nach ihrem sozialen Rang   S. 111
23. Karlsruhe: Veränderungen des sozialen Ranges des Wohnstandortes durch innerstädtische Umzüge   S. 116
24. Verteilung der Rangveränderungen des Wohnstandorts in Karlsruhe durch innerstädtische Umzüge: Vergleich positiver und negativer Veränderungen   S. 117
25. Verteilung der Rangveränderungen des Wohnstandorts in Karlsruhe durch innerstädtische Umzüge: Veränderungstypen in Prozent aller Fälle   S. 117
26. Die Mental Map der Wohnstandortspräferenzen von Karlsruhe   S. 121
27. Faktorenanalyse der Bewertungen der Wohnstandortsqualität von Karlsruhe, Faktor 1: ‚Lebensqualität'   S. 123
28. Faktorenanalyse der Bewertungen der Wohnstandortsqualität von Karlsruhe, Faktor 3: ‚Sozialer Status'   S. 124
29. Karlsruhe: Polarprofil der Bewertungen von früherem und jetzigem Wohnstandort   S. 130
30.-38. Karlsruhe: Polarprofile der Umzugstypen 1 bis 9   S. 131-133
39. Polarprofile und Umzugstypen nach Bereichen der Mental Map von Karlsruhe   S. 136
40. Karlsruhe: Umzugsgründe, Zahl der Nennungen (relativ)   S. 138
41. Karlsruhe: Umzugsgründe, Zahl der Nennungen (absolut)   S. 138
42. Karlsruhe: Umzugstyp und Sozialstatus   S. 139
43. Karlsruhe: Alter und Umzugstyp   S. 145
44. Stadtbezirke von Karlsruhe, Stand 1. 1. 1970   S. 167
45. Stadtteile von Karlsruhe, Stand 1. 7. 1977   S. 168
46. Stadtbereiche von Karlsruhe   S. 169
47. Schema der 1 × 1 km-Rasterfelder für Karlsruhe   S. 171
48.-52. Karlsruhe: Umzüge in den Stadtbezirk 032; 48: 1. Halbjahr 1974, 49: 2. Halbjahr 1974, 50: 1. Halbjahr 1975, 51: 2. Halbjahr 1975, 52: 1. Halbjahr 1976   S. 172-176
53.-57. Karlsruhe: Umzüge in den Stadtbezirk 161; 53: 1. Halbjahr 1974, 54: 2. Halbjahr 1974, 55: 1. Halbjahr 1975, 56: 2. Halbjahr 1975, 57: 1. Halbjahr 1976   S. 177-181
58.-62. Karlsruhe: Umzüge in den Stadtbezirk 012; 58: 1. Halbjahr 1974, 59: 2. Halbjahr 1974, 60: 1. Halbjahr 1975, 61: 2. Halbjahr 1975, 62: 1. Halbjahr 1976   S. 182-186
63.-67. Karlsruhe: Umzüge in den Stadtbezirk 073; 63: 1. Halbjahr 1974, 64: 2. Halbjahr 1974, 65: 1. Halbjahr 1975, 66: 2. Halbjahr 1975, 67: 1. Halbjahr 1976   S. 187-191
68. Karlsruhe: Umzüge in den Stadtbezirk 193, 1. Halbjahr 1974   S. 192
69.-76. Karlsruhe: Polarprofile (Berufe)   S. 193-194
77.-82. Karlsruhe: Polarprofile (Einkommen)   S. 195-196
83.-88. Karlsruhe: Polarprofile (Ausbildung)   S. 197-198

Verzeichnis der Tabellen

1. Verteilung der Probanden nach Stadtteilen in Karlsruhe   S. 97
2. Die Rangplätze der 1×1-Felder (Planquadrate) in Karlsruhe   S. 107
3. Verteilung der Planquadrate nach Rängen in Karlsruhe   S. 108
4. Ränge und Ranggruppen der Probanden in Karlsruhe   S. 110
5. Umzugstypen und Zahl der Fälle je Umzugstyp in Karlsruhe   S. 113
6. Matrix der Umzugstypen und Zahl der Fälle (relativ und absolut) in Karlsruhe   S. 114
7. Karlsruhe: Kreuztabellierung zwischen Nennung des Motivs ‚Nähe zu Verwandten und Freunden' und Umzugstypen   S. 118
8. Karlsruhe: Verteilung der Nennungen von Umzugsmotiven in Prozent nach den 9 Umzugstypen   S. 119
9. Umzugsmotive bei Randwanderungen nach Waldbronn und Forchheim-Rheinstetten   S. 120
10. Die Mental Map der Wohnstandortspräferenzen von Karlsruhe: Werte für die 28 Stadtbereiche aus zwei unabhängigen Stichproben   S. 122
11. Karlsruhe: Mittelwerte von Rangdifferenzen für die Umzugstypen 1 (I → I), 2 (I → M) und 3 (I → A)   S. 126
12. Karlsruhe: Veränderungen der Einschätzungen des Wohnstandortes vor und nach dem Umzug nach den 9 Umzugstypen   S. 134
13. Häufigkeitsverteilung der Umzugsgründe in Karlsruhe   S. 139
14. Situative Kombinationen zwischen Sozialstatus und Wohnsituation in Karlsruhe   S. 142
15. Situative Kombinationen bei Rang der Person über dem Mittelwert in Karlsruhe   S. 143
16. Beziehungen zwischen Alter, Wohnumfeldbewertung und Umzugstyp sowie zwischen Sozialstatus, Wohnumfeldbewertung und Umzugstyp in Karlsruhe   S. 148
17. Beziehungen zwischen Alter, Wohnumfeldbewertung und sozialem Status in Karlsruhe   S. 149
18. Liste der Stadtbezirke von Karlsruhe, 1. 1. 1970   S. 167
19. Karlsruhe: Bevölkerungsbilanz nach Stadtteilen 1971–1976   S. 170

Einleitung

Ein Plädoyer ist, laut Duden-Fremdwörterbuch (3. Aufl. 1974), in der zweiten, weiter gefaßten Bedeutung des Begriffes, eine ‚engagierte Befürwortung'. Um eine engagierte Befürwortung handelt es sich hier im wahrsten Sinne des Wortes, und befürwortet wird eine sozialpsychologisch fundierte Humangeographie. Engagiertheit heißt aber auch Parteinahme. Parteinahme bedeutet in diesem Zusammenhang das Sich-Einsetzen für einen sinnvollen Standpunkt, sie bedeutet jedoch keinesfalls einen Alleinvertretungsanspruch. Meine engagierte Befürwortung des sozialpsychologischen Ansatzes in der Humangeographie ist so zu verstehen: Ich sehe, daß der Ansatz sinnvoll und zielführend ist, aber ich glaube nicht und behaupte auch nicht, daß er der einzig mögliche Ansatz ist. Ich meine, man sollte diesen Ansatz diskutieren.

Ein Plädoyer ist in seiner ersten Bedeutung der ‚zusammenfassende Schlußvortrag des Strafverteidigers oder Staatsanwalts vor Gericht'. Ich sehe den von mir vertretenen Ansatz für die Humangeographie auch als einen, den es zu verteidigen gilt: weniger vor den Gefahren empirischer Überprüfung (obwohl er in dieser Hinsicht genügend Fallstricke bereithält) als vor den halben Wahrheiten und den halben Zustimmungen, vor dem Abklassifizieren mit forscher Begriffswahl, durch Übersimplifizierung und durch Lippenbekenntnisse, die auf die Dauer für eine Forschungsrichtung lähmender wirken als engagierte, offene Kritik.

Konkreter ausgedrückt: Dieses Plädoyer soll des Autors Unzufriedenheit mit einigen Einstellungen im Fach Humangeographie, speziell des deutschen Sprachraumes, artikulieren und vielleicht Wege zeigen, auf denen man diese Mißstände hinter sich lassen kann.

Ein gegenwärtiges Problem der deutschen Humangeographie ist sicher die Diskrepanz zwischen der Anzahl immer differenzierter werdender Verfahren zur Überprüfung von Hypothesen und der Anzahl von Theorien, aus denen man die zu überprüfenden Hypothesen ableiten kann. Symptomatisch für diese Diskrepanz ist die epidemisch um sich greifende Mode des Einsatzes der Faktorenanalyse in geographischen Untersuchungen. In ihrer weiter verbreiteten Form schafft sie dem Forscher u. U. einen handlichen Theorieersatz. Die Dimensionierung einer beliebigen Anzahl von Variablen über beliebig viele, d. h. meistens möglichst viele Probanden gibt das beruhigende Gefühl, die Hintergründe, die Zusammenhänge erfaßt und damit erklärt zu haben. Wer will, kann seine Dimensionen auch noch Modelldimensionen nennen und mit Fug und Recht behaupten, daß bei gleicher Konstellation immer die gleichen Dimensionen gefunden werden, was sicher den Bedingungen eines Modells entspricht.

Ein anderes, häufiger ausgesprochenes Problem ist das der einseitigen Abhängigkeit der Sozialgeographie von soziologischem Gedankengut. Es ist nicht einzusehen, warum eine Sozialwissenschaft wie die Sozialgeographie bzw. Humangeographie nicht den ganzen Forschungsbereich der Sozialwissenschaften umfassen sollte. Warum sie menschliche Entscheidungen im Raum als nur sozial bedingt, nicht aber psychologisch und vor allem sozialpsychologisch bedingt sehen sollte, entzieht sich nüchternen Überlegungen und ist wohl am ehesten mit Konvention zu erklären. Die überstarke Fixierung der meisten sich als sozialgeographisch bezeichnenden Arbeiten auf den Schichtungsbegriff und den Begriff der sozialgeographischen Gruppe, was immer das auch sein möge, unterstreicht die Bedeutung dieses Problems (kritisch dazu WIRTH 1977).

Ein drittes Problem ist jenes der Planlosigkeit der Forschungspraxis im Bereich der Environmental Psychology, also des interdisziplinären Ansatzes, der sich mit Mensch-Umwelt-Beziehungen auseinandersetzt und an dem die Geographie maßgeblich im Bereich Mensch-Umwelt-Verhalten beteiligt ist. Ein wesentliches Problem stellt hierbei die Entwicklung von Spezialvokabularen und -techniken in den beiden Richtungen dar, in die die Environmental Psychology zu zerfallen droht, nämlich Natural-Hazard-Forschung und Environmental Management einerseits und Environmental Perception als Problem der Standortspräferenzen andererseits. Für beide gilt, daß Forschungsanstrengungen, sicher bedingt durch die interdisziplinäre Struktur, neben der für das Fach grundlegenden Sozialpsychologie verlaufen. Sie weisen in steigendem Maße gerade jene Diskrepanz zwischen Methoden und Theorierahmen auf, die oben schon ganz allgemein für die Humangeographie beklagt wurde. Für die Sozialgeographie wird dies eigentlich erst zum Problem, wenn man fordert, daß Sozialgeographie nicht den sozialpsychologischen Theorierahmen ausschließen kann. Dann entsteht nämlich die Gefahr einer vorschnellen Reduktion der Forschung auf die oben kritisierten theoriefernen, aber verfahrensmäßig hochentwickelten Untersuchungen, deren Ziel oftmals in ihrer Selbstbestätigung liegt.

Der Autor plädiert für eine Lösung dieser Probleme mittels einer sozialpsychologischen Fundierung der Humangeographie, die von ihm so sehr als Sozialgeographie gesehen wird, daß sie synonym mit jener verwendet wird, und für eine Besinnung der Environmental Psychology auf die sozialpsychologischen Erklärungsansätze. Die Humangeographie ist mit Sicherheit in der Lage, ihre Pionierrolle weiter zu behaupten, gerade weil sie zeigt, wie raumwissenschaftliche Analyse und sozialpsychologische Theorien der Umweltwahrnehmung verbunden werden können.

In dieser Arbeit kann nur ein Bruchteil möglicher Beziehungen zwischen Sozialgeographie und Sozialpsychologie exploriert werden. Vielleicht regt sie aber trotz ihrer Kürze und inhaltlichen Begrenztheit dazu an, auch andere Wege in dieser Richtung zu gehen.

I. Das Erklärungsproblem in der Humangeographie

> "Whatever else geography may be or become in the future, it must continue to be theoretical and geographers must produce better theory than they have to date. Cultural geographers will have to devise new and more sophisticated theories about cultural behavior in space, political geographers will have to formulate more advanced theories of political spatial behavior, and those interested in the geography of human preference will have to develop theories concerning spatial and locational regularities where few now exist. Once formulated and tested, such theories will create new dimensions of reality which will enable us to construct more comprehensive alternative futures for our societies."
> RONALD ABLER, JOHN S. ADAMS, PETER GOULD (1971, p. 574/575).

A. Was „erklärt" Humangeographie: den Raum oder den Menschen?

Die rasche Weiterentwicklung der geographischen Methodologie in den letzten Jahren hat nicht lange auf kritische Stimmen aus den eigenen Reihen warten müssen. Die Stimmen häufen sich, die noch über den Ansatz ‚Behavioural Geography' hinaus eine Rückwendung der geographischen Forschung zu den Grundlagen jeder Sozialwissenschaft, wie sie die Humangeographie nun einmal ist, fordern, nämlich zu der Frage nach den Gründen für menschliche Entscheidungen. Beispiele dafür sind etwa die Arbeiten von HÄGERSTRAND 1973, VAN PAASSEN 1976, LEY 1977 oder TUAN 1977. Diese Rückwendung ist notwendig, so argumentieren sie, wenn nicht die aus der Verquickung von wissenschaftstheoretischem Aufbruch und methodentechnischer Verfeinerung entstandene Methodeneuphorie zu einem unkritisch-sterilen Modellplatonismus, zu geographischer Forschung als wissenschaftstheoretisch abgesichertem, aber theoriefreiem L'art-pour-l'art führen soll.

Gemeinsam ist diesen Stimmen vor allem die Unzufriedenheit mit der vorherrschenden Erklärungsebene geographischer Forschung, nämlich dem Makro- oder Mesoniveau, die notwendigerweise den Verzicht auf eine entscheidungsbezogene Erklärung menschlichen Verhaltens impliziert; ist es doch bei dieser Erklärungsebene notwendig, umfassende Verhaltens*annahmen* zu machen, anstatt Verhalten zu erklären. Gemeinsam ist diesen Stimmen die Behauptung, nur die Beschäftigung mit dem *Menschen* sei imstande, Raumstrukturen zu erklären, nicht aber die Beschäftigung mit dem Raum ‚an sich'. "In my view", schreibt van Paassen 1976, "space itself offers no specific point of departure for studying man."

Aber welchen Stellenwert hat dann ‚Raum' für geographische Erklärungen? Und was ist eine geographische Erklärung, wenn sie den Menschen erklären soll und nicht den Raum?

B. Human-(sozial-)geographische Theoriebildung und „Erklärung"

Die Humangeographie (Kultur- und Sozialgeographie, Wirtschafts- und Sozialgeographie, Anthropogeographie ...) kann als eine Teildisziplin der Sozialwissenschaften angesehen werden. Es „gehören zu den Sozialwissenschaften: die Psychologie, die Anthropologie, die Soziologie, die Wirtschaftswissenschaften, die Politwissenschaften, die Geschichte und wahrscheinlich auch die Sprachwissenschaft. Diese Wissenschaften sind in Wirklichkeit eine einzige Wissenschaft. Sie beschäftigen sich mit dem gleichen Gegenstand: dem Verhalten des Menschen. Und sie benutzen, ohne es immer zuzugeben, das gleiche System allgemein erklärender Prinzipien. Diese Tatsache ist so offensichtlich, daß sie noch immer heftig umstritten ist." (Homans 1969, p. 18). Als Sozialwissenschaft geht es der Humangeographie um die Erklärung der „Entstehung räumlicher Muster durch die Standort-, Produktions- und Konsumentscheidungen des wirtschaftenden Menschen" (Höllhuber 1977 b, p. 17), wobei eine Erklärung über das Verständnis der jeweiligen Entscheidungssituation des Menschen erfolgt (Bartels und Hard 1975, p. 39).

Trotz des Lippenbekenntnisses vieler Humangeographen zu einem verhaltenswissenschaftlichen Forschungsansatz blieb humangeographische Theoriebildung auf wenige, in ihrem Erklärungswert umstrittene Konzepte beschränkt (kritisch zur allgemeinen Konzeption der deutschen Sozialgeographie und speziell zu den sogenannten ‚Indikatoren' der ‚Münchner Schule' vergleiche Wirth 1977, besonders p. 174/175).

Im ‚mathematischen und theoretischen' Lager werden systematische Beschreibungen von räumlichen Bezügen, verbunden mit Einfachstannahmen zum menschlichen Verhalten, vorwiegend mit der Annahme der Aufwandsminimierung, als geographische Theoriebildung bezeichnet (kritisch dazu VINING 1977). Durch menschliche Entscheidungen bestimmte Raumstrukturen werden unter Verzicht auf die Erklärung von Gründen für das Zustandekommen von Entscheidungen analysiert und als raum-zeitliche Serien, als räumliche Verteilungsmuster und raum-zeitliche Prozesse modellhaft dargestellt, so als ob das Erkennen räumlicher Zusammenhänge auf topologischem Niveau bereits eine Erklärung für diese Zusammenhänge abgäbe, also eventuell unser Verständnis für räumliche Entscheidungen des Menschen zu erweitern in der Lage sei. Eine Erklärung erfolgt aber im Homansschen Sinne (und damit in einem sehr restriktiven Rahmen) erst, wenn die Gründe für die Entscheidung des Menschen im Raum aufgezeigt werden können. Diese beruhen aber nicht auf den externen Strukturen, sondern auf internen, durch die Betrachtung des *Menschen* zu erschließenden Bedingungen ihrer Wahrnehmung, Wertung und Beeinflussung.

C. Das Beispiel des Konzepts ‚Distanzwiderstand'

Was versteht man dabei unter ‚Erklärung', unter ‚erklären'? Welchen Beitrag leistet die Humangeographie zur Erklärung menschlichen Verhaltens? Welche Theorien liegen der Erklärung zugrunde?

In der neueren Wirtschafts- und Sozialgeographie wird versucht, allgemeine Zusammenhänge zwischen bestimmten Raumstrukturen oder Raumkategorien (Felder, Territorien, Hierarchien) einerseits und menschlichem Verhalten andererseits aufzudecken. Dies erfolgt in Form von Standorts-, Interaktions-, Diffusions- und Entwicklungstheorien, die üblicherweise räumliche Strukturen mit menschlichem Verhalten, dargestellt als typischem Verhalten, zu verknüpfen suchen. Ein Beispiel dafür ist das Distanzwiderstandskonzept in allen geläufigen Interaktionsmodellen (vergl. dazu KILCHENMANN 1976 zur Interaktions*theorie* [!]). Anhand des Distanzwiderstandskonzepts soll im folgenden untersucht werden, was es zur Erklärung der Wirklichkeit beiträgt, inwiefern es uns die Wirklichkeit *verständlicher* erscheinen läßt.

Welche Phänomene der Wirklichkeit versucht das Konzept des Distanzwiderstandes zu beschreiben und zu erklären? Die beobachteten Phänomene sind so vielzählig und so eindeutig wie nur möglich: Menschen reagieren in ihrem raumüberwindenden Verhalten auf die Distanz zwischen Orten, sie entscheiden sich bei ansonsten gleichen Bedingungen *im Regelfall* für die nähere von zwei Möglichkeiten. Die Feststellung entspricht dem ‚gesunden Menschenverstand': je weiter etwas von meinem Standort entfernt ist, desto seltener besuche ich es. Der gesunde Menschenverstand weiß allerdings noch mehr über Distanz, was bisher nicht in Interaktionsmodelle einging, wie weiter unten an einem Zitat über die irischen Massenauswanderungen nach den Vereinigten Staaten im 19. Jh. illustriert werden soll.

Die Feststellung, daß die Distanz einen großen Einfluß auf die Interaktionswahrscheinlichkeit zwischen Menschen hat, hilft uns aber noch nicht wesentlich bei der Erklärung dieses Phänomens, also bei der Antwort auf die Frage ‚Warum ist das so?', wenn wir uns nicht mit dem Hinweis darauf begnügen wollen, daß es eben so ist. Sie hilft uns deshalb um so weniger, weil bei unterschiedlichen Aktivitäten unterschiedliche Distanzwiderstände beobachtet werden und manche Leute und manche Gruppen charakteristische Distanzwiderstände aufweisen, die Distanz für sie demnach unterschiedliches Gewicht besitzt.

Also versucht man den Distanzwiderstand zu messen, uns allen geläufig als irgendeine Funktion $I = f(D)$, wobei der Distanzwiderstand als Exponent in einer den Beobachtungen optimal angepaßten mathematischen Funktion dargestellt wird.

Die Distanzfunktion beschreibt nun wesentlich besser die Wirkung der Distanz auf Interaktionswahrscheinlichkeiten, denn sie stellt nicht nur diesen Umstand fest, sie sagt auch, in welchem Maße er wirksam wird. Sie beschreibt so exakt wie möglich den ‚Widerstand', den die Distanz bei einem gegebenen Interaktionstyp im Regelfall auf eine gegebene interaktive Gruppe ausübt, wobei zumeist stillschweigend angenommen wird, daß dies überall und jederzeit der Fall ist.

Mit der Aufstellung einer Distanzfunktion erschöpft sich in den meisten Fällen die Neugier der Geographen. Die Distanzfunktion ‚erklärt' – so wird argumentiert – den Distanzwiderstand, da sie einen soundso hohen Prozentsatz der Varianz aller Interaktionen des gegebenen Typs erklärt (vergl. die 1975 geführte Diskussion bei Isard 1975, Olsson 1975, Smith 1975 und Dacey 1975). Was ist das aber für eine Erklärung, die sagt: Der Widerstand der Distanz für den Interaktionstyp X ist soundso groß! bzw.: Die Wahrscheinlichkeit für eine Interaktion über eine gegebene Entfernung ist soundso hoch, weil der Distanzwiderstand soundso hoch ist! Man stellt fest, daß wir es hier keineswegs mit einer Erklärung, sondern nur mit einer zirkulären Beschreibung zu tun haben. Können sich Geographen mit Beschreibungen dieses Typs zufriedengeben, oder sollten sie zu Erklärungen zu gelangen versuchen, die eine Antwort geben auf die Frage: Was erklärt den Distanzwiderstand?

Eine Erklärung müßte versuchen, die Frage nach dem ‚warum' des Distanzwiderstandes von jener Basis her aufzurollen, von der aus die Entscheidungen über Interaktionen getroffen werden, also vom Entscheidungsprozeß des Individuums. Es genügt nicht zu sagen: Menschen sind in ihren Interaktionen distanziell gebunden, vielmehr ist die Frage zu stellen: ‚Warum sind sie das?' (VAN PAASSEN 1976, p. 336).

Die einfachste und häufigste Antwort lautet: Menschen sind distanziell gebunden, weil sie ihren Aufwand minimieren wollen. Hier kommt ein sehr einfaches psychologisches Verhaltensparadigma zum Zug, das aussagt, daß Distanz deshalb Einfluß auf die Auswahl von Interaktionen hat, weil das Überwinden einer größeren Distanz mehr Mühe macht als das Überwinden einer geringeren Distanz, Menschen aber Mühen scheuen und sie zu vermeiden suchen. Menschen gewichten also, so wird postuliert, ihre Aktivitäten mit der Distanz, sie verhalten sich optimal aufwandsminimierend, als homines oeconomici (zum homo oeconomicus-Konzept vergl. HÖLLHUBER 1977 b). Ist mit dieser Feststellung der Distanzwiderstand erklärt?

Nun ist immer noch nicht erklärt, warum es zu unterschiedlichen Distanzwiderständen kommt. Warum reagiert eine Gruppe empfindlich auf Distanz, eine andere weniger empfindlich, wenn es sich dabei um ein und denselben Aktivitätstyp handelt?

Man kann nun ein Nutzenkonzept einführen, man kann sagen, daß unterschiedliche Gruppen unterschiedliche Nutzenfunktionen haben, die selbstverständlich zu unterschiedlichen Distanzwiderständen führen. Diese Betrachtung führt jedoch über kurz oder lang zu einem Menschenkonzept, das in seiner deterministischen Grundhaltung über das homo oeconomicus-Konzept noch hinausgeht und das den Menschen als eine Art hochspezialisierten Computer sieht.

Ein Interaktionsmodell dieses Typs erklärt nichts, was über den a priori gegebenen Set von Axiomen hinausgeht, die per definitionem nicht mehr hinterfragt werden können – und dadurch eine Verteidigungsbarriere gegen ihre Falsifizierung bilden. Ein geläufiges Argument in diesem Zusammenhang läßt sich etwa so wiedergeben: ‚Wie wollen wir jemals Allgemeingültiges erfahren, wenn wir nicht rigoros generalisieren?'. Aber was ist der Sinn dieser allgemeinen Aussagen? Das von-Thünen-Modell ist zwar anschaulich, aber es erklärt nur räumliche Differenzen, wo und soweit sie durch rationale Transportkostenberechnungen zustande kommen. Die aktuellen Entscheidungsprozesse bleiben unberührt. Was bestimmt X *wirklich*, nicht auf einem fernen Acker zu pflügen, eine Viehweide aufzugeben, Zuckerrüben statt Körnermais anzubauen?

Offensichtlich erklärt auch das Konzept der Aufwandsminimierung, zumindest wenn es *isoliert* als Verhaltenskonzept eingesetzt wird, die Aktivitäten nicht ausschließlich, wie eben ausgeführt wurde. Dies wird auch deutlich, wenn man einen einzelnen Interaktionstyp betrachtet, wie z. B. die Versorgung des Haushalts mit Gütern und Dienstleistungen; denn es zeigt sich, daß die zur

Versorgung innerhalb einer Stadt notwendig anfallenden Interaktionen zwischen Wohnstandort und Standort von Läden und Dienstleistungsbetrieben mittels einer Distanzfunktion nicht ausreichend beschrieben, geschweige denn erklärt werden können (van Paassen 1976, p. 336). Die Interaktionen sind nicht nach allen Richtungen gleichförmig verteilt, die Häufungen sind im Gegenteil räumlich deutlich differenziert, die größten Häufigkeiten finden sich dabei in Richtung Stadtzentrum. Offensichtlich hat das Stadtzentrum eine höhere Anziehungskraft als Standorte in Vierteln außerhalb des Zentrums; denn auch Güter und Dienstleistungen, die in Qualität und Quantität durchaus im engeren Umfeld des Wohnstandortes angeboten werden, werden mit auffallender Regelmäßigkeit im Stadtzentrum nachgefragt. Das Resultat ist ein sektoral verzerrtes, also nicht kreisrundes Aktivitätsfeld.

Das beschriebene Phänomen könnte man mit dem höheren Nutzen der Innenstadt zu erklären versuchen, etwa mit der Möglichkeit, Aktivitäten zu kombinieren, wobei aber wieder nur festgestellt wird, daß mehr Aktivitäten in eine Richtung stattfinden, *weil* mehr Möglichkeiten existieren, Aktivitäten durchzuführen. Aber man beobachtet weiter, daß Aktivitätsfelder auch völlig unregelmäßige Formen aufweisen, daß sie also in Richtungen hin ausgebuchtet sind, die nicht zum Zentrum führen. Diese Ausbuchtungen werden gemeinhin als individuelle Zufälligkeiten abgetan und damit endet ihre Analyse. Sie sind – wie man meint – nicht mehr generalisierbar und damit uninteressant. Beides stimmt nicht.

Die Ausbuchtungen umfassen Stellen, an denen das Individuum gelebt hat, an denen es also Aktivitäten durchführt, die mit seiner persönlichen Lebensgeschichte zusammenhängen, die dann seine Bewegungen im Raum beeinflussen. Kann man auch diese Phänomene mit einer Nutzenfunktion erklären? Selbst wenn es der Fall wäre, müßte man sich fragen, welchen Nutzen das Individuum davon haben kann, Orte aufzusuchen, die von einer ökonomischen Warte her möglicherweise in bezug auf dort ausgeführte Aktivitäten im Vergleich zu anderen möglichen Standorten sogar Verluste einbringen können. Hier müssen wir nun endgültig eine Erklärung abzugeben versuchen, die nur heißen kann: Persönliche Aktivitätsfelder orientieren sich (u. a.) an Raumstellen, Objekten und Personen, die in der persönlichen Lebensgeschichte des Individuums eine Rolle gespielt haben und die der Person aus psychologisch erklärbaren Gründen, wie Heimatliebe, Ortsverbundenheit, Freundschaft, Zuneigung, weiterhin bedeutungsvoll sind. Wir müssen zurückgreifen auf subjektive Einstellungen, Normen und Überzeugungen, wenn wir versuchen, etwas scheinbar so einfaches wie ein Aktivitätsfeld zu untersuchen. Und damit sind unsere Erklärungen psychologische Erklärungen, wie dies auch Homans meint: „Ich sage nur, daß sich dann, wenn wir glauben, etwas erklären zu können, herausstellt, daß unsere allgemeinen Prinzipien psychologisch sind" (HOMANS 1969, p. 57).

Der Raum des Aktivitätsfeldes ist eindeutig *nicht* der euklidisch-geographische Raum. Das Aktivitätsfeld ist vielmehr abhängig von menschlichen Lebensformen, Anspruchsniveaus, der Gruppenzugehörigkeit der Person und ihren Bezugsgruppen, von ihren Raumvorstellungen. Die Raumvorstellungen sind durch soziale Wahrnehmung bestimmt, was bedeutet, daß Einstellungen und Anspruchsniveaus als Funktionen erworbener oder erlernter Handlungsmotivationen zum Teil bestimmen oder zumindest beeinflussen, was Personen wahrnehmen und welche Raum- und Distanzvorstellungen sie entwickeln. Die Raum- und Distanzvorstellungen beeinflussen aber die Entscheidungen der Menschen im Raum, also alle Entscheidungen, die sich auf einen raumüberwindenden Kontext beziehen und umgekehrt.

Der Raum ist also ein subjektiver Raum, ein Raum, in dem Elemente auffallen, die im objektiven Raum völlig unbedeutend sind, wie z. B. das Elternhaus, oder die Straße, an der man lange gewohnt hat, oder die Aussicht, die man besonders liebt, oder ein Viertel, in dem man einmal schlechte Erfahrungen gemacht hat, oder die Abkürzung zwischen zwei Plätzen, die kaum ein anderer Autofahrer kennt und vieles mehr. Und die Entfernungseinschätzung in diesem Raum hängt davon ab, wie man die Orte in ihm gewichtet, und sie ist genauso subjektiv wie die Auswahl der Elemente und deren Gewichtung. Die Entfernung zu Freunden ist nicht so weit wie zu unangenehmen Orten, die Entfernung zu einmaligen, aufregenden Ereignissen ist wesentlich geringer als diejenige zu langweiligen, immer wiederkehrenden Ereignissen: "The Irishman looks on America as the refuge of his race, the home of his kindred, the heritage of his children and their children. The Atlantic is, to his mind, less a barrier between land and land than St. George's Channel. The shores of England are farther off in his heart's geography than those of Massachusetts or New York" (nach THOMAS COLLEY GRATTAN, in: CECIL WOODHAM SMITH: The Great Hunger. Ireland 1845–49; London [1. Aufl. 1962] 1975, p. 205).

Die Auswahl von Verkehrswegen, die das Individuum benützt, ist dementsprechend gewichtet: Was hinter einem vom Wohnplatz hinausführenden Weg zu erwarten ist, etwas Angenehmes, etwas Unangenehmes, etwas Langweiliges, etwas Neues, etwas Altbekanntes, etwas Positives, etwas Negatives, etwas, das an und für sich angenehm ist, aber bei Abwägung mit anderen Möglichkeiten verliert – alles das bestimmt die Entscheidung für oder gegen Verkehrswege, für oder gegen Interaktionen, für die objektiv längere gegen die objektiv kürzere Distanz und so fort (zur subjektiven Distanz vergl. HÖLLHUBER 1974 [mit ausführlichem Literaturverzeichnis] und MEYER 1977).

Beschreibung und Erklärung des Einflusses der Distanz auf die Interaktionswahrscheinlichkeit darf also nicht in einer Beschreibung des Distanzwiderstandes steckenbleiben, sondern muß versuchen, die Subjektivität individueller Aktivitätsfelder in den Erklärungsansatz einzubinden. Erklärung muß differenzierter sein als diejenige, die sagt, daß Menschen distanziell gebunden sind, weil sie ihren Aufwand minimieren (müssen? wollen?). Können Humangeographen diesen subjektiven Raumbezug übergehen?

Das Konzept des subjektiven Aktivitätsfeldes ist nicht neu (vergl. ADAMS 1969, HORTON und REYNOLDS 1971, JOHNSTON 1972, HÖLLHUBER 1974 und 1976 a); dennoch fehlte bis heute eine konkrete Bezugnahme auf die oben erwähnten psychologischen Grundlagen der menschlichen Entscheidung (wie sie im Rahmen der Psychologie von BOLLNOW 1963 und KRUSE 1974 bereits vorliegen). Die Erfassung und Beschreibung von Aktivitätsfeldern, wie sie ADAMS entwickelt hat und die JOHNSTON-Schule konsequent weiterentwickelte, wie sie GOULD in seiner klassischen Arbeit wesentlich beeinflußte (GOULD 1966), bringt uns auch noch keine Aufklärung darüber, aus welchen Gründen sich sektoral verzerrte Aktivitätsfelder entwickeln, selbst wenn die Erklärungsversuche mit subjektiven kognitiven Landkarten, den sogenannten „Mental Maps", verknüpft werden (wie in der Arbeit von JOHNSTON 1972, referiert in HÖLLHUBER 1976 a, p. 30–32).

Erklärungsansätze finden sich zwar bei DOWNS und STEA 1973, LEE 1976 a, 1976 b und anderen, aber eine psychologische Fundierung fehlt. Der Autor hat etwa gleichzeitig mit LEY (1977), auf einen Weg zur Erklärung aufmerksam gemacht (Vortrag, gehalten auf dem Bremer Symposium zur Theorie und Quantitativen Methodik der Geographie, Februar 1977; HÖLLHUBER 1980), den auch VAN PAASSEN 1976 bereits angedeutet hatte, nämlich den phänomenologischen Ansatz zur Erfassung von Mensch-Umwelt-Beziehungen.

In der vorliegenden Arbeit sollen allgemeine phänomenologische und sozialpsychologische Anregungen aufgegriffen werden, die geeignet sind, zur Erklärung menschlichen Verhaltens im Raum beizutragen. Dabei ist der phänomenologische Beitrag als eine Hilfeleistung zum Verständnis des subjektiven Raumes zu verstehen, der allgemein-sozialpsychologische Beitrag als eine Hilfeleistung bei der Erklärung menschlichen Verhaltens schlechterdings und des menschlichen Verhaltens im Raum im besonderen zu verstehen. Für die Beschreibung und Erklärung menschlichen Verhaltens im Raum sind demnach zwei Typen von Erklärungen nötig. Der erste Typus umfaßt Erklärungen für Struktur und Konstituierung des subjektiven Raumes, der zweite umfaßt Erklärungen für die Formen menschlichen Verhaltens an sich, unabhängig von der räumlichen Komponente. Nur aus dem Zusammenbinden beider in bezug auf die objektiv im Raum gegebenen Strukturen ist es möglich, Erklärungen für menschliches Verhalten im Raum zu gewinnen, Antworten auf die Frage nach dem ‚Warum' räumlicher Entscheidungen zu geben.

D. Sozialpsychologie und Environmental Psychology

Der Forschungsbereich, der sich mit sozialer Wahrnehmung, Attitüden- und Anspruchsniveaubildung und Motivation befaßt, ist die Sozialpsychologie (umfassend bei IRLE 1975). In der Sozialgeographie neueren Verständnisses besteht zwar tendenziell die Bereitschaft, sozialpsychologische Theorie, wie z. B. die Theorie der kognitiven Dissonanz von FESTINGER (1957), auf sozialgeographische Theoriebildung zu adaptieren, wie dies bei R. L. A. ADAMS (1976) oder bei TOWNSEND (1977) in bezug auf die Theorie persönlicher Konstrukte von KELLY (1955) resp. HARRISON und SARRE (1971) der Fall ist. Jedoch gibt es weder einen Konsens über das Ausmaß der Bedeutung dieses Ansatzes, noch existieren mehr als eine Handvoll Arbeiten, obwohl in ‚Environment and Behavior' seit 1969 ein zentrales Organ dafür existiert. In der Environmental Psychology wird – in der Geographie durch den Ansatz Umweltwahrnehmung oben charakterisiert – andererseits interdisziplinär ein im wesentlichen nicht-räumlicher Forschungsansatz verfolgt, der Mensch-Umwelt-Beziehungen ohne die so wichtige Komponente der räumlichen Dimension der Umwelt zu modellieren versucht und der noch keineswegs einheitliche Struktur aufweist.

Einerseits fehlen den psychologisch fundierten Arbeiten zu den Problemen der Mensch-Umwelt-Beziehungen die räumlichen Parameter, andererseits fehlen den Arbeiten mit eben diesem räumlichen Bezug die konkreten psychologischen Fundierungen, und es ist auffallend, daß in Überblicksarbeiten die wichtigsten Namen der Sozialpsychologie nicht auftauchen: in den Reviews von BROOKFIELD 1969, DOWNS 1970 und selbst LEE 1976 b fehlen die Namen SKINNER, BRUNER, HOMANS oder FESTINGER. Auch die amerikanischen Geographen aus diesem Forschungskreis arbeiten nur in den seltensten Fällen auf einer festen sozialpsychologischen Fundierung; sie geben vielmehr in den meisten Fällen nur Oberflächenkorrelationen von Verhaltens- und Umweltphänomenen als Ziele und Inhalt ihrer Arbeit an. Um z. B. den raum-zeitlichen Prozeß der sozialräumlichen Differenzierung der Stadt nachvollziehen und erklären zu können, genügt es nicht, den Prozeß über seine Auswirkungen auf dem sog. geographischen Betrachtungsniveau zu analysieren und auf subjektive Entscheidungsgründe zurückzuführen; man muß vielmehr die Hintergründe des Entscheidungsprozesses als einen Fächer *alternativer* Entscheidungsmöglichkeiten für das Individuum aufdecken. Wenn man aber von den räumlichen Strukturen nur auf ganz bestimmte, ausgesuchte *Aspekte* des Verhaltens schließen kann, die *In-*

terpretation des Verhaltens aber davon nicht berührt wird, wie erklären dann die Umweltpsychologen und wie erklären die geographischen Versuche, Umweltwahrnehmung und Verhalten zu koppeln, die Phänomene, die sie beobachten? Da eine explizite Theorie nicht existiert, kann es sich nur um subjektive Versuche handeln, die letztlich nicht nachprüfbar sind.

Diese wenigen Überlegungen zur Environmental Psychology sollen den Standort der vorliegenden Arbeit zwischen Sozialgeographie und Sozialpsychologie im Grenzbereich der Environmental Psychology bestimmen helfen; sie stellen aber keineswegs eine irgendwie erschöpfende Diskussion des Forschungsbereiches dar. Hier soll nur klargestellt werden, daß die im folgenden dargestellten Gedankengänge zu einer sozialpsychologisch fundierten Humangeographie weniger vom Forschungsbereich der Environmental Psychology beeinflußt wurden als vielmehr unabhängig von der dort gültigen Forschungspraxis direkt auf sozialpsychologischem Theorierahmen und raumwissenschaftlichen Konzepten basieren.

II. Ein Modell Humangeographischer Analyse

> "As human geographers reach out across traditional disciplinary boundaries to the other social and behavioral sciences, it is increasingly apparent that the truly satisfying explanation they seek is going to come from emphasizing the *human* as much as the *geography*. We may, perhaps, define our subject as essentially efforts to understand the spatial aspects of Man's behavior. If we grant that spatial behavior is our concern, then the mental images that men hold of the space around them may provide a key to some of the structures, patterns, and processes of Man's work on the face of the earth."
>
> PETER GOULD (1966/1973, p. 182)

A. Humangeographie und Sozialpsychologie

Aus den vorangegangenen Überlegungen ergab sich, daß die Humangeographie, wenn sie menschliche Entscheidungen im Raum und damit in der Folge räumliche Strukturen und Prozesse erklären will, ihre Erklärungen auf einen (sozial-)psychologischen Theorierahmen stützen muß. Es ist in keiner Weise ausgeschlossen, daß eine sich als Wissenschaft vom Menschen verstehende Humangeographie nicht auch aktiv in die Fundierung und Erweiterung dieses sozialpsychologischen Theorierahmens eingreifen sollte; vielmehr ist eine Trennung in ‚eigentlich geographische' und ‚eigentlich psychologische' Forschung weder sinnvoll noch zielführend, sondern läßt sich nur mit akademisch-fachlichen Abgrenzungsbemühungen begründen. Fachübergreifende Forschung, wie sie ja gerade durch die oben genannte Environmental Psychology – bei allen Beschränkungen der *Praxis* dieser Forschungsrichtung – repräsentiert wird, kann im Gegenteil für alle beteiligten Fächer befruchtende Ergebnisse zeitigen.

Die fachübergreifenden Fragen, die für die Geographie folglich nur unter Rückgriff auf bestehende sozialpsychologische Theorie beantwortet werden können und sollen, sind die folgenden: 1. Welche Beschaffenheit besitzt der subjektive Raum, gibt es Regeln der Beschaffenheit des subjektiven Raumes? Schafft sich das Individuum seinen subjektiven Raum aufgrund allgemeiner Prinzipien psychologischer Natur oder verlassen wir beim Übertragen des Raumbegriffs auf ein subjektives Betrachtungsniveau die Ebene allgemeingültiger Aussagen (was viele Geographen zu befürchten scheinen)? 2. Welche Beziehungen bestehen zwischen Verhaltensmotivationen, Befriedigung und Verhalten im Raum (die Frage wurde im deutschen Sprachraum für die Geographie wohl erstmals bei HARD 1973, p. 214/215 gestellt)? 3. Wie verändern sich Einstellungen und Meinungen zu bzw. über Elemente des subjektiven Raumes und damit einstellungsbedingte Verhaltensweisen a) bei sich verändernden Grundeinstellungen der Gesellschaft, b) bei z. B. altersbedingten Motivationswechseln und c) bei Veränderung objektiver Strukturen, in die der subjektive Raum eingebettet ist? 4. Gibt es allgemeine Aussagen über menschliches Entscheidungsverhalten, die uns erklären, in welchen Schritten und in wie großen Schritten Attitüdenänderungen vorgenommen werden, die z. B. raumrelevante Entscheidungen beeinflussen? Passen sich Menschen veränderten situativen Gegebenheiten spontan und vollständig an oder gibt es psychologische Gründe dafür, daß dies nicht der Fall ist? Und wenn ja, welche, und wie wirken sie sich auf die Schrittweite von individuellen Situationsveränderungen als Zielen von Entscheidungen aus?

Während direkt nachfolgend Erklärungsschemata menschlicher Entscheidungen aus sozialpsychologischer und humangeographischer Sicht gegenübergestellt werden und ein Konzept des subjektiven Raumes für die humangeographische Forschung, basierend auf allgemeinen phänomenologischen und sozialpsychologischen Anregungen, entwickelt wird, stellt der darauffolgende Abschnitt III sozialpsychologische Theorien im Überblick dar, die dann im IV. und V. Abschnitt am Beispiel eines geographischen Forschungsbereiches in bezug auf ihre Verwendbarkeit für die Erklärung menschlichen Verhaltens im Raum überprüft werden sollen.

B. Das Erklärungsschema menschlicher Entscheidungen aus sozialpsychologischer Sicht

Das in Abbildung 1 wiedergegebene Schema des sozialpsychologischen Gegenstandsfeldes bildet den Rahmen sozialpsychologischer Fragestellungen. Ein verwandtes Schema wird für die raumwissenschaftliche Analyse in der Humangeographie aufzustellen sein.

Das Schema ist ein Mensch-Umwelt-Modell. Es gibt also die vielfältigen Wechselbeziehungen zwischen dem menschlichen Entscheidungsprozeß und der Umwelt wieder. Die wichtigsten vermittelnden Elemente dieses Modells sind Wahrnehmung, die Vorstellungsbildung und die Entscheidung, die durch z. T. reversible Bindungen untereinander verknüpft sind. Ein gewisser Vor-

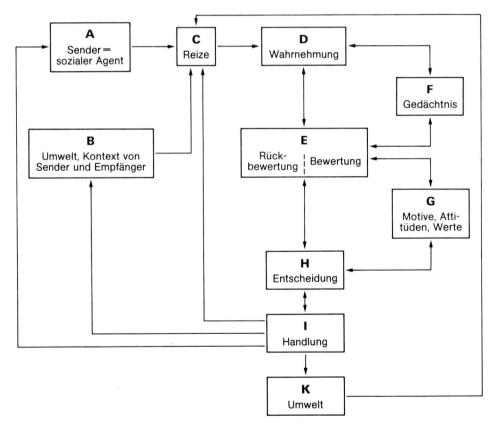

Abb. 1. Die Realität aus einer sozialpsychologischen Perspektive (Umgezeichnet und vereinfacht nach IRLE 1975, Seite 30)

behalt besteht für die Übertragung von Beziehungen aus dem Mensch-Umwelt-Modell auf Theorien, denn „sozialpsychologische Theorien und Klassen sozialpsychologischer Sachverhalte sind nicht notwendig kongruent" (IRLE 1975, p. 35). Eine Unterscheidung von physischer und sozialer Umwelt ist nicht sinnvoll, da die geschilderten Beziehungen identische Prozesse darstellen ohne Rücksicht darauf, ob nun die Wahrnehmung sozialer oder physischer Umwelteigenschaften angesprochen ist. – Das Modell stellt die Phasen des Entscheidungsprozesses in einen zeitlichen Abwicklungsrahmen, der die Kausalzusammenhänge etwas verwischt.

Den Sozialwissenschaften bleibt die Füllung der Sachverhalte in den Kästchen B, C, I und K vorbehalten. Geographisch relevante Entscheidungsprozesse heben sich von anderen ab, wenn der Inhalt vom Kästchen B als räumlicher Kontext definiert wird, der Inhalt von Kästchen C ist ansprechbar als Summe von Signalen über räumliche Strukturen, die zur Durchführung bestimmter Tätigkeiten notwendig sind, bzw. als Reize aus einer räumlich sich erstreckend gedachten Umwelt, die die Wahrnehmungsschwelle D überschreiten. Die Beziehungen zwischen C und I, also zwischen Umweltreizen und Verhalten, sind nur insofern von geographischem Interesse, als der internalisierte Entscheidungsprozeß über Auswahl und Interpretation von Reizen zur Entscheidung beiträgt. Der Prozeß ist nicht das Forschungsziel, sondern ein Grundrahmen humangeographischer Forschung.

C. Raumkonzepte der Humangeographie

Umwelt wird von den Raumwissenschaften unter dem Aspekt der räumlichen Dimensionen und der topologischen Beziehungen betrachtet. In verschiedenen Forschungsrichtungen der Raumwissenschaften haben sich ganz unterschiedliche Raummodelle entwickelt, deren Grad der Subjektivität ihr wichtigstes Unterscheidungsmerkmal darstellt. Am einen Ende der vom Euklidischen Raum zum individuellen Wahrnehmungsraum reichenden Skala von Raumkonzepten befindet sich etwa der Forschungsbereich der Regional Science, am anderen Ende die phänomenologische Forschung zum Raum des Individuums.

1. Konzepte des subjektiven Raumes

Raumrelevantes Verhalten wird, wie aus Abbildung 1 deutlich ersichtlich ist, zweifach beeinflußt und kanalisiert. Zum einen bestimmt der topographische Standort des Individuums den Ausschnitt von Umweltreizen, der ihm zur Verfügung steht, also das raum-zeitliche Reizfeld. Raum ist für das Individuum somit ein zeitlich und räumlich standortsgebundener Ausschnitt aus der

Umwelt. Zum anderen bestimmen Erfahrungen, Meinungen und Ziele die ‚soziale Wahrnehmung' des Individuums, also gewissermaßen den sozialen und psychologischen Standort. Raum ist für das Individuum somit ein sozial und psychologisch gebundener Ausschnitt aus der Umwelt. Beide Einschränkungen zusammen bestimmen den Raum, in dem das Individuum seine Entscheidungen fällen kann.

Der subjektive Raum ist als *Wahrnehmungsraum* derjenige Ausschnitt der Umwelt einer Person, der von ihr bewußt oder unbewußt wahrgenommen und bewertet wird. Unter Umwelt sind dabei nicht nur dinghafte Elemente des Erdraumes zu verstehen (Boden, Vegetation, Oberflächenformen, menschgeschaffene Objekte), sondern gleichermaßen das Netz von Beziehungen, das unterschiedliche oder gleiche Elemente dieses Erdraumes verknüpft, sowie die prozessualen Veränderungen der physischen Objekte wie der Beziehungen zwischen ihnen. Umwelt ist aber auch das Netz der Beziehungen zwischen den Menschen als sozialen Wesen, damit also auch der ökonomische und der soziokulturelle Bereich. Der Ausschnitt, den der Wahrnehmungsraum darstellt, ist ein auf das wahrnehmende Individuum bzw. dessen räumlichen und zeitlichen Standort bezogener, gefilterter Teil der Umwelt. Die Wahrnehmung der Umwelt ist abhängig von Person, sozialer Stellung, Alter, Geschlecht, persönlichen Interessen, Kulturkreis, Lebensansprüchen, persönlichen Wertmustern und Normen, Erfahrungen, Art des Umgangs mit anderen Menschen (HÖLLHUBER 1976 a, p. 25).

Aufgrund der begrenzten sinnlichen Wahrnehmungsmöglichkeiten im raum-zeitlichen Ausschnitt, zu dem eine Person existiert, und wegen der durch Auslese, Überbetonung, Umfärbung entstehenden Möglichkeit der Bildung von Vorstellungen, die der objektiven Umwelt nicht entsprechen, bildet sich das Individuum seine eigene Umwelt, nämlich denjenigen gewerteten Umweltausschnitt, der, auf dem Wahrnehmungsraum basierend, als *Vorstellungsraum* bezeichnet werden kann. Innerhalb von Wahrnehmungs- und Vorstellungsraum ist derjenige Raumausschnitt zu denken, mit dem das Individuum regelmäßigen direkten Kontakt hat, über den es also Kenntnisse aus erster Hand hat, die folglich wesentlich schwerer wiegen als solche, die nur durch indirekte Kontakte zustandekommen. Dieser Raumausschnitt ist in der Literatur als Aktivitätsraum oder Aktivitätsfeld bezeichnet worden (HÖLLHUBER 1974, p. 44; ders. 1976 a, p. 26).

In der Literatur findet sich eine Vielzahl unterschiedlicher Begriffe zum Vorstellungs- und Wahrnehmungsraum, die in HÖLLHUBER 1976 a, bes. p. 25–33 und p. 51/52 zusammengestellt und diskutiert wurden. Insbesondere hatten die Arbeiten von HORTON und REYNOLDS 1971, JOHNSTON 1971, 1972, und BROWN und HOLMES 1971, ausgehend von der Untersuchung von J. S. ADAMS 1969, großen

Einfluß auf die Diskussion um die Definition und inhaltliche Ausfüllung des Begriffes Wahrnehmungsraum.

Die Erforschung des subjektiven Raumes und die Untersuchung und Erklärung der Differenzen von Umwelt (Wahrnehmungsraum) und Vorstellung (Vorstellungsraum) erfolgte unter anderem anhand sogenannter Mental Maps, kognitiver Landkarten, über die ebenfalls ein ausführliches Schrifttum besteht (Downs und Stea 1973, 1977; Bould 1975; Gould und White 1975; Tuan 1975; Pacione 1976; als Fallstudien für den deutschen Raum vergleiche man Fichtinger 1974 und Höllhuber 1975). Mental Maps fungieren als (nach Tuan 1975, p. 210/211) Hilfskonstrukte für die Kommunikation räumlicher Informationen, Grundlage wie Ergebnis des Einübens räumlicher Verhaltensweisen, Mittel zur Erinnerung bzw. zur Zuordnung räumlicher Erinnerungen, sie sind Mittel zur Strukturierung und Kodierung von Wissen und sie sind sehr oft eingebildete, gedachte oder erträumte Welten (Tuan 1977 und Lowenthal und Bowden 1976). Die schottischen Bauern "while they toiled on the edges of the moors, could nevertheless envision sunny California" (Tuan 1975, p. 211), und dasselbe trifft wohl für die irischen Bauern zu, deren Distanzvorstellungen schon erwähnt wurden.

2. Das Polarisierte Aktivitätsfeld

Die oben erwähnte Frage nach den ‚Inhalten' des subjektiven Raumes wurde auf vielerlei Arten zu beantworten versucht. Am bekanntesten wurden die Versuche, mittels *Mental Maps* zu den Inhalten des Vorstellungsraumes vorzudringen. Mental Maps wurden einerseits über Zeichnungen von Raumausschnitten, also direkt, andererseits über Präferenzskalen für Raumstellen, also indirekt, ermittelt. Beispiele für die erste Methode geben Lynch 1960 oder Pacione 1976, für die zweite Methode Gould 1965 oder Höllhuber 1975. An allgemeinen Aussagen zum Wahrnehmungsraum brachte die Forschung zu den Mental Maps im wesentlichen nur zwei Ergebnisse:

a) Im Wahrnehmungsraum wird der durch den Wohnstandort des Individuums ausgezeichnete Ort besonders betont, es kommt zu starken positiven Wertungsabweichungen gegenüber anderen Standorten und gegenüber den Wertungen von Personen, die diesen Standort nicht teilen.

b) Es gibt eine generelle Tendenz zu ‚simplicity and regularity', also Vereinfachung und Vernachlässigung von Unregelmäßigkeiten (Pacione 1976, p. 282), die aus gestaltpsychologischer Sicht als Tendenz zu klaren, einfachen Gestalten interpretiert werden kann und muß.

Eine andere Forschungsrichtung arbeitet vorwiegend mit *semantischen Differentialen,* in letzter Zeit etwa PALMER, ROBSON und THOMAS 1977 oder HÖLLHUBER 1978 a. Ziel dieser Forschungsrichtung ist die Dimensionierung von Eigenschaften des subjektiven Raumes. So finden PALMER, ROBSON und THOMAS, daß sich Landschafts-Images durch hierarchisch aufeinander bezogene Dimensionsebenen beschreiben lassen. Die erste Ebene umfaßt die Dimensionen crowding, emotion/reflection, accessibility, interest and acitivity, scenery, contrast und evaluation. Die zweite, übergeordnete Ebene umfaßt drei Dimensionen: recreational enjoyment, recreational environment und evaluation (identisch mit der letzten Dimension der ersten Ebene). Diese zweiten Dimensionen fassen die Dimensionen der ersten Ebene zusammen. Die Autoren geben – wohlweislich – keine Interpretation ihrer Ergebnisse. Die Dimensionen sind nicht in der Lage, die von den Autoren vorgegebene Hypothese, daß 'different people like different places for reasons which are the same' (dies., p. 748) auf ihre Erklärungshintergründe zu beziehen. Wir wissen nun, daß Images Dimensionen haben, aber wir wissen so wenig wie vorher, warum das so ist, wieso sie entstehen.

Ein dritter Ansatz arbeitet vorwiegend mit Reaktionen auf vorgelegte Photos oder sonstige Abbildungen, teilweise ebenfalls in Form semantischer Differentiale. Man vergleiche die Arbeiten von PETERSEN 1967, SHAFER 1969, SHAFER und TOOBY 1973, HERZOG, S. KAPLAN und R. KAPLAN 1976 und GÄRLING 1976. Die sich bei diesen Untersuchungen ergebenden Wertungsfaktoren sind ebensowenig erklärend wie die Dimensionen des letztgenannten Ansatzes, da ihnen das Kriterium der Wiederholbarkeit fehlt: Es ist nicht bekannt, unter welchen Bedingungen das Resultat wiederholbar ist (vergl. speziell GÄRLING 1976). Das heißt also, daß diese Faktoren letztlich keine Auskunft darüber geben, mit welchen Maßstäben und mit welchen Kriterien Menschen ihre Umwelt *messen, bewerten* und *sich erklären.*

Wenn Menschen Vorstellungen über ihre Umwelt entwickeln, gehen sie an die Messung, Bewertung und Erklärung der ihnen zugänglichen Phänomene der Umwelt mit subjektiven Maßstäben heran. Sie messen nicht in absoluten Distanzen, sondern in relativen. Absolute Meßwerte und relative Meßwerte sind nicht linear verbunden, können wir doch etwa am Beispiel der Distanzschätzung sehen, daß der gleiche objektive Wert mehrere subjektive Werte annehmen kann, je nach Richtung, Wertigkeit und Zeitpunkt der Messung durch das Individuum, ganz zu schweigen von den Unterschieden, wie sie zwischen Individuen auftreten. Dabei ist auffallend, daß individuelle Messungen vielfach polar stattfinden, daß also die an die Realität angelegte Maßeinheit von einem ich-bezogenen Höchstwert zu einem fremd-bezogenen Niedrigstwert reicht. Beispiele dafür sind die naivumgangssprachlichen Maßskalen „gut –

schlecht", „bekannt – unbekannt", „schön – häßlich", „daheim – in der Ferne", „vertraut – fremd", „passend – unpassend", „schnell – langsam" oder „nah – fern", also durchweg Polarpaare, die zur Messung der Umwelt herangezogen werden.

Die *Theorie persönlicher Konstrukte* (KELLY 1955) und in ihrer erweiterten Bedeutung auch die *Theorie interpersonaler Beziehungen* (HEIDER 1958) stellen die Polarpaare in das Zentrum der Erklärung menschlicher Messung, Bewertung und Erklärung der Umwelt. Die Theorie persönlicher Konstrukte nimmt an, daß Personen ihre Umwelt sich mit Hilfe (naiver) Konstrukte erklären, die jeweils Polarcharakter haben, wie oben schon angedeutet wurde. Diese Polarpaare, wie „gut – schlecht" oder „daheim – in der Ferne", werden auf Elemente der Umwelt angewendet und stehen untereinander in einer Beziehung, die wir als Ich-Bezogenheit bezeichnen dürfen, das heißt, sie stellen eine polarisierte Beschreibung, Bewertung und Erklärung dar. (Zum auf dieser Theorie aufbauenden Grid Repertory Test vergl. HARRISON und SARRE 1975 und TOWNSEND 1977).

Die Polarpaare gelten nun selbstverständlich nicht nur für Merkmale, sondern auch für den Raum und die Raumkoordinaten, also Raumdimensionen im Gegensatz zu Merkmalsdimensionen. Das bedeutet, daß die raumbezogenen bzw. lagebezogenen Elemente des Raumes in bezug auf den Standort des Individuums mittels eines oder mehrerer linear gedachter Polarpaare skaliert werden können. Aber was sind die *Hauptinhalte* der Polarpaare in bezug auf Raum- und Merkmalsdimensionen der Umwelt?

„Wenn ich ... erwachte und mein Geist geschäftig und erfolglos zu ermitteln versuchte, wo ich war, kreiste in der Finsternis alles um mich her, die Dinge, die Länder, die Jahre. Noch zu steif, um sich zu rühren, suchte mein Körper, je nach Art seiner Ermüdung sich die Lage seiner Glieder bewußt zu machen, um daraus die Richtung der Wand, die Stellung der Möbel abzuleiten und die Behausung, in der er sich befand, zu rekonstruieren und zu benennen. Sein Gedächtnis, das Gedächtnis seiner Seiten, seiner Knie und Schultern bot ihm nacheinander eine Reihe von Zimmern, in denen er schon geschlafen hatte, an, während rings um ihn die unsichtbaren Wände im Dunkel kreisten und ihren Platz je nach der Form des vorgestellten Raumes wechselten. Und bevor mein Denken, das an der Schwelle der Zeiten und Formen zögerte, die Wohnung durch ein Vergleichen der Umstände eindeutig festgestellt hatte, erinnerte er – mein Körper – sich von einem jeden an die Art des Bettes, die Lage der Türen, die Fensteröffnungen, das Vorhandensein eines Flurs, gleichzeitig mit dem Gedanken, den ich beim Einschlummern gehabt hatte und beim Erwachen wiederfand."
(MARCEL PROUST: Auf der Suche nach der verlorenen Zeit. Dt. von Eva Rechel-Mertens. Frankfurt am Main 1964, Bd. 1, p. 12/13).

Die Erfahrungen, die Proust hier wiedergibt, stellen die dominierenden Konzepte deutlich heraus: die *Vertrautheit mit der Umgebung* als eine Gefühlsbindung zu Stellen und Objekten der Umwelt und die *Bekanntheit* mit der Umgebung, ihren Formen und ihren Strukturen und der Objekte, die in ihr zu finden sind, der Information also über die Umwelt, die in vielfältiger Art und Weise erworben, erlebt wird. Beide Konzepte, die wir *Vertrautheit (Familiarität)* und *Bekanntheit (Nachbarschaft)* nennen wollen, sind durch ein drittes Konzept miteinander verbunden, die räumliche Nähe als Summe aller Lagebeziehungen, die das Individuum während seines Lebens zu Dingen und Stellen der Umwelt besaß. Dieses Konzept entstammt *phänomenologischen* Beschreibungsversuchen menschlichen Umweltverhaltens.

Der Mittelpunkt des Raumes ist kein gesichtsloser Punkt, sondern „ein räumlich ausgedehnter Eigenbereich mit ganz bestimmten eignen Charakteren.... Diesen Bereich, in den der Mensch ‚heimkehrt' und in dem er sich ‚zu Hause' fühlt, diesen Bereich der ‚Heimat' und des ‚Hauses' gilt es genauer zu erfassen" (BOLLNOW 1963, p. 81). Und „Das handelnde Leibsubjekt bestimmt sich also als Hier, als Zentrum des Raumes, das den Bezugspunkt für jedes Dort bildet. An welchem Ort im Raum ich mich auch befinde, mein Leib ist immer das Zentrum, das *absolute* Hier zu jedem Dort, und damit vor allen anderen Plätzen ausgezeichnet. Ist auch mein Leib ein räumliches Gebilde wie ein Ding und nimmt auch er ‚Raum' ein wie ein Ding, so ist sein Platz doch qualitativ anders als der Platz des Dort. Dort und Dort, als Plätze der Dinge, sind vertauschbar, weil diese Plätze wohl verschieden, aber doch gleichwertig sind. Hier und Dort sind nicht vergleichbar, nicht gleichwertig und damit nicht vertauschbar. Das Hier des Leibes bleibt absoluter Bezugspunkt, von dem aus sich der Raum strukturiert. Damit erweist sich der Raum als *inhomogener* Raum, im Gegensatz zum *homogenen* Raum der Mathematik, in dem es keine ausgezeichneten Plätze, keinen Mittelpunkt und keine Gliederung gibt, der sich vielmehr nach allen Seiten gleichmäßig und unbegrenzt erstreckt." (KRUSE 1974, p. 78).

Diese phänomenologischen Definitionen des subjektiven Raumes lassen sich durch BOLLNOWS übergreifende Definition des erlebten Raumes ergänzen:

„Für den erlebten Raum gelten ... diese Bestimmungen:

1. Es gibt in ihm einen ausgezeichneten Mittelpunkt, der in irgendeiner Weise ... durch den Ort des erlebenden Menschen im Raum gegeben ist.

2. Es gibt in ihm ein ausgezeichnetes Achsensystem, das mit dem menschlichen Körper und seiner aufrechten, der Schwerkraft entgegengestellten Haltung zusammenhängt...

3. Die Gegenden und Orte in ihm sind qualitativ unterschieden. Auf ihren Beziehungen baut sich eine reichhaltige inhaltliche Gliederung des erlebten Raumes auf, für die es im mathematischen Raum kein Analogon gibt.

4. Dabei gibt es nicht nur fließende Übergänge von einem zum anderen Bereich, sondern auch scharf ausgeprägte Grenzen. Der erlebte Raum weist ausgesprochene Unstetigkeiten auf.

5. Auch das Problem der Unendlichkeit wird wesentlich komplizierter. Der erlebte Raum ist zunächst als ein abgeschlossener endlicher Raum gegeben und erweitert sich erst in späteren Erfahrungen zur unendlichen Weite.

6. Im ganzen ist der erlebte Raum kein wertneutraler Bereich. Er ist durch Lebensbeziehungen fördernder wie hemmender Art auf den Menschen bezogen. Er ist tragend wie hemmend das Feld menschlichen Lebensverhaltens.

7. Jeder Ort im erlebten Raum hat seine Bedeutung für den Menschen. Darum sind es in den Geisteswissenschaften gebräuchliche Kategorien, die wir zur Beschreibung des erlebten Raums heranziehen müssen.

8. Es handelt sich nicht um eine vom konkreten Bezug zum Menschen losgelöste Wirklichkeit, sondern um den Raum, wie er für den Menschen da ist, und in eins damit um das menschliche Verhältnis zu diesem Raum; denn beides ist voneinander gar nicht zu trennen." (BOLLNOW 1963, p. 17/18).

Aus dieser und den obigen Definitionen bestätigen sich wichtige individuelle Messungs- und Wertungsmaßstäbe für die Umwelt, die wir nun so zusammenfassen können: Das Polarisierte (durch Polardimensionen charakterisierte) Aktivitätsfeld[1] weist regelhafte Züge auf. Das Polarisierte Aktivitätsfeld läßt sich insbesondere mittels dreier, zum Teil aufeinander bezogener Polarpaare definieren. Diese Polarpaare sind *1. das Polarpaar „vertraut – fremd", 2. das Polarpaar „bekannt – unbekannt", 3. das Polarpaar „nah – fern"*.

Im Überschneidungsfeld des positiven Wertbereichs dieser Polarpaare befindet sich der höchstbewertete Ausschnitt des Aktivitätsfeldes, die „Innen"-Zone, die durch einen Übergangsbereich (der im folgenden „Marginal"-Bereich genannt wird) von der „Außen"-Zone getrennt ist.

Der Innenbereich, der Bereich in dem man „zu Hause" ist, ist der Bereich der Nachbarschaft, der engeren räumlichen Umgebung des Wohnstandortes, der uns aus längerer Erfahrung bekannt ist, aber auch, jedoch in geringerem Maße, der Bereich jener Stadtviertel, die mit unseren vergleichbar sind, die uns möglicherweise kaum bekannt, aber in ihrem Charakter, ihrer Physiognomie

---

[1] Der Terminus ‚Feld' wurde gewählt, um den zweidimensionalen Charakter des subjektiven Raumes zu betonen.

vertraut sind. Obwohl wir sie nicht *kennen,* erwarten wir in ihnen bestimmte Elemente und Strukturen, wir sind mit ihnen *vertraut.* Von unserem Wohnstandort aus die Umwelt betrachtend und wertend, empfinden wir Näheres mit größerer Wahrscheinlichkeit als bekannt und vertraut als Entferneres, da wir in den meisten Fällen an Orten wohnen, die das Kriterium der Vertrautheit erfüllen. Aber es gibt Ausnahmen: Wanderungen aus Gründen der Erwerbssicherung zwingen oft zum Verlassen des Vertrauten und Bekannten. Dennoch wird auch in diesen Fällen zumindest ein Surrogat von Vertrautheit und Bekanntheit in der Ferne gefunden: Die Ghettos der Zuwanderer in die Vereinigten Staaten sind zunächst durchaus freiwillig wie die Zusammenschlüsse der Gastarbeiter in deutschen Städten. So kann die Ferne allmählich bekannt und vielleicht einmal vertraut werden, wie die Anpassungsgeschichte der ersten italienischen Gastarbeiterwelle in die Bundesrepublik Deutschland gezeigt hat und wie die allmähliche, meist Generationen andauernde Sozialisierungsgeschichte der Einwanderer in die USA vielfach bewies.

Die modellhafte Darstellung von subjektivem Raum und Polarisiertem Aktivitätsfeld auf Abb. 2 und Abb. 3 soll die obigen Ausführungen unterstreichen. Die dort und auch im Text genannten Dimensionen des subjektiven Raumes (Polarpaare) sind selbstverständlich nicht vollzählig, wie schon die Definition von BOLLNOW zeigte. Nach BECK 1967 gibt es mindestens noch die Dimensionen (BECK nennt sie Richtungen) „auf – nieder", „links – rechts", *„vorwärts – rückwärts",* jedoch dienen diese Dimensionen nur in wesentlich geringerem Maße zur Strukturierung der Erfahrungswelt – mögen experimentelle Versuche mit Labyrinthen auch den Lerntheoretikern und nur mit Laborexperimenten arbeitenden Sozialpsychologen ein anderes Bild gegeben haben. Zudem erscheinen Einschränkungen angebracht: links – rechts ist sicher nicht allgemein-menschlich, sondern frühkindlich kulturell erworben, wie z.B. BOLLNOW 1963, p. 67 anhand der Arbeit von HABERLAND 1957 am Beispiel der Richtungsschemata der Yurok zeigte oder auch TUAN 1977 ausführlich belegt und vorstellt.

D. Das Erklärungsschema menschlicher Entscheidungen aus humangeographischer Sicht

Wie man Abbildung 4 entnehmen kann, unterscheidet sich das humangeographische Gegenstandsfeld nur durch *Akzentuierungen* vom sozialpsychologischen, wenn nicht sogar nur durch den Umstand der Akzentuierung. So wird die Trennung in objektive Umwelt und Wahrnehmungsraum für den Raumwissenschaftler notwendig, wenn er Verhalten nicht nur im Eigenschaftsraum

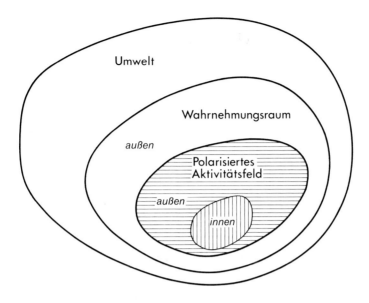

Abb. 2. Schema des subjektiven Raumes

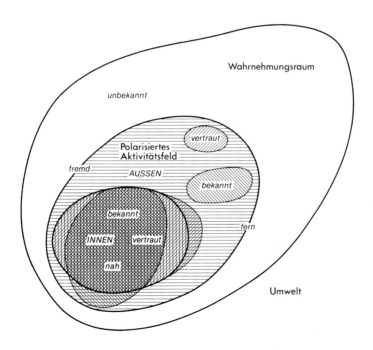

Abb. 3. Schema des Polarisierten Aktivitätsfeldes

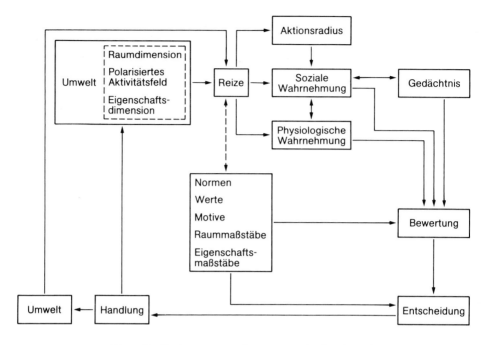

Abb. 4. *Die Realität aus einer humangeographischen Perspektive*

messen will, sondern auch im durch subjektive Raumdimensionen charakterisierten Raum.

Den Wahrnehmungsraum charakterisieren die reizfilternden Prozesse der Selektion und Fixierung, der Akzentuierung und Organisation von Elementen (vergl. Abschnitt III), und zwar sowohl von deren Eigenschaften als auch von deren Raumdimensionen. Normen, Persönlichkeit, Einstellungen bestimmen weitgehend die Wertungsmaßstäbe und sind folglich für die humangeographische Analyse von Bedeutung. Die Auftrennung der Sachverhalte des Kästchens D bei IRLE in die Kästchen Aktionsradius, soziale Wahrnehmung und physiologische Wahrnehmung soll die drei wichtigsten Informationsfilter darstellen, deren erster bis etwa Ende der sechziger Jahre das einzige Verhaltenskonzept der Sozialwissenschaften auf dem Sektor der Wahrnehmungsforschung darstellte.

Die Abbildung zeigt deutlich, daß Bewertungen von Raumstellen in bezug auf den Raum betreffende oder raumüberspannende Tätigkeiten weder direkte Funktionen der Eigenschaftsdimensionen der Umwelt sind (im Sinne eines einfachen deterministischen Zusammenhanges zwischen Umwelt und menschlichen Entscheidungen), noch allein aus der Eingebundenheit menschlicher Entscheidungen in gruppentypische Einstellungen, Normen, Bräuche, überkommene Verhaltensweisen zu erklären sind (im Sinne sozialgeographischer Interpretation der Münchner Schule und Wiener Schule), noch eine Funktion gruppentypischer Verhaltensweisen in bezug auf den gruppentypischen und individuellen Aktionsradius darstellen (im Sinne sozialgeographischer Aktivitäts- und Aktivitätsfeldforschung besonders der angelsächsischen Länder seit Anfang der fünfziger Jahre). Sie zeigt vielmehr, daß Entscheidungen nur über die Berücksichtigung der Prozesse physiologischer und sozialer Wahrnehmung zu erklären sind, wobei diese wegen der über Normen und Stereotype verlaufenden Einflüsse nur durch umfassende Theorien interpretiert werden können, die die Persönlichkeit, den Einfluß von Vorbildern bzw. Bezugsgruppen und die Wahrnehmungsprozesse in ihrer Entwicklung und in ihren Interdependenzen erfassen und erklären.

E. Ein Modell humangeographischer Analyse

Aus diesen Überlegungen ergeben sich für die Humangeographie einige wichtige Folgerungen, die anhand eines Schaubildes (Abb. 5) verdeutlicht werden sollen – zusammenfassende Wiederholungen bereits geäußerter Gedankengänge lassen sich dabei nicht ganz vermeiden.

Die höchste Ebene sozialwissenschaftlicher und damit humangeographischer Analyse stellt die Ebene der sozialwissenschaftlichen Verhaltenstheorien dar; sie gilt für alle Wissenschaften vom Menschen im gleichen Maße. Diese Ebene der sozialwissenschaftlichen Verhaltenstheorien läßt sich in stärker sozialpsychologisch, sozial-anthropologisch und soziologisch akzentuierte Theorien sowie in Lerntheorien gliedern. Die Grenzen sind jedoch fließend, die Einordnung der Lerntheorien unter die eine oder andere Gruppe ist also durchaus berechtigt.

Die nächsttiefere Ebene ist jene der sozialpsychologischen Einzeltheorien. Dieser Theoriebereich umfaßt Theorien der Wahrnehmung, der Anspruchsniveausetzung, der Motivierung, der Attitüdenbildung sowie Theorien sozialer Interaktion und des Gruppenverhaltens. *Alle* Sozialwissenschaften tragen zur Aufstellung, Präzisierung und Überprüfung der Theorien bei oder sollten zumindest dazu beitragen. ‚Reduktionstheorien' gelten (heute) auch im Bereich der soziologischen Forschung als Basistheorien und Forschungsziel (OPP 1972).

Auf etwa gleichem Abstraktionsniveau liegen allgemeine sozialwissenschaftliche Raumkonzepte, wie der Euklidische Raum, der subjektive Raum, der Relativraum, der Verhaltensraum. Erst in der Verbindung mit sozialpsychologischen Einzeltheorien erhalten die Raumkonzepte Inhalt und sind für die sozialwissenschaftlichen Einzelproblembereiche nutzbar.

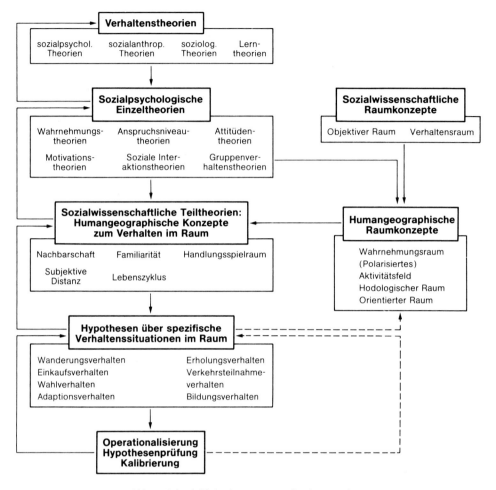

Abb. 5. Schaubild der humangeographischen Analyse

Die nächsttiefere Stufe stellen die sozialwissenschaftlichen Teiltheorien dar, in der Humangeographie also Konzepte zum Verhalten im Raum. Diese Konzepte sind Bezüge von sozialwissenschaftlichen Einzeltheorien auf sozialgeographische resp. humangeographische Raumkonzepte und umfassen somit jeweils allgemeine Charakteristika menschlichen Handelns im Raum, die auf verschiedenste Verhaltensbereiche ausgerichtet werden können.

Auf gleicher Abstraktionsebene liegen die sozialgeographischen Raumkonzepte des subjektiven Raumes als Ableitungen aus sozialwissenschaftlichen Raumkonzepten und sozialpsychologischen Einzeltheorien. Sie umfassen den Wahrnehmungsraum, das Kontaktfeld, den hodologischen Raum, den habituell gelebten Raum und das Polarisierte Aktivitätsfeld. Wie der Aufstellung zu entnehmen ist, sind die genannten Raumkonzepte durchaus nicht exklusiv von humangeographischer Forschung belegt.

Die Konzepte zum Verhalten im Raum, die dieser Analyseebene entsprechen, sind das Konzept der Vertrautheit (Familiarität), der Bekanntheit (Nachbarschaft), der Nähe (subjektive Distanz), das Konzept des Handlungsspielraums, des Lebenszyklus und andere. Sie sind ebenfalls nicht exklusiv Inhalt humangeographischer Forschung, sondern stellen zum Teil nur in ihrer Anwendung auf den Raum bzw. auf räumliche Strukturen inhaltlich humangeographische Konzepte dar.

Die nächste Analysestufe ist jene der Hypothesen über spezifische Verhaltenssituationen im Raum. Sie stellen Ableitungen sozialgeographischer Konzepte in bezug auf die Erklärung spezifischer Bereiche menschlichen Verhaltens im Raum dar. Die Bereiche sind etwa Einkaufsverhalten, Erholungsverhalten, Wanderungs- und Umzugsverhalten, Verhalten bei der Wahl des Arbeitsplatzes, bei der Wahl des Produktionsortes und weitere Bereiche.

Die unterste Analyseebene stellt die Testebene dar, die Kalibrierung, Operationalisierung, Testen von Hypothesen umfaßt. Diese Ebene mit ihren Ansprüchen in bezug auf Methoden und Verfahren, gekennzeichnet durch das Schlagwort „Quantifizierung", stellt einen breiten und komplizierten Forschungsbereich jedes Faches dar, aber seine Bedeutung sollte nicht überschätzt werden. *Nur wenn alle Ebenen der Analyse gleichermaßen berücksichtigt werden, kann methodische Ausfeilung und Präzision einen Sinn bekommen.*

Das Feedback von der untersten Ebene zu allen anderen Ebenen ist andererseits ebenso wichtig wie die gleichgewichtige Behandlung aller Ebenen der Analyse. Da einzelne Wissenschaften im sozialwissenschaftlichen Forschungsfeld nur begrenzte Ergebnisse erbringen können, da die behandelten Verhaltensausschnitte äußerst klein sein müssen, um verläßliche Ergebnisse zu erbringen, muß das Feedback alle beteiligten Wissenschaften erreichen. Bliebe das Feedback auf die Einzelwissenschaft beschränkt, dann ließen sich Fachinzucht und traditionsbedingte Betonungsverschiebungen wohl kaum vermeiden. Das Ziel sozialwissenschaftlicher Forschung sollte aber gerade eine Öffnung der Fachperspektiven in Richtung auf ein besseres Verständnis menschlichen Verhaltens sein, nicht eine Abgrenzung und fachspezifische Eigenbrötelei mit fachspezifischen Termini und fachspezifischen traditionellen Arbeitsweisen, mit abgrenzenden inhaltlichen Definitionen und was sonst noch dazugehört.

Die Grundlage sozialpsychologischer Fundierung der Humangeographie, wie sie hier versucht wurde darzustellen, sei zum Abschluß dieses Hauptteiles noch einmal zusammengefaßt:

Wertungs- und Vergleichsprozesse zwischen Objekten im Raum sind in ihrer psychologischen Struktur mit Wertungs- und Vergleichsprozessen zwischen räumlich-standörtlich nicht definierten Objekten identisch. Da jedoch in den Wertungs- und Vergleichsprozeß zwischen Objekten im Raum neben Eigenschaftsmaßstäben zusätzliche Maßstäbe für Raumdimensionen, wie „vertraut – fremd", „bekannt – unbekannt" und „nahe – fern" eingehen, die zusammen den subjektiven Wahrnehmungsraum des Individuums in ein dreigeteiltes Polarisiertes Aktivitätsfeld mit den Bereichen „Innen", „Marginalbereich" und „Außen" aufteilen, sind diese Maßstäbe in humangeographischen Untersuchungen zum menschlichen Entscheidungsverhalten in bezug auf den Raum explizit zu berücksichtigen.

III. Der sozialpsychologische Theorierahmen

A. Soziale Wahrnehmung

Ein bereits relativ stark von der Environmental Psychology aufgegriffener Problembereich der Sozialpsychologie ist die Wahrnehmung der Umwelt durch den Menschen. Das hat gute Gründe: Bildet doch die Wahrnehmung das Bindeglied zwischen Mensch und Umwelt, Subjekt und subjektivem Raum. Da aus dem gleichen Grund der Forschungsbereich „Umweltwahrnehmung" oder Perzeptionsforschung (Environmental Cognition) den Ansatz humangeographischer, aber auch physischgeographischer (Hazard-Forschung) Auseinandersetzung mit sozialpsychologischen Fragestellungen bildete, sei dieser Themenbereich an den Anfang eines komprimierten Überblicks gestellt.

Der Ausgangstatbestand für die humangeographische Forschung, der zu einer Beschäftigung mit dem Problem der Umweltwahrnehmung führte, war das Phänomen der *Standortspräferenzen*. Präferenz bedeutet Bevorzugung eines Elementes vor einem anderen und ist erfahrungsgemäß eng mit sozialem Status verknüpft. Auf Befragungen nach Wohn- und Wohnumfeldpräferenzen stellte man – zunächst in der Architekturforschung und Architekturpsychologie – fest, daß Menschen unterschiedlicher Provenienz, Kultur und sozialer Schicht nicht nur unterschiedliche Präferenzen für städtische Standorte und deren ästhetisch-physiognomischen Aspekt hatten, sondern daß sie von objektiv gleichen Standorten gänzlich verschiedene Elemente *wahrnahmen*, daß sie also nicht nur selektiv werteten, sondern auch selektiv *sahen*, daß also ganz offensichtlich eine Beziehung zwischen Präferenz und Wahrnehmung vorlag (LYNCH 1960). Das bedeutet aber, daß Präferenz über unterschiedliche Wahrnehmung zu unterschiedlichen Entscheidungsgrundlagen und damit zu unterschiedlichen

Entscheidungen und schließlich Handlungen führen muß! Die Beziehung dieser Feststellung auf die Wohnstandortsentscheidung in der Stadt und auf regionale Präferenzen (LOWENTHAL 1967; GOULD 1966) stellte die Wahrnehmung als Problem in den Blickwinkel der Humangeographie.

Jedes Handeln im Raum beruht auf Werthaltungen, Normen und Einstellungen zu Objekten des Handelns in der physischen und sozialen Umwelt. Entscheidungen über Raumstandorte, über Nutzungen von Raumstellen beruhen auf der Wertung dieser Raumstellen, beschränkt und gefärbt durch Information über den Raum, persönliche Erfahrungen und Einstellungen. Diese Färbung durch subjektive Einstellungen beeinflußt aber auch die Wahrnehmung des Menschen, das heißt, daß – überspitzt ausgedrückt – die Menschen nicht sehen was ist, sondern was sie sehen wollen. Man nennt dieses Phänomen der Beeinflussung der Wahrnehmung durch soziale und persönlichkeitsgebundene Umstände, das vielfältig belegt ist, soziale Wahrnehmung.

BRUNER und POSTMAN (1948) haben die wichtigsten Charakteristika der sozialen Wahrnehmung zusammengetragen und systematisiert. Trotz neuerer Typisierungen (nicht nur bei IRLE 1975) halte ich mich, vor allem wegen der von BRUNER 1973 vorgenommenen Anpassung an Sozialisationsphasen, an diese ältere Arbeit.

BRUNER und POSTMAN nennen modellhaft vier Prozesse der Beeinflussung sozialer Wahrnehmung:

1. *Selektion:* Selektion in der sozialen Wahrnehmung bedeutet, daß „von mehreren gleich deutlichen Reizen einige mit Wahrscheinlichkeit leichter bemerkt werden als andere" (NEEL 1974). Dies ist bedingt durch den Kontext, in dem der Reiz auftritt, durch frühere Erfahrungen und Persönlichkeitscharakteristika, Interessen, Anpassungs- und Abwehrmechanismen und gegenwärtige Bedürfnisse. Ein Beispiel dafür ist das Überwiegen primärer Motive: Beim Hunger beispielsweise wird die Wahrnehmung jener Reize weitgehend zurückgedrängt, die nicht auf die Stillung des Hungers bezogen sind. Selektion bewirkt entweder größere Genauigkeit durch Auswahl der wichtigen Reize aus der Umwelt, die dann auch mit sehr niedrigem Schwellenwert wahrgenommen werden, oder aber größere Verzerrung; denn durch das Herausheben nur weniger wichtiger Reize wird die Umwelt verzerrt und entstellt. Das Phänomen der Überbetonung des persönlichen Wohnstandortes in Mental Maps ist ein solches Beispiel für Selektion in der sozialen Wahrnehmung.

2. *Organisation:* Organisation verknüpft neurale Impulse mit früheren Erfahrungen und verbindet sie zu einem harmonischen, widerspruchslosen Ganzen aus Reiz, sozialen Variablen und Persönlichkeitscharakteristika. Beispielhaft ist auch hierfür ein bereits erwähntes Phänomen, das bei Mental

Maps immer wieder auftritt, nämlich die Tendenz zur Vereinfachung und Umrißbegradigung von Vorstellungen im Vergleich zur Wirklichkeit (PACIONE 1976, spez. p. 282). Für die Interpretation dieses Phänomens wie für die meisten frühen Arbeiten zur Wahrnehmungsforschung waren Ideen der Gestaltpsychologie, später der Gleichgewichtstheorien (siehe weiter unten in diesem Abschnitt) konstitutiv.

3. *Akzentuierung:* „Was in einer bestimmten Situation wichtig ist, scheint sich von dem übrigen sensorischen Input abzuheben. Diejenigen Reizmerkmale, die bei früheren Erlebnissen verstärkt worden waren oder die für die Person oder die Situation irgendwie notwendig sind, werden betont. Auf ähnliche Weise verursachen gegenwärtige Bedürfnisse eine Akzentuierung von Umweltaspekten, die mit ihrer Befriedigung zusammenhängen" (NEEL 1974, p. 511). Dieser Prozeß ist deutlich vom Selektionsprozeß überschnitten, was die Diskussion über die Eigenständigkeit des Prozesses in den letzten zwei Jahrzehnten nur gefördert hat (kurze, aber umfassende Überblicksdarstellung zur sozialen Wahrnehmung in STADLER, SEEGER und RAEITHEL 1977). So finden sich etwa bei Irle die Prozesse Akzentuierung, Stereotypisierung und Vigilanz, die Selektion ist in den anderen aufgegangen.

4. *Fixierung:* „Das Wiederauftauchen eines Reizes ist in vielen Fällen vom Wiederauftauchen des gleichen Wahrnehmungserlebnisses begleitet, das der Reiz bei seinem ersten Auftreten hervorgerufen hatte" (NEEL 1974). Dieser Prozeß begünstigt die Bildung von Stereotypen, man vergleiche Irles Prozeß der Stereotypisierung. Aus der Literatur sind Marcel Prousts „Madeleines" bekannt geworden als ein Beispiel solcher Fixierung, aber auch der Geruch der Weißdornblüten, der jedesmal die gleichen Erinnerungen heraufbeschwört. Eine der wesentlichen Leistungen unseres Gedächtnisses ist wohl gerade Fixierung. Fixierung kann zwischen Sinneseindrücken aller Sinne und allen Elementen der Umweltstruktur erfolgen: „Ein Kind erkennt einen Ort, wo es früher, unter Zwang einmal gewesen ist, an dem Muster am Boden wieder" (PETER HANDKE: Das Gewicht der Welt, Salzburg 1977, p. 278). BRUNER und POSTMAN drücken sich so aus (1948, p. 105): "The organism has the capacity to render equivalent widely divergent patterns of stimulation."

Die aufgeführten Prozesse der sozialen Wahrnehmung sind noch keine Erklärungen der beschriebenen Phänomene, sie stellen lediglich Typisierungen von Phänomenen dar. Zu ihrer Erklärung werden Theorien höchsten Niveaus (allgemeine Verhaltenstheorien) und hohen Abstraktionsniveaus (Theorien der Anspruchsniveausetzung, der Attitüdenbildung und andere) benötigt. Begnügt man sich, wie in vielzähligen Arbeiten der Environmental Psychology und im Bereich Umweltwahrnehmung der Humangeographie, mit der Feststellung und umfassenden Beschreibung dieser Phänomene – die Mental Map-Forschung ist darüber noch nicht hinausgelangt –, dann darf es nicht verwundern, wenn die Beziehung zwischen Phänomenen und Erklärungen problematisch bleibt.

B. Sozialpsychologische Theorien – ein Überblick

Trotz vieler Teilantworten, die von verschiedenen Autoren auf die Frage nach dem „Warum" der Verzerrung der Wahrnehmung gegeben wurden, blieb soziale Wahrnehmung letztlich aus sich heraus nicht erklärbar, wie aus einer Betrachtung von Abbildung 3 deutlich hervorgeht. Um sie zu erklären, benötigt man Motivationstheorien, die angeben, welche Motive oder Motivgruppen für Entscheidungen den Ausschlag geben, warum z. B. gewisse Handlungsziele, wie die Erringung eines höheren sozialen Status oder Aufwandsminimierung oder Anpassung an soziale Leitbilder, alles Handlungsziele von potentieller raumrelevanter Bedeutung, für menschliche Entscheidungen bedeutungsvoll sind. Benötigt werden des weiteren Theorien der Anspruchsniveausetzung, das heißt Theorien über das Niveau, auf dem sich Entscheidungen, z. B. durch den Vergleich mit den Lebenszuschnitten anderer Gruppen, abspielen. Diese Gruppe von Theorien entspricht in etwa den Theorien zur Attitüdenbildung und Attitüdenveränderung (ähnlich bei IRLE 1975). Damit verbunden sind Sozialisations- und Lerntheorien, die hier nur erwähnt, aber nicht weiter expliziert werden sollen (zum Lernprozeß RESTLE 1975, zur Sozialisation GRIESE 1975 oder FREY 1974).

Hier sollen nur die wichtigsten theoretischen Standorte anhand ausgewählter Theorien erläutert werden, wobei die Auswahl unter dem Kriterium möglicher Eignung für raumwissenschaftliche Problemstellungen durchgeführt wurde. Für dabei möglicherweise aufgetretene unbeabsichtigte Nuancierungen, die vor allem dem Sozialpsychologen allzu verkürzend erscheinen mögen, bitte ich vorweg um Nachsicht.

C. Komplexe sozialpsychologische Theorien mit dem Anspruch der umfassenden Verhaltenstheorie

Die Beschränkung des Arbeitsfeldes von Theorien auf bestimmte Problembereiche, wie Wahrnehmung, Gedächtnis, Lernen, Motivation, Persönlichkeit, gilt nicht für einige übergreifende Ansätze, die die Gesamtheit der Verhaltensphänomene zu erklären suchen. Dies trifft insbesondere für die Feldtheorie zu, aber auch für den Komplex der Theorien der kognitiven Konsistenz (Gleichgewichtstheorien) sowie die Verstärkungstheorien. In einem anderen Sinne ganzheitlich beschäftigt sich die Phänomenologie mit menschlichem Verhalten. Eine explizite Einbeziehung der räumlichen Aspekte des Verhaltens findet sich nur in der Feldtheorie.

1. Die Feldtheorie

Der feldtheoretische Ansatz basiert auf dem Theorem, daß Verhalten eine Funktion des Lebensraumes ist. Der Lebensraum hat die Eigenschaften eines (Kraft-)Feldes. Das Verhalten wird bestimmt durch die Beschaffenheit des gesamten Feldes, nicht aber durch isolierte Faktoren. Verhalten ist eine durch die Person selbst hervorgerufene Veränderung des Lebensraumes. Handlungen beruhen auf bewerteten Handlungssituationen, die Erwünschtheit oder Unerwünschtheit einer Handlungssituation ist deren Valenz.

Der feldtheoretische Ansatz wird durch die Arbeiten von Lewin und dessen Schüler Festinger charakterisiert. „Lewins Ansatz zielte darauf ab, die charakteristischen Merkmale allgemeiner Erklärungstypen herauszufinden, die man in den verschiedenen Sozialwissenschaften fruchtbar anwenden kann. Dabei war Lewin der Auffassung, daß psychische und physische Phänomene innerhalb ihres jeweiligen Bezugsrahmens erklärt werden müßten" (Deutsch und Krauss 1976, p. 35). Die Arbeit Lewins von 1934 umfaßt bereits die wichtigsten Konzepte Valenz, Handlungssituation, relative Potenz (Bedeutung und Bewußtheit einer Handlungssituation), Lebensraum und hodologischer Raum. Das letztgenannte *Konzept des hodologischen Raumes* ist von Phänomenologen weiterentwickelt worden (Bollnow 1963; Kruse 1974). Der hodologische Raum ist der Raum der auf das Subjekt bezogenen Interaktionskanäle, der Wege, die bestimmten Handlungssituationen dienen. – Festingers Theorie des sozialen Vergleichs basiert ebenfalls auf einem Feld-Ansatz.

Die Komplexität des Begriffes der Valenz einer Handlungssituation, verbunden mit dem ebenfalls schwer zu operationalisierenden Begriff der relativen Potenz, läßt eine Deduktion einfacherer Hypothesen zwar zu, jedoch ist in der Theorie selbst angelegt – da immer alle Valenzen gleichzeitig berücksichtigt werden müssen –, daß ihre Operationalisierung mit entstellenden Vereinfachungen verbunden sein muß. Langenheders Versuch der Übertragung des Lewinschen Ansatzes auf die Wanderungsforschung dient so eher der Aufstellung eines Beschreibungsrasters als einer Weiterentwicklung der Wanderungstheorie (Langenheder 1968).

2. Die Gestaltpsychologie

„Die Gestaltpsychologie als deskriptive Theorie der Wahrnehmung behauptet, daß die Objekte der Umwelt unterschiedliche Bedeutung haben, je nachdem, ob wir sie als Ganzheiten oder als individuelle Teile sehen. Als Beispiel für diese Behauptung möge man sich für Augentests verwendete Darstellungen vorstellen, die aus zahlreichen farbigen Klecksen bestehen und nur bei Konzentration auf ganz bestimmte Farben oder Farbkombinationen sich zu Bildern formen. Die einzelnen Teile sind somit gelbe, blaue, rote, grüne Farbpunkte, die solange ein sinnloser Haufen sind, bis das Auge in ihnen eine Form erkannt hat, eine ‚Gestalt'. Dies impliziert, daß die Organisation der Wahrnehmung nicht irgendwie vor sich geht, sondern daß der Mensch versucht, in die ihn umgebende, unstrukturierte Umwelt Muster, Sinn, Formen hineinzusehen, ihr also auch, wenn sie keinen Sinn, kein Muster, keine Form aufweist, diese zu unterlegen" (HÖLLHUBER 1976 a, p. 12).

Der gestaltpsychologische Ansatz bezieht also die Organisation der Wahrnehmung auf die Verhaltenssituation, das Feld, innerhalb dessen wahrgenommen wird, und auf die für den Organismus notwendige Auswahl von Informationen. Die Arbeiten von KÖHLER (1929) und KOFFKA (1935) haben gemeinsam mit den Arbeiten von LEWIN (1936, 1963) den Ansatz geprägt. Über die Environmental Psychology haben gestaltpsychologische Ansätze die geographische Beschäftigung mit dem Problemkreis der Umweltwahrnehmung beeinflußt.

Wichtig wird der gestaltpsychologische Ansatz in jenen Bereichen der Phänomenologie, die für die Typisierung des Wahrnehmungsraumes herangezogen werden können (zur Beziehung zwischen den beiden Ansätzen vergl. DURCKHEIM 1932, BINSWANGER 1933 oder MERLEAU-PONTY 1966). Der geographische Bezug des gestaltpsychologischen Ansatzes liegt vor allem in der Möglichkeit, die er bietet, Bilder von Raumstellen, also gestalthafte Vorstellungen, zu deuten. Nicht zufällig weist gerade TUAN (1968, passim) immer wieder auf den Gestaltcharakter unserer Vorstellungen von sowohl Landschaftstypen als auch von Orten („Places") hin.

3. Die Theorien der kognitiven Konsistenz (Gleichgewichtstheorien)

Theorien der kognitiven Konsistenz behaupten, „daß der Mensch versucht, die verschiedenen Aspekte seiner Umwelt und seiner selbst so wahrzunehmen, zu erkennen und zu bewerten, daß die Implikationen seiner Wahrnehmungen für das Verhalten nicht widersprüchlich sind" (DEUTSCH und KRAUSS 1976, p. 62). Dieser Theorienkomplex wird gemeinhin auf Heiders Balance-Theorie (HEIDER 1946) zurückgeführt (so BERKOWITZ 1977, p. 29); jedoch hat Heiders Arbeit wohl nur katalysatorische Wirkung für seit den zwanziger Jahren mehr oder weniger explizit vertretene Einstellungen gehabt. Der Komplex zeichnet sich durch eine Fülle von Theorien aus, deren bekannteste, verbreitetste und selbst dem gehobenen Sprachgebrauch nicht fremde Festingers Theorie der kognitiven Dissonanz (FESTINGER 1957) darstellt.

Die kognitiven Konsistenztheorien sind bedeutungsvoll für die Beschreibung und Erklärung des Verhaltens im Raum, weil sie ein primäres Verhaltensmotiv ansprechen, das aller (räumlichen) Wahrnehmung zugrundeliegt. Es wurde von BRUNER und POSTMAN (1948) als „Organisation" bezeichnet und bedeutet, daß Menschen alle Wahrnehmung organisieren und interpretieren, bis sie sie verstehen, wobei sie Organisation und Interpretation auf dem Hintergrund eigener Erfahrungen und Einstellungen betreiben. Organisation und Interpretation tendiert aber zu einer Widerspruchslosigkeit von Wahrnehmung und Vorstellung, die dem Menschen Sicherheit in einer unsicheren und unergründlichen Umwelt verleiht. Ein frühes Beispiel für die experimentelle Überprüfung dieses Zusammenhanges bietet ROSEN (1954), der weiter unten ausführlich zitiert wird.

Die Interpretation der Wahrnehmung in Hinblick auf einen Gleichgewichtszustand von Wahrnehmungen und Vorstellungen kann bewirken, daß ein Bild der Umwelt entsteht, das der objektiven Umwelt in wesentlichen Zügen nicht entspricht, weil etwa Zufallsprozesse der Umwelt durch die Wahrnehmung zu kausal erklärbaren Prozessen werden oder weil unregelmäßige Muster zu regelmäßigen uminterpretiert werden.

Wichtigste Vertreter dieses Theoriekomplexes sind FESTINGER (1957) mit der Theorie der kognitiven Dissonanz und schon früher mit der Theorie des sozialen Vergleichs (FESTINGER 1954), LECKY mit der Theorie der Selbstkonsistenz (LECKY 1945, *vor* HEIDERS Arbeit erschienen!); dazu ist KELLEY mit der Attributionstheorie zu rechnen (KELLEY 1967, 1971) und selbstverständlich HEIDER mit der Theorie der kognitiven Balance (HEIDER 1946, 1958).

4. Die Verstärkungstheorien

Die Verstärkungstheorie lehnt als behavioristischer Forschungsansatz die mentalistischen Konzepte vom Typ „Empfindung, Wahrnehmung, Vorstellung" ab. Sie betont die Bedeutung der Beobachtung des Verhaltens zur Aufstellung von Gesetzen über die Beziehung von Basiseinheiten des Verhaltens auf dem Beobachtungsniveau. In diesem Sinne liefern ihre Gesetze nicht Erklärungen für das Verhalten, sondern hochformalisierte Beschreibungen, die aber die Basis von Theorien des Verhaltens darstellen können.

Der wichtigste Beitrag der Verstärkungstheoretiker und insbesondere von SKINNER liegt im Bereich des Lernens, der von den beiden Grundparadigmata des Erwerbs von Fähigkeiten und Einstellungen ausgeht, der klassischen Konditionierung und der operanten Konditionierung. Lernen ist nach Skinner „die durch Verstärkung bewirkte Etablierung von konditionierten Verbindungen zwischen operantem Verhalten und Verstärkern. Die Stärke einer erlernten Reaktion ist abhängig von dem Betrag an Verstärkung, den diese Reaktion erhalten hat, und von dem jeweiligen Motivationszustand des Organismus" (NEEL 1974, p. 230).

Im räumlichen Kontext interessiert uns der Beitrag, den die Verstärkungstheorie (für den Bereich der Elementarformen des sozialen Verhaltens kontrovers dargestellt durch HOMANS 1962) für die Erklärung des Erwerbs a) der Kenntnisse von Raumstellen und b) von Bewertungsmustern für Raumstellen leisten könnte. Die in dieser Richtung angelegte interessante Arbeit von RESTLE (1975), die menschliches Lernen auch auf dem Hintergrund ethologischer Erkenntnisse analysiert, hat hier leider wenig weiter geführt. Wie auch bei den Gestaltpsychologen haben bei den Verstärkungstheoretikern Experimente mit Labyrinthen und anderen Formen des Tests räumlichen Lernens kaum zu konkreten *Raum*konzepten, sondern fast ausschließlich zu *Lern*konzepten geführt, was bedeutet, daß die räumliche Komponente bewußt vernachlässigt wurde.

Die Theorie des Adaptionsniveaus von HELSON (1948, 1964) und die Theorien von THIBAUT und KELLEY (1959) und KELLEY (1971), nämlich die Theorie des Vergleichsniveaus für Alternativen und die Attributionstheorie, entstammen ebenfalls dem Bereich der Verstärkungstheorien.

D. Die Motivationstheorien

Aus den Grundaxiomen der Gleichgewichtstheorien läßt sich ableiten, daß Handlungen aufgrund von Motiven erfolgen, die Richtung und Stärke der Handlungen bestimmen. Motivationstheorien wollen aufklären, aufgrund welcher Antriebe Handlungen erfolgen. Sie unterscheiden dabei zwischen primären (phylogenetischen) und sekundären (ontogenetischen), also zwischen angeborenen Motiven, den sogenannten „drives", und erworbenen Motiven. Aus der Sicht der Motivationsforschung werden also Handlungen, wie z. B. Entscheidungen über Aktivitäten im Raum, explizit auf ihre vermutete Zielgerichtetheit untersucht.

„Gegenwärtige Theorien menschlichen Verhaltens, die mit Variablen der Klasse ‚Motive, Antriebe' operieren, müssen nicht nur erklären können, in welcher Weise sehr differente *instrumentelle Handlungen* zu ein und demselben *Ergebnis* oder *Ziel* führen, sie müssen ebenso erklären können, in welcher Weise eine einzige instrumentelle Handlung zu diesem oder jenem Ziel führen kann" (IRLE 1975, p. 144).

Die Zuordnung der wichtigsten Hauptmotive menschlichen Handelns zu phylogenetischen oder ontogenetischen Motiven wird durch die Entdeckung kognitiver Kontrolle von Motiven in der Sozialpsychologie wie der Prägung in der Ethologie nicht leichter gemacht. Sie wird vielmehr in ihrer Bedeutung (Trennung beeinflußbarer und nicht beeinflußbarer Motive) möglicherweise aufgehoben. Es sind die Hauptmotive – mit Ausnahme der hier wenig bedeutsamen drives physiologischer Natur (Hunger, Durst, Furcht, Schmerz) – das Neugier- und Explorationsmotiv, das Motiv des Kontaktwunsches zum Mitmenschen, das Motiv der Messung eigener Einstellungen und Fähigkeiten an den Einstellungen und Fähigkeiten anderer, das Leistungs- und das Geltungsmotiv (zu den Hauptmotiven vergl. HÖLLHUBER 1977b und 1978b).

Da in dieser Arbeit der Ansatz soziale Wahrnehmung besonders aus dem Bereich sozialpsychologischer Erklärungen herausgehoben wird – ist er doch von großer Bedeutung für das Verständnis von raumrelevanten Entscheidungen des Menschen –, wird im folgenden darauf geachtet werden, ob dieser Bereich der Theorie explizit abgedeckt ist oder nicht.

1. Das Neugier- und Explorationsmotiv

Neugier- und Explorationsverhalten sind primäre drives menschlichen Handelns, die sekundär (soziokulturell) verstärkt werden. PIAGET und INHELDER (1971) nehmen ein Motiv aktiver Exploration der Umwelt an, das bereits im Säuglingsalter die Organisation der räumlichen Wahrnehmung bestimmt. Hier treffen sich Piaget und Inhelder mit der homöostatischen Motivationstheorie von DOLLARD und MILLER (1950, vergl. dazu IRLE 1975, p. 176), die den Menschen einen Gleichgewichtszustand anstreben läßt, der in *minimaler Stimulation* besteht (es handelt sich um einen experimentell nachgewiesenen, beschreibenden Satz). Dieser interessante Gedanke hat wichtige Begleitwirkungen in bezug auf Parameter: Der Gleichgewichtszustand in bezug auf den sozialen Status oder auf die qualitativen Charakteristika des Wohnstandortes besteht in minimaler Stimulation und damit einer minimalen Differenz zwischen gegenwärtiger und erwarteter Bedürfnisbefriedigung. Zusammen mit Überlegungen zum Geltungsmotiv ging dieser Gedanke in die Theorie der marginalen Differenz ein (dargestellt in Grundzügen als Konzept der marginalen Differenz in HÖLLHUBER 1977b und ausführlich weiter unten in Abschnitt III.F.).

2. Das Motiv des Kontaktwunsches zum Mitmenschen (das Affiliationsmotiv)

Dieses Motiv ist so gut belegt wie es umstritten ist. Es ist nicht sicher, ob es ein phylogenetisches Motiv gibt, nach dem Menschen zu Menschen streben.

Schachters Theorie des Affiliationsmotivs (SCHACHTER 1959) besagt eine Gerichtetheit des Motivs: Nicht Nähe zum anderen wird gesucht, sondern Nähe zum anderen in gleicher Lage. Das Motiv ist für unseren Zusammenhang nicht unwichtig, da es menschliches Verhalten als kontaktorientiert ausweist, aber von speziellem Interesse für den Architekturpsychologen und Planer. "Plainly, then, under conditions of anxiety the affiliative tendency is highly directional – an experimental finding which removes one shred of ambiguity from the old saw 'misery loves company'. Misery doesn't love just any kind of company, it loves only miserable company. Whatever the needs aroused by the manipulation of anxiety, it would seem that their satisfaction demands the presence of others in a similar situation" (SCHACHTER 1959, p. 24). Handlungsspielraum und Affiliationstendenz sind hier ganz eindeutig aufeinander bezogen, und Schachter geht konsequent weiter, wenn er sozialen Status und Affiliationstendenz aufeinander bezieht. Untersuchungen zur Furcht in kontaktarmen Umwelten und in Situationen mit geringem Handlungsspielraum – bei unterprivilegierten Schichten im besonderen – sind in der Nachfolge Schachters zum Teil auch in realen Umwelten, also nicht in Laborversuchen, unternommen worden; Hinweise darauf finden sich bei PROSHANSKY et al., 1970.

3. Das Motiv der Messung von eigenen Einstellungen und Fähigkeiten an den Einstellungen und Fähigkeiten anderer

Schachter stellt in den einleitenden Überlegungen seiner Psychology of Affiliation fest, daß "One's ability is good or bad only in comparison with the ability of others" bzw. "The greater the extent to which other people agree with one's opinion, the greater the feeling of correctness and the greater the stability of the opinion" (SCHACHTER 1959, p. 4). Schachter konstruiert aus diesen Feststellungen einen "drive for cognitive clarity", also ein phylogenetisches Motiv kognitiver Klarheit, dem auf einem Niveau niedrigerer Abstraktion ein "drive for evaluation of opinions and abilities" untergeordnet ist (SCHACHTER 1959, p. 5). Dieser drive stimmt überein mit Festingers „drive to evaluate [man's] opinions and ... abilities" (FESTINGER 1954), der ersten Hypothese der Theorie des sozialen Vergleichs.

Dieser drive zur Evaluierung von Fähigkeiten und Einstellungen, der in Form des sozialen Vergleichs befriedigt wird, entspricht in seinen Annahmen denen der kognitiven Konsistenztheorien, das heißt, es wird angenommen, daß der postulierte drive ein Gleichgewicht zwischen den Einstellungen des Menschen zu sich selbst, seinen Wahrnehmungen und den Einschätzungen durch andere anstrebt. Dazu ist es nötig, daß nicht passende Wahrnehmungen, die z. B. aus Selbstüberschätzung resultieren, umgemünzt oder unterdrückt werden: Hier liegt die Basis der Theorie der kognitiven Dissonanz. Ähnlichkeiten zur Bezugsgruppentheorie (HYMAN 1942; KELLEY 1952; MERTON 1957), die aus anderer Sicht das Problem der Anpassung von Einstellungen betrachtet, liegen auf der Hand.

Von besonderem Interesse ist ein Element der Theorie, das in der vierten Hypothese niedergelegt wurde und das besagt, daß Fähigkeiten nur in einer Richtung verglichen werden, nämlich *nach oben*, daß also tendenziell die eigene Leistung schwächer eingestuft wird als die anderer Personen und andererseits der drive zum sozialen Vergleich diesen Unterschied zu überwinden sucht (nur um wieder Differenzen festzustellen, die als minimale Stimulation offensichtlich vorhanden sein müssen). Festinger resümiert, daß das Anspruchsniveau gerade etwas höher angelegt wird als es Möglichkeit und Gelegenheit der Person zulassen sollten: "Because of this unidirectional push and the pressure toward uniformity, the individual is oriented toward some point on the ability continuum slightly better than his own performance of the performance of those with whom he is comparing himself ... It has been shown that in most situations, an individual's level of aspiration is placed slightly above his performance. When told the average performance of others like himself, the level of aspiration is generally set slightly above this reported group average" (FESTINGER 1954, p. 126/127). Dabei wird die Differenz zwischen Anspruchsniveau und derzeitigem Leistungsniveau verschwindend gering sein, denn – wieder einer Hypothese Festingers folgend – je ähnlicher sich zwei Personen sind, desto größer ist die Wahrscheinlichkeit des Vergleichs, desto geringer wird also die zu überwindende Niveaudistanz sein.

4. Das Neidmotiv

Dieses so alltägliche Motiv hat bisher nur eine einzige wichtige Arbeit angeregt, die Studie von SCHOECK (1968), die allerdings den psychologischen Rahmen gegenüber den soziologischen Bedingungen vernachlässigt. Schoeck stellt den Neid und die Neidvermeidung durch Anpassung an die Normen der Gesellschaft in das Zentrum einer umfassenden Theorie der Gesellschaft und in das Zentrum der Grundmotivationen des Menschen. Insbesondere dort, wo Schoeck Neid und Handlungsspielraum in Beziehung setzt (z. B. SCHOECK 1968, p. 109/110), gelingt es ihm, zum Teil neue Interpretationen von Verhaltensweisen zu geben. Dennoch lassen sich die meisten seiner Beispiele auf oben genannte Motive zurückführen, speziell auf Festingers Motiv des sozialen Vergleichs, so daß wir das Neidmotiv als eine Variante dieses Motivs betrachten können.

5. Das Leistungsmotiv

Eine Theorie der Leistungsmotivation entwarf Mc CLELLAND 1961. Das Leistungsmotiv ist in der westlich-industriellen Zivilisation tief verankert (vergl. dazu schon WEBER 1904 und den interessanten Überblick in BOLTE et al. 1975 in Teil III/3 zu den Ursachen sozialer Ungleichheit, sowie HARTFIEL 1977, darin SCHOECK 1977, p. 166 ff.: „Ist Leistung unanständig?"). Die Zuweisung zu den primären Motiven ist umstritten, aber letztlich ohne Bedeutung, da das Leistungsmotiv in unserer Gesellschaft faktisch ein Grundmotiv darstellt. Eine Rückführung des Leistungsmotivs auf die beiden Motive „sozialer Vergleich" und „physiologisches Überleben" wäre denkbar. Aus der Lerntheorie sind Versuche bekannt, das Leistungsmotiv mit dem Explorationsmotiv zu verknüpfen (vergl. die Theorien der Sozialisation, insbesondere bei Piaget und Bruner).

6. Das Geltungsmotiv

"People may hold certain attitudes because doing so satisfies their own deep-seated needs, for instance the *need to feel superior*" (KELVIN 1969, p. 123). Im Gegensatz zu den anderen genannten Motiven gibt es zum Geltungsmotiv keine eigentliche Motivationstheorie, obwohl das Geltungsmotiv in einige Theorien der Anspruchsniveausetzung eingegangen ist. Explizite Annahmen zum Geltungsmotiv finden sich vor allem in soziologischen Arbeiten zur sozialen Schichtung und zum sozialen Status (Exkurs bei BOTTOMORE 1976). „Prestige" als gesellschaftliche Belohnung im soziologischen Forschungsbereich entspricht dem Verhaltensziel des Geltungsmotivs im sozialpsychologischen Forschungsbereich. HOMANS (1969, p. 66) hat diese Beziehung auf eine einfache sozialpsychologische Hypothese reduziert: „... die These, daß eine Steigerung im Wert der Belohnung die Wahrscheinlichkeit erhöht, daß eine Person die Handlung ausführen wird". Homans sieht also im Prozeß sozialer Schichtung einen Vorgang, der seiner Definition menschlichen Verhaltens in letzter Reduktion voll entspricht: „[Verhalten] ... hängt in Art und Umfang von Art und Umfang der Belohnungen oder Strafen ab, die es nach sich zieht" (HOMANS 1968, p. 11). Unter Berücksichtigung intermittierender Variabler, so des ganzen Wahrnehmungsprozesses, können wir uns nach Homans geltungsbetontes Verhalten als einen Verstärkungsprozeß vorstellen.

Für die raumwissenschaftliche Fragestellung hat das Geltungsmotiv große Bedeutung, eine Feststellung, die schon in den zwanziger Jahren gemacht wurde und eigentliche Ausgangsfeststellung für die Sozialgeographie wurde. Im Rahmen des Verständnisses menschlichen Entscheidungsverhaltens muß dieses Motiv in eine Theorie der Anspruchsniveausetzung übertragen werden bzw. in einen Erklärungsrahmen sozialer Wahrnehmung eingespannt werden. Wenn das Geltungsmotiv ein notwendigerweise *nach oben* gerichtetes Motiv ist, dann entsprechen viele seiner Verhaltensauswirkungen denjenigen des Motivs des sozialen Vergleichs, wie dies auch beim Neidmotiv der Fall zu sein scheint.

E. Theorien der Attitüdenbildung und Anspruchsniveausetzung

Attitüden sind Einstellungen zu Objekten und Orten der physischen Umwelt und zu Normen, Übereinkünften, Ereignissen der sozialen Umwelt. Sie werden durch den Sozialisationsprozeß des Menschen geprägt und verändern sich in gegebenen Situationen aus Gründen, die z. B. der Selbsterhaltung untergeordnet sind oder der Selbstachtung oder der Erhaltung von sozialen Beziehungen. Die Bildung von Attitüden entspricht der Bildung von Anspruchsniveaus, also der Vergleichsebenen für Forderungen an das Ich und die soziale oder physische Umwelt. Anspruchsniveaus und Attitüden sind somit voneinander abhängig.

Konzepte der Attitüdenbildung und der Anspruchsniveausetzung sind von größter Bedeutung für die Erklärung räumlichen Verhaltens. Da jede raumbezogene Entscheidung auf einer Bewertung a) möglicher Verhaltensalternativen und b) möglicher Raumstellen für die Ausführung alternativen Verhaltens beruht, bestimmt das Anspruchsniveau den Bereich, innerhalb dessen Entscheidungen vorgenommen werden. Das heißt, daß etwa Raumstellen, deren Wert unterhalb oder oberhalb eines durch das Anspruchsniveau gegebenen Stellenwertes liegt, nicht in die Auswahl einbezogen werden. Die Auswahl wird nach bestimmten Kriterien als eine Entscheidung zwischen subjektbezogenen Raumstellen durchgeführt. Dabei bestimmen die Attitüden die *Art* ausgewählter Raumstellen, das Anspruchsniveau aber bestimmt den aufgrund von Grundmotiven skalierenden *Wert* der Raumstellen.

Hier sollen nur diejenigen Theorien kurz beschrieben werden, die aufgrund einer sicher subjektiv gewichteten Auswahl bedeutungsvoll für humangeographische Analyse sein können. Literatur zu diesem Themenbereich findet sich besonders bei IRLE 1975, p. 278 ff., in DEUTSCH und KRAUSS 1976, geordnet nach Autoren und Theoriebereichen, ferner umfassend zu den Gleichgewichtstheorien bei ABELSON et al. 1968 und zur Theorie der kognitiven Dissonanz bei BREHM und COHEN 1962.

1. Theorien aus dem Bereich der physiologischen und sozialen Wahrnehmung

Vorformen von Theorien sozialer Wahrnehmung und Attitüdenbildung sind jene Theorien der Perzeption, die sich mit der Veränderung von Wahrnehmungsschwellenwerten in Abhängigkeit von Grundmotiven menschlichen Handelns beschäftigen. Als Beispiel sei die Arbeit von ROSEN (1954), wiederabgedruckt in VERNON (1970), über "Change in Perceptual Threshold as a Protective Function of the Organism" genannt. Rosen konnte nachweisen, daß Wahrnehmungsschwellen für Reize eine Funktion der Angenehmheit oder Unangenehmheit des Reizes sind, wobei er eine Erklärung mittels des physiologischen Grundmotives der Schmerzabweisung gibt. Aus der Perzeptionsforschung stammende Ergebnisse dieser Art haben große Bedeutung für Theorien der Attitüden- und Anspruchsniveaubestimmung auf kognitivem Niveau gehabt.

Ebenfalls aus der Wahrnehmungsforschung stammt die *Assimilations-Kontrast-Theorie* von SHERIF und HOVLAND (1961). Sherif und Hovland definieren Urteile als Ergebnisse von Vergleichen. Vergleiche werden vom Individuum kontextabhängig durchgeführt: Wasser von 20° ist heiß für eine Hand, die eben noch 1° temperiertes Wasser berührte, kalt für eine Hand, die in Wasser von 40° gehalten worden war. Innerhalb eines gewissen Spielraumes der Diskrepanz von bisherigen Attitüden und neuen Informationen, die eine Attitüdenänderung bewirken, ändert sich die bisherige Position in Abhängigkeit von der Größe der Diskrepanz: Je größer die Diskrepanz, desto größer die Änderung der Attitüden. Dazu kommt, daß je stärker die Ich-Beteiligung der Person an der Attitüde ist, desto enger der Spielraum wird. Diese Feststellung insbesondere ist für die Verstärkungstheoretiker mit Schwierigkeiten verbunden, denn: „die einfache lineare Beziehung zwischen einem Verstärker und dem Ausmaß einer Attitüden-Änderung ist generell nicht mehr haltbar" (IRLE 1975, p. 294).

Der Kontextbezug wie die Ich-Beteiligung sind für raumwissenschaftliche Fragestellungen von Bedeutung. Standortqualitäten werden im Entscheidungsprozeß distanzüberwindender Aktivitäten (Wanderungen, Einkaufen, Erholung und Freizeit) im Kontext des eigenen Standortes und nicht auf einer allgemeinen Skala gesehen. Versuche der Modellbildung raumüberwindender Verhaltenstypen des Menschen können also keine brauchbaren Ergebnisse bringen, *wenn sie nicht auf das Wertungssystem des Menschen skaliert sind,* wobei die Wertungsskalen durchaus nicht linear von den bewertenden Phänomenen abhängig sein müssen.

Zu den Wertungsmaßstäben und ihrer Ich-Bezogenheit wurde bereits die *Theorie der persönlichen Konstrukte* von KELLY (1955) vorgestellt.

2. Verstärkungstheorien

Verstärkungstheorien gehen davon aus, daß mit den Belohnungen, die eine Person für ihr Verhalten erhält, ihr Anspruchsniveau wächst. Die Häufigkeit, mit der Verhalten belohnt wird, bestimmt dabei die Beziehung zwischen Aktivität und Zufriedenheit. Wieder zeigt sich ein Problem der Anwendung verstärkungstheoretischer Sätze: Obiger Satz (vergl. SKINNER 1973, p. 66 ff.) würde in Anwendung auf die Wanderungsforschung bedeuten, daß große Häufigkeit des Wohnstandortswechsels auf *geglückten* Wohnstandortswechsel hindeutete, was sicher nicht der Realität entspricht.

Helsons *Theorie des Adaptionsniveaus* (HELSON 1948, 1964) versucht eine essentiell einfache Gruppe von neun Hypothesen (HELSON 1964, p. 62/63) auf praktisch alle sozialpsychologischen Forschungsbereiche anzuwenden. Ähnlich der Sherif- und Hovlandschen These geht Helson davon aus, daß die Erfahrung eines gegebenen Reizes für die Person durch das determiniert wird, woran sie sich adaptiert hat. Man denke wieder an bipolare Begriffspaare wie „langsam – schnell", „heiß – kalt", „ruhig – laut" oder „dunkel – hell", die dergestalt aus dem Blickwinkel der Person heraus, aus ihrer adaptierten Position heraus also, interpretiert werden. "In every situation confronting the organism there is established an adaption level that is a weighted mean of focal, background, and residual stimuli" (HELSON 1964, p. 62). Der „innere Maßstab", der im Gegensatz zu Sherif und Hovland auch mathematisch definierbar und berechenbar ist, entspricht damit – jedoch mit Ausnahme gerade wieder der mathematischen Definierbarkeit – den Polarpaaren der Theorie persönlicher Konstrukte.

Die *Theorie des Vergleichsniveaus für Attitüden* von THIBAUT und KELLEY (1959) geht ebenfalls von einem Adaptionsniveau aus. Zusätzlich nehmen Thibaut und Kelley eine zweite Skala an, ein Vergleichsniveau für Alternativen. Es stellt „das für eine Person akzeptable minimale Verhaltensergebnis angesichts der ihr verfügbaren besten Verhaltensalternativen" dar (DEUTSCH und KRAUSS 1976, p. 111). Damit wird Verhalten erklärt, welches von der Person selbst als unbefriedigend empfunden wird. Es tritt nach dieser Theorie dann auf, wenn keine befriedigende, also einem minimalen Standard entsprechende (einer marginalen Verbesserung entsprechende) Verhaltensalternative vorhanden ist. Thibaut und Kelley haben ihre Theorie vor allem auf soziale Interaktionen angewendet; jedoch besteht kein Grund, sie nicht auch auf Mensch-Umwelt-Beziehungen und auf Wertungen von Raumstellen anzuwenden. Ihre Theorie hat gegenüber anderen den unschätzbaren Vorteil, daß sie als Entscheidungstheorie angelegt ist, also nicht nur Attitüden mißt und erklärt, sondern auch die Entscheidungen selbst einbezieht. Dieses Problem der Entscheidungen ist aber gerade für den Sozialwissenschaftler, der sich mit Interaktionsentscheidungen beschäftigt, von Interesse, dessen über Fragebögen festgestellte Attitüden nicht unbedingt auch die Entscheidungen erklären und der die reale Entscheidungssituation etwa der Wohnstandortswahl nicht gut im Experiment nachvollziehen kann.

Eine humangeographisch einzusetzende Theorie der Anspruchsniveauänderung sollte als *Entscheidungstheorie* aufgebaut sein.

3. Gestaltpsychologische Theorien kognitiver Konsistenz

Die hier referierten Theorien sind Gleichgewichtstheorien aus der Sicht der Gestaltpsychologie. Ihr Hintergrund ist das den menschlichen Motiven und damit auch der Wahrnehmung unterlegte Phänomen der Organisation von Teilen (Reizen) zu einem Ganzen (dem Bild, der Vorstellung), das mehr ist als die Summe aller Teile, wobei die Organisation so erfolgt, daß das Bild an bereits vorhandene Bilder im wahrnehmenden Subjekt angenähert wird. Reize werden nur dann wahrgenommen, wenn sie sich zu einem Bild fügen. Reize, die nicht eingefügt werden können, würden das Gleichgewicht zwischen Ich und Umweltbild stören; deshalb müssen sie entweder unterdrückt oder uminterpretiert werden.

HEIDERS *Theorie der kognitiven Balance* (1958) erklärt Beziehungen zwischen Personen mittels eines Gleichgewichtsmodells und umschließt auch den Bereich der Attitüdenänderung. Bei Beziehungen zwischen drei Personen ist für das Subjekt ein Gleichgewicht der Beziehungen nur möglich, wenn die Feinde des anderen auch die eigenen sind und die Freunde des anderen die eigenen Freunde. Trifft das nicht zu, sind also die Beziehungen unbalanciert, wird das Subjekt versuchen, seine Attitüden zu ändern oder die Attitüden des anderen zu ändern, bis das Gleichgewicht wieder stimmt. Man kann sagen „Gleichgewicht in einem Triumvirat herrscht immer dann, wenn das algebraische Produkt der drei Vorzeichen positiv ist, und Ungleichgewicht herrscht immer dann, wenn das algebraische Produkt der drei Vorzeichen negativ ist" (IRLE 1975, p. 303). Heider sagt uns jedoch nicht, in welche *Richtung* sich die Attitüden verändern (Irle schlägt in diesem Zusammenhang die Einführung eines Prinzips des geringsten Aufwands vor; IRLE 1975, p. 302).

Heiders Theorie ist von Bedeutung für die sozial bedingte Änderung der Bewertung von Raumstellen im Zuge von allgemeingesellschaftlichen Einstellungsveränderungen. So wäre es interessant, die schichtspezifischen Einstellungen zu bestimmten Wohnumfeldtypen in der Stadt während der letzten dreißig Jahre zu untersuchen und Veränderung von Einstellungen und daraus resultierendes Umzugs- bzw. Wanderungsverhalten als Prozeß der Erhaltung des Gleichgewichts der Anspruchsniveaus sozialer Schichten zu modellieren.

4. Theorien der Attitüdenbildung aus dem Bereich der Feldtheorie

Festingers Theorie des sozialen Vergleichs ist bereits oben unter den Motivationstheorien erwähnt worden. Festingers zweite in diesem Zusammenhang zu erwähnende Theorie, die *Theorie der kognitiven Dissonanz* (FESTINGER 1957) ist auch außerhalb der Psychologie so gut bekannt, daß sie hier kaum noch erläutert zu werden braucht. "Cognitive dissonance ... is a psychological tension having motivational characteristics. The theory of cognitive dissonance concerns itself with the conditions that arouse dissonance in an individual and with the ways in which dissonance can be reduced" (BREHM und COHEN 1962, p. 3). Die Theorie umfaßt kognitive Elemente und deren Beziehungen zueinander: Kognitive Elemente sind Informationen über das Selbst und die Umwelt. Beziehungen zwischen diesen können konsonant oder dissonant sein, konsonant "if one implies the other in some psychological sense" (BREHM und COHEN 1962, p. 4) und dissonant: "a dissonant relationship exists between cognitive elements when a person possesses one which follows from the obverse of another that he possesses. Thus, if A implies B, then holding A, and the obverse of B is dissonant" (BREHM und COHEN 1962, p. 4). Die Größe der Dissonanz ist eine Funktion der Wichtigkeit der Kognition und derer, mit der sie dissonant ist. Dissonanz wird reduziert durch Verringerung von Zahl und Wichtigkeit dissonanter Elemente, durch Verringerung aller Elemente in ihrer Wichtigkeit (hier hat die feldtheoretische Fundierung der Theorie gesucht zu werden). Dissonanzreduktion ist um so schwerer, je eher neue Dissonanzen erzeugt werden und je eindeutiger die Informationen sind, auf denen die Dissonanzen beruhen.

Die Theorie wurde vielfach angewendet und empirisch überprüft. In letzter Zeit wurde sie durch Irle weiterentwickelt in zumindest teilweiser Anlehnung an Heiders Konzept: „Hypothesen generieren als Kognitionen Beziehungen zwischen anderen Kognitionen" (IRLE 1975, p. 312), das heißt, daß den Kognitionen Hypothesen über deren Beziehungen vorgeschaltet werden.

Die Theorie benennt nicht die hinter den Kognitionsdissonanzen stehenden Motive. Daraus ergibt sich ein gravierender Mangel: Wissen wir zwar, wie Dissonanzen abgebaut werden, so wissen wir doch nicht, durch welche Rangfolgen von Hauptmotiven des Verhaltens Dissonanzen entstehen.

Um beide Elemente gleichermaßen abdecken zu können, ist es nötig, Elemente aus mehreren der hier referierten Theorien zusammenzufassen und auf der Basis von Beobachtungen zum wirtschaftlichen Entscheidungsverhalten des Menschen zu einer möglichst einfachen Theorie zu verflechten.

F. Eine Theorie der Anspruchsniveausetzung als kognitive Konflikttheorie: die Theorie der marginalen Differenz

Ich habe bereits früher darauf hingewiesen (HÖLLHUBER 1977b), daß eine eigentliche Konflikttheorie (THOMAE 1970, p. 28) zur Bestimmung der Differenz von gegenwärtiger und erwünschter Situation als Ziel menschlicher Entscheidungen fehlt. Andererseits ist die Bestimmung des Ausmaßes der Differenz von gegenwärtigen und erwünschten Situationsmerkmalen eine Grundbedingung für das Verständnis menschlichen Verhaltens. Übertragen auf humangeographische Problemstellungen bedeutet das, daß wir z.B. nicht wissen, durch welches Maß von Differenz sich früherer und jetziger, jetziger und erwünschter zukünftiger Wohnstandort einer Person unterscheiden, und zwar weder auf dem objektiven noch auf dem subjektiven Niveau. Gibt es aber keine theoretischen Erklärungshintergründe für die Differenz zwischen Quell- und Zielort, dann ist fraglich, wie jemals ein Verständnis für das Wanderungsverhalten aufkommen soll und, was noch wichtiger erscheint, wie jemals sinnvolle *Prognosen* gestellt werden sollen. Wenn die Hintergründe des Entscheidungszusammenhanges nicht bekannt sind, kann eine Prognose ja nur eine schlichte Trendprojektion sein. Was aber verändert sich, wenn sich die Situation verändert, in der Menschen ihre Entscheidungen treffen, die wir, um das Problem noch zu erschweren, nicht als die objektive Raumstruktur sehen können, sondern als das subjektive Polarisierte Aktivitätsfeld?

Der Autor hat als Fachfremder versucht, diejenigen Elemente in einen Zusammenhang zu stellen, die ihm für die Erklärung der genannten Differenz notwendig verbunden schienen. Die von ihm so benannte Theorie der marginalen Differenz wurde zunächst weitgehend ohne tiefere Kenntnisse sozialpsychologischer Literatur gefaßt. Die für die hier vorgelegte Fassung der Theorie der marginalen Differenz wichtigen Elemente aus sozialpsychologischen Theorien sind im folgenden zusammengestellt, wie sie sich in diesem Hauptteil ergaben:

1. Die Wahrnehmungsorganisation: Der Prozeß der Wahrnehmungsorganisation nach BRUNER und POSTMAN (1948) besagt, daß spätere Informationen mit früheren zu einem widerspruchsfreien Ganzen verknüpft werden. Daraus kann man entnehmen, daß frühere Leitbilder eine Tendenz zur Persistenz haben und jedenfalls nur *in kleinen Schritten* an die Veränderungen des Feldes einer Person angepaßt werden.

2. Die Theorie der kognitiven Dissonanz: Sie bekräftigt obige Feststellung, da sie konstatiert, daß Dissonanzen zwischen Kognitionen reduziert werden, indem man entweder Zahl und/oder Wichtigkeit dissonanter Elemente verringert oder indem man die Wichtigkeit *aller* Elemente verringert. Das bedeutet nämlich, daß auch bei geringen Veränderungen der Situation einer Person deren Kognitionen tendenziell stabil bleiben oder sich jeweils in kleinen Schritten anpassen, nämlich immer dann, wenn gewisse Schwellenwerte der Wahrnehmung für eine Dissonanz (z.B. zwischen Entscheidungen für einen Wohn-

standort und den Erfahrungen mit diesem Wohnstandort) überschritten werden.

3. Die homöostatische Motivationstheorie: Diese Theorie, die den Gleichgewichtszustand des Menschen, sein Verhaltensziel als einen *Zustand minimaler Stimulation* ansieht, bringt einen weiteren gleichartigen Beitrag. Wie schon oben erwähnt, bedeutet dies, daß Gleichgewichtszustände sich als die *minimale Differenz zwischen gegenwärtiger und erwarteter bzw. erwünschter Bedürfnisbefriedigung* bestimmen lassen, so daß auf Gleichgewichtszustände tendierende Entscheidungen – also alle Entscheidungen – *auf eine minimale Veränderung der Situation hin tendieren* müssen.

4. Die Theorie der Affiliation: Diese Theorie spricht in zweierlei Hinsicht menschliches Verhalten an, einmal, indem sie zeigt, daß menschliches Verhalten auf die Nähe zum anderen gerichtet ist, und zweitens, indem sie die Nähe zum anderen in gleicher Lage betont. Das bedeutet aber, daß Handlungen unter dem Aspekt der Kontakterhaltung gewichtet werden. Da aber nur diejenigen Handlungen als gleichartig empfunden werden und somit dem Affiliationsmotiv nicht widersprechen, die in einer Gruppe akzeptiert und bekannt sind, sind Handlungsweisen wohl tendenziell auf Stabilität der Situation oder allenfalls auf *marginal kleine Situationsveränderungen* ausgerichtet. Diese Tendenz zur marginalen Situationsveränderung als Handlungsziel menschlicher Entscheidungen entspricht somit einer Kompromißsuche aus einander zum Teil widersprechenden bzw. sich einander ausschließenden Motiven. So schließt das Motiv Geltung das Affiliationsmotiv weitgehend aus, da jeder Geltungszuwachs Affiliationsverlust mit der bisherigen (Bezugs-)gruppe mit sich bringt, da sich der Set gemeinsamer Normen, Einstellungen und Übereinkünfte notwendig verringern muß.

5. Die Theorie des sozialen Vergleichs: Festinger hat in dieser Theorie diese verschiedenen Stränge zu verknüpfen versucht, gab jedoch seiner Theorie nicht die Form einer Entscheidungstheorie für einander widersprechende Verhaltensmotive, sondern versuchte, eine Art Quintessenz zu ziehen, indem er ein Motiv der Messung von eigenen Einstellungen und Fähigkeiten postulierte, das besagt, daß sich Menschen tendenziell mit solchen Menschen vergleichen, die ihnen möglichst ähnlich sind, da sie dadurch Bestätigung erhalten, Konflikte vermeiden, also ein Gleichgewicht zwischen Situation und Kognition erzielen. Festinger stellt aber auch fest, daß eine *Tendenz zum Vergleich nach oben* besteht, woraus wir wieder schließen können – auch unter Berücksichtigung des schon erwähnten Konzepts der marginalen Differenz – daß eine Bestätigung eigener Kognitionen durch Personen, die *marginal höheren Status* aufweisen, eine höhere Befriedigung erbringt, als Vergleiche mit Personen, die als völlig gleichrangig empfunden werden.

Die Motive, die angesprochen wurden, nennen aber noch nicht die eigentlichen Handlungsziele in bezug auf die Veränderung der Situation, sie stellen nur sozusagen passiv-restriktive Motive dar. Die aktiv-verändernden Motive hingegen sind Leistung, Geltung, Selbstverwirklichung, jene Motive also, deren hierarchische Anordnung vom puren Überleben bis zur Selbstverwirklichung allem menschlichen Streben zugrundeliegen. Hier wurde besonders das Geltungsmotiv betont, da es für unsere Gesellschaft zum gegenwärtigen Zeitpunkt ein maßgebliches Motiv darstellt, jedoch sind Leistung und Selbstverwirklichung ebenfalls von großer Bedeutung (vergl. Abb. 6).

Motivkategorien	
aktive (verändernde) Motive	passive (erhaltende) Motive
1 Physisches Überleben	5 Kontakt (Affiliation)
2 Lebenssicherung (Erwerb, Leistung)	6 Konfliktvermeidung
3 Soziale Anerkennung (Geltung)	7 Aufwandsvermeidung
4 Selbstverwirklichung	

Abb. 6. Die Motivkategorien

Die drei genannten Motive sind jedenfalls in solcher Hinsicht einheitlich, daß sie jeweils *nach oben* gerichtete Motive darstellen, also den von Festinger in seiner Theorie des sozialen Vergleichs *nicht* charakterisierten Trend inhaltlich auszufüllen vermögen.

6. Die Assimilations-Kontrast-Theorie und andere Theorien der Attitüdenbildung und Anspruchsniveausetzung: Diese Theorien bestätigen unsere Feststellung über die marginale Differenz von bestehenden und erstrebten Situationen als Ziel von Entscheidungen. Der Kontextbezug der Attitüdenänderung nach Sherif und Hovland bedeutet etwa nichts anderes, als daß alternative Elemente auf einem subjektiven, aus dem Kontext der Situation einer Person zu erklärenden Niveau verglichen werden. Da der Spielraum der Diskrepanz bisheriger Attitüden und neuer Informationen bei großer Ich-Beteiligung sehr eng ist, können wir bei Attitüdenänderungen für die Person sehr kleine Schritte annehmen.

7. Die Theorie des Adaptionsniveaus: Ähnliches trifft auf diese von Helson entwickelte Theorie zu, die das Adaptionsniveau als "a weighted mean of

focal, background, and residual stimuli" bezeichnet und damit kleine Schritte in der Veränderung des Adaptionsniveaus nahelegt.

8. Die Theorie der kognitiven Balance: Diese von Heider stammende Theorie ist in gleichem Sinne zu interpretieren.

Die Theorie der marginalen Differenz bestimmt das Maß der Differenz zwischen gegenwärtiger und erwünschter Situation, und zwar sowohl auf dem Niveau einzelner Charakteristika dieser Situation (wie der Wohn- und Wohnumfeldqualität) als auch auf dem Niveau des Gesamtzustandes der Situation (wie der Wohnsituation).

Ausgehend von der entscheidungsbestimmenden Dominanz aktiv verändernder Motive können wir feststellen, daß das Individuum seine Entscheidungen tendenziell nach oben anlegt, also eine Verbesserung seiner Situation anstrebt. Andererseits versucht es aufgrund passiv erhaltender Motive seine Situation möglichst nicht in dem Maße zu verändern, daß aufgrund der Veränderungen wesentliche Probleme entstehen, beispielsweise wegen des Konflikts zwischen Erhöhung des sozialen Status, unter anderem auch als Mittel zur Verbesserung der materiellen Situation, und unvermeidlichen Kontaktverlusten zu bisherigen Vergleichspersonen oder Vergleichsgruppen. Konflikte werden also tendenziell vermieden, die zwischen bisherigen und nun durch die Situationsveränderung notwendig gewordenen Verhaltens- und Einstellungsanforderungen auftreten und die ganz allgemein Aufwandserhöhungen irgendeiner Art verlangen, wie sie durch Statusveränderungen auftreten.

Das Individuum versucht folglich in einer konkreten, von ihm selbst oder durch Änderungen des Handlungsspielraumes gesteuerten Situation seine Entscheidungen so zu optimieren, daß der subjektive Gewinn aus der durch die Entscheidung bewirkten Situationsveränderung in bezug auf die aktiv verändernden Motive die Verluste in bezug auf die passiv erhaltenden Motive *mindestens marginal übersteigt*. Im Falle der Gleichgewichtigkeit von Gewinnen und Verlusten ist eine Veränderungswahrscheinlichkeit von vielleicht 50 % anzunehmen; sind die Verluste auch nur marginal überwiegend, dann wird die Situation beibehalten.

Es ist offensichtlich, daß die im folgenden präzisierte Theorie nicht den Anspruch hat, *alle* menschlichen Entscheidungen zu umfassen, sondern lediglich diejenigen, die eine Veränderung der subjektiven Situation bedeuten oder aus ihr veranlaßt werden, nicht also habitualisiertes Verhalten. Sie eignet sich damit vor allem für die Erklärung des Entscheidungsverhaltens bei selten auftretenden, vom Individuum als bedeutungsvoll empfundenen Situationen. Die folgenden Theoreme gelten nur in rational eindeutigen Entscheidungssituationen. Ausschließlich extern bestimmte Situationsveränderungen konnten und sollten nicht berücksichtigt werden.

Es handelt sich bei diesem Ansatz um einen ersten Versuch, der ein noch sehr vereinfachendes Modell darstellt. Obwohl aus Gründen des logischen Aufbaus der Terminus „Theorie" gewählt wurde, handelt es sich doch eigentlich um ein für hier und heute, die Bundesrepublik Deutschland Anfang der achtziger Jahre, geltendes theoretisch fundiertes Modell.

Wir können die Wirkungsweise der Hauptmotive in den unten angeführten Theoremgruppen 1 bis 4 zusammenfassen:

Theoremgruppe 1: Tendenz zur Verbesserung der Situation *(Situationsverbesserung)*

> Theorem 1: Das Individuum versucht seine Situation in bezug auf andere tendenziell zu verbessern.
>
> Theorem 1 a: Die aktiv verändernden Motive stehen in einem hierarchischen Zusammenhang. Die Bedeutung hierarchisch niedrig gestufter Motive wächst mit dem Grad der Erfüllung hierarchisch höher gestufter Motive.
>
> Theorem 1 b: Die Hierarchie aktiv verändernder Motive reicht vom ranghöchsten, der Sicherung des physischen Überlebens, über die Lebenssicherung und soziale Anerkennung bis zum rangniedrigsten, der Selbstverwirklichung.

Theoremgruppe 2: Konfliktvermeidung *(Konflikt)*

> Theorem 2: Das Individuum sucht sein inneres Gleichgewicht zwischen Ansprüchen an die Situation und objektiven Bedingungen der Situation zu erhalten.
>
> Theorem 2 a: Die Erhaltung des inneren Gleichgewichts erfolgt, indem Konflikte zwischen Ansprüchen und situativen Gegebenheiten vermieden werden und tendenziell das Anspruchsniveau an die situativen Gegebenheiten angepaßt wird.
>
> Theorem 2 b: Wie für Ansprüche an die Situation, gilt das Motiv der Konfliktvermeidung für Attitüden zu Einzelcharakteristika der Situation.

Theoremgruppe 3: Affiliation und sozialer Vergleich *(Kontakt)*

> Theorem 3: Das Individuum sucht sich in bezug auf Attitüden und Anspruchsniveau an Attitüden und Anspruchsniveau von Vergleichspersonen anzunähern.

Theorem 3 a: Situative Übereinstimmung fördert den Vergleich zwischen Individuen, denn tendenziell vergleicht sich das Individuum nur mit solchen Individuen, deren Situation mit der eigenen übereinstimmt oder von ihr nur marginal verschieden ist.

Theorem 3 b: Soziale wie räumliche Nachbarschaft fördert die Wahrscheinlichkeit des Vergleichs zwischen Individuen.

Theoremgruppe 4: Aufwandsminimierung *(Aufwandsminimierung)*

Theorem 4: Das Individuum sucht den bei einer gegebenen Situationsveränderung notwendigen Aufwand zu minimieren.

Theorem 4 a: Das Individuum wird von alternativen Handlungsmöglichkeiten gleicher erwarteter Situationsverbesserung diejenige bevorzugen, die mit dem geringsten Aufwand zu erreichen ist.

Theorem 4 b: In das individuelle Entscheidungskalkül gehen alle Typen von Aufwand in einer einheitlichen, subjektiven, polarisierten Maßskala ein, ungeachtet ihrer „objektiven" Art und Menge.

Theorem 4 c: Die individuelle Maßskala des für eine Situationsveränderung notwendigen Aufwandes mißt auf einem relativen Vergleichsniveau, das den vorherigen Erfahrungen der Person und den Bedingungen ihrer vorherigen Situationen und gegenwärtigen Situation entspricht.

Wir können die Beziehungen zwischen diesen Theoremgruppen und einzelnen Theoremen in Form von Entscheidungsregeln darstellen, die beachtet werden müssen, wenn das Individuum, was wir axiomatisch annehmen, eine Situation anstrebt, die ihm größte Befriedigung seiner Ansprüche ermöglicht. Diese Entscheidungsregeln sind gleichzeitig Grundlagen für entscheidungstypenbezogene, hier auf räumliche Entscheidungen zu beziehende Hypothesen, die operationalisiert und überprüft werden können.

Entscheidungsregel A: In jede individuelle Entscheidung gehen alle Hauptmotive ein, jedoch bestimmen die aktiv verändernden Motive *(Situationsverbesserung)* die Richtung der Entscheidung.

Entscheidungsregel B: Eine Situationsverbesserung ist als mindestens marginales Überwiegen des Befriedigungszuwachses durch die Erfüllung von zugeordneten Motiven gegenüber den passiv erhaltenden Motiven zu verstehen.

Entscheidungsregel C: Jede auf Motiven der Situationsverbesserung basierende Entscheidung bringt Verluste in bezug auf die passiv erhaltenden Motive mit sich. Jede Entscheidung ist daher so zu fällen, daß *mindestens ein*

Gleichgewicht aktiver Gewinne und passiver Verluste entsteht oder zusätzlich ein mindestens marginaler Gewinn auf der Seite aktiv-verändernder Motive verbucht werden kann.

Entscheidungsregel D: Lassen sich die Konsequenzen einer Entscheidung für die Situation durch das Individuum nur unzureichend überblicken, dann wird diejenige Motivgruppe den Ausschlag für die Entscheidung geben, die den Anlaß zur Entscheidung gegeben hatte.

Entscheidungsregel E: In extern bestimmten Situationen werden Entscheidungen so getroffen, daß die Konsequenzen der Entscheidung eine Minimierung der Verluste durch die Situationsänderung wahrscheinlich machen.

Entscheidungsregel F: In intern bestimmten Situationen werden Entscheidungen so getroffen, daß die Konsequenzen der Entscheidungen eine Maximierung der Gewinne durch die Situationsveränderung wahrscheinlich machen.

Diese beiden letzten Entscheidungsregeln entsprechen einem nicht explizit genannten Axiom, das hier nachgetragen werden soll:

Axiom 1: Je enger der Handlungsspielraum eines Individuums, desto höher werden passiv erhaltende Motive gewertet, je weiter der Handlungsspielraum, desto höher werden aktiv verändernde Motive gewertet bzw. die Entscheidung bestimmen.

Zusammenfassend kann festgestellt werden:

Da die Hauptmotive untereinander in einem Abhängigkeitsverhältnis stehen, was die erreichbare situationsbedingte Befriedigung betrifft, die eine Entscheidung hervorruft, sollten Entscheidungen so getroffen werden, daß die Weite der bewirkten Schritte, also das Ausmaß der Situationsveränderung, möglichst gering ist.

Würden die aktiv verändernden Motive überstark forciert werden, führte das zu untragbaren Konflikten und wohl auch zu besonders starker Aufwandszunahme. Das Individuum wird also versuchen, seinen drive zur Situationsverbesserung (als Geltungsdrive oder drive zur Selbstverwirklichung ausgeprägt) unter der Bedingung der Geringhaltung des Aufwandszuwachses und des Konfliktzuwachses zu maximieren. Ein Beispiel gibt TUCKER (1964, p. 65): "Status improvement is not always sought by workers. An increase in status may be seen as a threat to a satisfactory life situation. Perhaps the most strongly resisted promotion is that from worker to foreman. A reasonably large number of workers recognize that they will not be happy in a job that sets them apart from their fellow workers and imposes upon them the unwanted role of leadership. Such persons frequently refuse promotion because the social loss, as they see it, clearly outweighs any economic gain." Das Ergebnis ist, daß Entscheidungen zu neuen Situationen führen, die sich nur wenig oder gar nicht von den Ausgangssituationen unterscheiden.

Aufgrund dieser Überlegungen ist es nicht etwa so, daß Entscheidungen nur getroffen werden, wenn es sich gewissermaßen lohnt, wenn also der zu überwindende Abstand zwischen jetziger und zukünftiger Situation möglichst groß ist. Das Gros von Entscheidungen für Situationsveränderungen wird nur getroffen, wenn diese möglichst gering sind. Wäre dies nicht der Fall, dann wären die zu lösenden Konflikte in der neuen Situation zu groß. Damit widerspricht die Theorie einer Grundannahme bisheriger Wanderungstheorien, die sämtlich davon ausgehen, daß die Wanderungsentscheidung um so wahrscheinlicher ist, je größer die Diskrepanz zwischen Quellort und Zielort einer Person ist. Diese interessante Ableitung wird in der Folge noch expliziert werden.

Im einzelnen Entscheidungsfall sind Randbedingungen der Entscheidungssituation von großer Bedeutung, also Parameter, die Beziehungen zwischen einzelnen Motiven beeinflussen. So ist etwa Konfliktvermeidung um so deutlicher akzentuiert, je größer die bisherige Konfliktwahrscheinlichkeit von Entscheidungen war. Eine Einheit Konfliktzuwachs wird um so kleiner sein, je größer die bisherige Konfliktwahrscheinlichkeit von Entscheidungen war. Randbedingungen, wie der soziale Status, in dem sich eine Person befindet, bestimmen derart die subjektive Einschätzung des Aufwands über ein relatives Vergleichsniveau und geben somit Parameter für den Differenzbereich ab, der durch die Entscheidungen überbrückt werden soll.

Entscheidungen über Beibehaltung oder Veränderung der Situation werden praktisch ständig getroffen. Paßt sich die Situation dem Motiv zur Situationsverbesserung insofern an, als die Randbedingungen eine Veränderung zulassen, dann wird das Individuum versuchen, seine Befriedigung durch laufende kleine Schritte der Situationsveränderung zu optimieren, also eine Differenz von Ausgangs- und Zielsituation zu erreichen, die *zumindest* einen marginalen, gerade noch erkennbaren Befriedigungszuwachs erreicht. Da alle Motive weiter zusammenwirken, wird nach einer zeitlich unterschiedlichen Anpassungsfrist, in der Konflikte abgebaut und Kontakte aufgebaut werden, Aufwand verdrängt, vergessen und uminterpretiert wird, an die neue Situation ein neuer Maßstab angelegt werden, der in seiner Forderung nach marginaler situativer Veränderung dem ursprünglichen Maßstab völlig entspricht. Es entscheiden die Randbedingungen, ob es zu einer tatsächlichen Situationsveränderung kommt.

Nicht zu übersehen ist im übrigen eine Beziehung zwischen Handlungsspielraum und Entscheidungsverhalten, die wir so darstellen können: Je enger der objektive Handlungsspielraum ist, desto höher sind die Verluste, aber auch die Gewinne, die sich aus Situationsveränderungen ergeben können; je weiter der objektive Handlungsspielraum ist, desto geringer sind die Verluste und desto niedriger die Gewinne, die sich aus Situationsveränderungen ergeben können. Hierbei ist Handlungsspielraum mit den sich aus Besitzverhältnissen und societären Bindungen ergebenden Einschränkungen der persönlichen Handlungsfreiheit gleichgesetzt. Welche Elemente der Situation bei konkreten Entscheidungssituationen aufgrund ihrer Chance, Befriedigung zu erzielen, höher oder geringer gewertet werden, hängt also in einem gewissen Maße vom Handlungsspielraum ab.

Ein wichtiger Aspekt des theoretischen Rahmens ist dessen Bedeutung für die Erklärung von Prozessen der Wahrnehmung. Es zeigt sich, daß die beiden Prozeßgruppen Akzentuierung und Stereotypisierung, die zumindest teilweise die beiden Gruppen Selektion und Fixierung bedingen, also höheren Rang haben als letztere, aus den Bedingungen der Entscheidungssituation erklärt werden können. Ist Akzentuierung die subjektive Bewertung von Objekten oder Handlungen im sozialen oder physischen Raum, also im Polarisierten Aktivitätsfeld, so werden unter der Bedingung konfliktfreier Randbedingungen die das Motiv der Situationsverbesserung betreffenden Objekte oder Handlungen um so höher gewertet, je mehr sie geeignet erscheinen, eine Verbesserung der Situation zu ermöglichen. Wächst bei steigendem Anspruch an die Situation die Konfliktträchtigkeit der Situation, dann kommt es zu einer Abwertung der mit der Situationsverbesserung zusammengehörig empfundenen Objekte und Handlungen [2].

---

2) In diesem Zusammenhang sind von Interesse die Theorien der absoluten und relativen Akzentuierung von Bruner und Goodman (1947) sowie Bruner und Rodrigues (1953), desgleichen die Theorie der Stereotypisierung in der sozialen Wahrnehmung von Tajfel (1963).

Zum Abschluß der Vorstellung der Theorie soll nochmals darauf aufmerksam gemacht werden, daß die im drive zur Situationsverbesserung zusammengefaßten Motive sich zeitlich, schichtspezifisch und kulturbedingt unterschiedlich artikulieren und auch für verschiedene Entscheidungen von unterschiedlicher Bedeutung sind. Im Hauptteil Wanderungsforschung werde ich darauf noch zurückkommen.

IV. Eine Theorie der Wanderungen am Beispiel innerstädtischer Umzüge

Im folgenden soll der Versuch unternommen werden, anhand eines geographischen Problembereiches die Bedeutung des sozialpsychologisch fundierten Forschungsansatzes für die Humangeographie zu demonstrieren. Als ein Beispiel wurde die Erforschung innerstädtischer Umzüge ausgewählt. Die Erforschung innerstädtischen Umzugsverhaltens ist zwar nur ein Teilbereich der geographischen Wanderungsforschung, jedoch lassen sich die meisten theoretischen Überlegungen zu seiner Erfassung auch auf andere Bereiche der Wanderungsforschung übertragen.

A. Zum Stand der Wanderungsforschung

Der gegenwärtige Stand der Wanderungsforschung hat ausführliche Kommentare gefunden, die hier nicht wieder aufgegriffen werden sollen, sind sie doch sämtlich an leicht erreichbarer Stelle publiziert. Die Arbeiten von ALBRECHT (1972), RÖDER (1974), MACKENSEN/VANBERG/KRÄMER (1975), die Einleitungskapitel von LANGENHEDER (1968) und HOFFMANN-NOWOTNY, (1970), aber auch Kap. 2 in GATZWEILER (1975) geben ausführliche und umfassende Informationen über den Stand der Wanderungsforschung im deutschsprachigen Raum. Die folgenden Zeilen sind nicht als erschöpfende Darstellung zu verstehen.

Die allseits beklagte Theoriefreiheit von Wanderungsmodellen (neben weiteren kritischen Äußerungen zusammengestellt bei GATZWEILER 1975, p. 25 ff.) wird – was weniger beklagt wird, da es im deutschen Sprachraum erst im Anlaufen begriffen ist (als Beispiel auch dafür GATZWEILER 1975) – von einer Fülle mathematisch-statistischer Modelle flankiert, die in sehr vielen Fällen eine „theoretische Fundierung" vorgeben, häufig monokausale Erklärungshintergründe aufweisen, also mit sehr einfachen Annahmen auskommen und ganz generell die praktische Notwendigkeit für ihre Existenz postulieren. Sie sind sämtlich vom makroanalytischen Typus und basieren auf aggregierten Daten.

Es lassen sich im wesentlichen vier Klassen von Modellen unterscheiden: Man findet 1. im weitesten Sinne ökonometrische Modelle, die von regionalen Einkommensdisparitäten und dem Konzept des Standortnutzens im ökonomischen Sinne ausgehen, um Wanderungs- oder Umzugsentscheidungen zu erklären. Man findet 2. Modelle im weiteren Umkreis des Gravitationsansatzes und 3. wahrscheinlichkeitstheoretische Modelle, die von Zustandswahrscheinlichkeiten von Systemen ausgehen, schließlich 4. Regressionsmodelle unterschiedlichen Erklärungszusammenhangs, zu denen ich auch die pfadanalytischen und causal models rechnen möchte.

Ökonometrische Modelle

Die Klasse der ökonomisch-ökonometrischen Modelle beruht auf der einfachen Annahme, daß Interaktions- und also auch Wanderungsentscheidungen auf Nutzenmaximierung beruhen, wobei der Nutzen einer Interaktion bzw. einer Wanderung als ökonomischer Nutzen definiert ist. Es wird postuliert, daß der individuelle Haushalt eine Gleichgewichtsposition zwischen Aufwand und Nutzen sucht, daß also bei externen wie internen Änderungen, die den Nutzen eines Standortes verringern oder den Nutzen alternativer Standorte vergrößern, eine Wanderungsentscheidung getroffen wird. Der Nutzen eines Standorts kann sich dabei unter Umgehung empirischer Überprüfung additiv oder multiplikativ aus einzelnen Nutzenfunktionen zusammensetzen (vergl. dazu ALONSO 1964; CESARIO/SMITH 1975).

In der einfachsten Form wird diese Nutzenfunktion makroanalytisch als regionale Einkommenshöhe bestimmt, in erweiterten Modellen werden Charakteristika der wandernden Personengruppen einbezogen (wie in einem System von Gleichungen bei QUIGLEY/WEINBERG 1977). Allen gemeinsam ist die Notation des Nutzens als Geldeinheit, bei Quigley und Weinberg definiert als der Geldwert, der den Haushalt von den Kosten eines Optimalstandortes trennt und der dergestalt das Maß für die Unzufriedenheit des Haushalts mit dem derzeitigen Standort darstellt, der damit Streß oder Umzugswahrscheinlichkeit mißt. Soziale Unzufriedenheit, Unzufriedenheit mit dem Wohnumfeld, mit den Nachbarn, mit den Erholungsmöglichkeiten sind ausgeschaltet[3]. Dies verstößt bei einem für innerstädtische Umzüge gedachten Modell wie bei Quigley und Weinberg gegen die elementarsten Erkenntnisse über Umzugsgründe (man vergleiche die Befragungsergebnisse bei BALDERMANN/HECKING/KNAUSS 1976 oder bei SCHAFFER/HUNDHAMMER/PEYKE 1975).

Die Zusammenfassung dieser Modelle in sogenannte verhaltenstheoretische regionalwissenschaftliche Ansätze, verallgemeinernd bezogen auf die Kategorie aller Interaktionsmodelle bei KILCHENMANN (1976), deckt ein grundsätzliches Mißverständnis in der Namensgebung und im Selbstverständnis des Modelltyps auf: Als verhaltenswissenschaftlich, also auf Erkenntnissen der Verhaltenswissenschaften beruhend, kann ökonometrische Modelle nur die Regional Science bezeichnen, deren sozialwissenschaftliche Theorieuntermauerung zugegebenermaßen – man vergleiche die Präsidialadresse von MERGER (1975) – äußerst schwach, wenn nicht überhaupt nonexistent ist. Die Bezeichnung „verhaltenstheoretisch" sollte jenen Modellen vorbehalten sein, die a) nicht monokausal sind und b) auf empirisch verifizierten *Verhaltenstheorien* beruhen. Eine einfache Verhaltensannahme innerhalb eines Modells der

---

3) Ausnahmen sind Versuche mit Ersatzkostenfunktionen (Nutzwertanalyse).

Nutzenmaximierung kann und soll noch nicht zum Anlaß genommen werden, von einem verhaltenstheoretischen Modell zu sprechen.

Gravitationsmodelle

Der Lowry-Typ (LOWRY 1966) von Modellen der social physics basiert auf empirischen Regelmäßigkeiten auf dem Makroniveau, nicht auf Verhaltensanalysen. Auch dieser Modelltyp geht von einem Gleichgewichtszustand aus, der erreicht ist, wenn individuelle Haushalte einen Standort höchsten relativen Nutzens erreicht haben und für keinen Haushalt eine Standortsveränderung möglich ist, ohne unter den gegebenen Prämissen das Gleichgewicht zu zerstören. Der Gravitationsansatz beruht auf einer Analogie, die letztlich rein deskriptiven Charakter hat, die beobachteten Regelmäßigkeiten also nicht erklärt. Diese Modelle laufen dabei Gefahr, Projektionen vorzunehmen, die auf (im Modell selbst nicht inkorporierten) Grundannahmen beruhen; auch dazu grundlegende Kritik bei THOMAS (1977). Weiterentwicklungen des Aggregationsverfahrens von Haushalten und anderen Bietern für das Grundstück, wie sie z. B. FREDLAND (1975) versucht hat, indem er „housing change" nicht wie bei Lowry durch „total possible residential land area", sondern durch „vacant land area available" ermittelte, bringen keine essentiellen Verbesserungen, da die Grundkritik an diesen Modellen damit nicht ausgeräumt wird. Auch Fredland nennt sein Modell im übrigen Verhaltensmodell, ohne näher anzugeben, inwieweit er Verhalten anstatt Nutzungsänderungen in sein Modell einbezieht.

Ein besonders stark vereinfachendes Modell in dieser Kategorie ist jenes von SPEARE (1971), das Wanderungen vom Land in die Stadt in Taiwan zu beschreiben sucht. Das Modell von Speare sieht in den Kosten der Distanzüberwindung und in regionalen Einkommensdifferenzen die wesentlichen Regulatoren der Wanderungsströme. Als verhaltenstheoretische Elemente nimmt Speare die folgenden Variablen in sein Kosten-Nutzen-Modell hinein: den Zinsfuß, nach dem zukünftige Einkommen abgewertet werden, und die Zahl der Jahre, für die zukünftige Profite erwartet werden. Wie diese Variablen erhoben werden sollen, wird nicht näher ausgeführt.

Wahrscheinlichkeitstheoretische Modelle

Wahrscheinlichkeitstheoretische Modelle haben große Bedeutung in der Wanderungsforschung erlangt, da sie geeignet scheinen, zukünftige Zustände von Systemen, z. B. von Bevölkerungsmengen in Raumeinheiten, zu projizieren. Der hauptsächlich verwendete Verfahrenstyp ist das Markoffkettenmodell. Eine Markoffkette besitzt die Eigenschaft, daß die zukünftige Entwicklung eines Systems aus dem bisherigen Zustand des Systems abgeleitet werden kann, woraus folgt, daß sich im konkreten Fall von Wanderungen die Wanderungswahrscheinlichkeit zwischen zwei räumlichen Einheiten in der Zeit nicht verändern darf. Ohne hier auf diesen Modelltyp im Detail eingehen zu wollen, der im übrigen z. B. bei GATZWEILER (1975) ausreichend beschrieben ist, soll nur die Hauptkritik erwähnt werden, die genau auf obiger Einschränkung zeitunabhängiger Wanderungswahrscheinlichkeiten beruht. In seiner Kritik zu einem Markoffkettenmodell von SALKIN, LIANOS und PARIS (1975) stellt SEROW (1976) fest, daß "One really cannot assume that the pattern of population redistribution is constant in light of all evidence to the contrary" (SEROW 1976, p. 104), und da diese Annahme nicht zutrifft, stellt er fest: "The SALKIN, LIANOS and PARIS projections are merely a mathematical exercise with no real value" (ders., p. 104). Die Autoren selbst hatten sich über ihre eigene Arbeit nicht viel zuversichtlicher geäußert: "In using the Markov process to study migration one should be aware of its proper role – the Markov process uses the migration probabilities but it doesn't explain their values. In other words, the causal factors of migration ... will determine the size and directions of population movements. After the estimation of the transition probability matrix, the Markov chain technique may be used on the assumption, that migration probabilities remain constant over time. Since it is likely that the elements of the transition matrix will change in the future, it is rather dangerous to make long-run predictions based on migration flows observed many years before" (SALKIN, LIANOS und PARIS 1975, p. 49).

Dem bleibt nicht viel hinzuzufügen: Der Einsatz von Markoffketten sollte wohl Fällen vorbehalten bleiben, in denen es keine Möglichkeit zu einer die Kausalzusammenhänge einbeziehenden Modellbildung und Prognose gibt, etwa der Analyse von Wanderungsmatrizen auf hochaggregiertem Niveau in Entwicklungsländern. Einen Beitrag zur Erklärung von Wanderung geben diese Modelle nicht.

Regressionsmodelle

Regressionsmodelle sind Modelle der Beziehungen zwischen Variablen, die auf den mathematisch-statistischen Verfahren von Korrelations- und Regressionsrechnung beruhen. Sie ermitteln Art und Stärke des Zusammenhangs (zumeist linear) zwischen einer zu erklärenden Variable (z. B. Wanderungssumme) und einer oder mehreren Erklärungsvariablen (z. B. Einkommen, Distanz).

Regressionsmodelle haben sich als einfach handhabbare, überraschend einheitliche Ergebnisse erbringende Techniken der Wanderungsanalyse erwiesen. Dennoch sind sie gerade in ihrer Einfachheit gefährlich: "They express complex notions in an easy-to-interpret functional form which allows for the estimation of the effect upon migration of alterations in various sectors of the economic, institutional, and sociocultural environment. These are classical examples of the inductive method of research by which relationships are derived from a set of observed data" (RIDDELL 1975, p. 95/96). Sie basieren wie die mit Regressionstechniken arbeitenden Gravitationsmodelle auf Unterschieden regionaler Attraktivität und u. U. – ebenfalls wie im Gravitationsmodell – auf dem Masseneffekt, oder sie sind auch ganz schlicht auf dem Gravitationsmodell aufgebaut wie bei KAU und SIRMANNS (1977), die neben die Distanz eine Reihe von Erklärungsvariablen stellen.

Das Problem aller Modelle ist ihre Statik, werden doch heutige Attraktivitäten als Erklärung für in der Vergangenheit erfolgte Wanderungsbewegungen benützt. Ein weiteres Problem ist die hohe Abhängigkeit zwischen den Variablen, die zwar durch eine Hauptkomponentenanalyse umgangen werden kann, was aber durchaus nicht in jedem Fall geschieht. Auch hier steht der makroanalytische Ansatz, wenn er nicht durch mikroanalytische Untersuchungen begleitet wird, in der Gefahr, zu inhaltslosen Schlüssen zu gelangen (Beziehungen zwischen Variablen sind nur über eine dritte, nicht erhobene Hintergrundsvariable erklärbar) oder in ökologische Fehlschlüsse, die meist auf der räumlichen Aggregation beruhen, einzugehen. Riddell hat Regressionsmodelle in bezug auf ihre Aussage für Entwicklungsländer einer kritischen Sichtung unterzogen und kam zu dem Schluß, daß sie aussagelos und zu Bevölkerungsprojektionen nicht zu gebrauchen sind.

Weitere Modelltypen

Im Gegensatz zu Regressionsmodellen sind Modelle aus dem Bereich des *causal modeling* durchaus in der Lage, Erklärungen für Phänomene zu entwickeln. Ein Ansatz wie der von MERCER (1975) verdient Beachtung bei der Analyse von Wanderungsverhalten. Mercer stellt ein asymmetrisches bzw. rekursives Modell (vergl. THOMAS 1977) des Zusammenhangs zwischen Bausubstanz und Sozialstruktur in amerikanischen Großstädten auf, das durch eine kleine Umformung auch als innerstädtisches Umzugsmodell einsetzbar wäre. Er arbeitet dabei mit partiellen Korrelationskoeffizienten zwischen Variablengruppen, also Koeffizienten, die binäre Zusammenhänge zwischen Variablen in einer größeren Variablengruppe messen. Er testet aus empirischen Ergebnissen stammende hypothetische Zusammenhänge zwischen diesen Variablen anhand der Koeffizienten, die sich in einer Stichprobe ergeben haben. Dabei werden diejenigen hypothetischen Zusammenhänge als Erklärungsmodell angenommen, die den höchsten Übereinstimmungsgrad zwischen apostrophierten und beobachteten Koeffizienten aufweisen.

Die Probleme, die sich bei diesem Vorgehen ergeben, sind jedoch ebenfalls gravierend. Die Zahl der Variablen, die eingesetzt werden kann, ist begrenzt, und je mehr Variable eingesetzt werden, desto größer ist die Testschwierigkeit. Die Aufgabe, strukturelle Parameter zwingend aus empirischen Daten zu identifizieren, kann ebenfalls kaum unterschätzt werden, denn prinzipiell ist es möglich, jede der identifizierten Variablen durch anderslautende, aber inhaltlich zu einem hohen Prozentsatz überschneidende Variable zu ersetzen, was Mercer auch ausführlich darstellt. Ebensowenig kann das Problem ökologischer Korrelationen ausgeschaltet werden.

Ohne die pragmatische Notwendigkeit für rasch beschaffbare Entscheidungsgrundlagen bezweifeln zu wollen, die den Vorteil dieser Modelltypen darstellt, muß doch deren allgemein schwache theoretische Untermauerung betont werden. Es ist sehr fraglich, ob Gravitationsmodelle, die Attraktivität einmal mit Arbeitskräfteangebot operationalisieren, dann wieder mit Bevölkerungszahlen, dann wieder mit Wanderungsgewinnen oder auch einmal mit Temperaturen oder Prozentsatz rassischer Minderheiten, eine wesentliche Erklärungsaussage zum Wanderungsverhalten machen können, die über die rudimentäre Volksweisheit hinausgeht. Das Push-Pull-Modell, das auf Ravenstein zurückgeht, steht hinter allen diesen Modellen in seiner zwar entwaffnend einfachen, aber letztlich absolut inhaltslosen Form.

Die Markoffkettenmodelle auf der anderen Seite verzichten auf jede Verhaltensannahme. Entscheiden sich die Elemente des Systems aus einem bestimmten Begründungszusammenhang auf die eine Weise, dann wird die Projektion mittels dieses Modells eben ein anderes Ergebnis bringen, als wenn sie sich auf eine andere Weise entscheiden. Warum und wofür sie sich entscheiden, bleibt ebenso unberührt wie das Verständnis für mögliche Entwicklungen, die auf Wirkungszusammenhängen beruhen mögen, die heute noch nicht beobachtet wurden, also in einem Modell dieses Typs nicht auftreten können, bei einer Untersuchung der individuellen Entscheidungsgrundlagen für Wanderungen aber als alternative Möglichkeit unter anderen Bedingungen sehr wohl auffallen würden. Dies brächte aber auch die Möglichkeit mit sich, in ein tatsächlich Entscheidungen projizierendes Modell alternative Entscheidungsmöglichkeiten einzubauen. Der Einsatz einiger Techniken, die oben beschrieben wurden, bleibt von vorgebrachter Kritik im genannten Falle unberührt.

Umfassende Theorien

Mit Ausnahme der Theorien aus der Push-Pull-Gruppe (LEE, EISENSTADT), wie sie schon angedeutet wurden, gibt es wenige Versuche eines *umfassenden Theoriegebäudes für Wanderungen,* das die genannten Modellgruppen zu untermauern imstande wäre, wenn auch gewisse mikroanalytische Ansätze aus dem Bereich der Aktivitätsfeld- und Mental-Maps-Forschung in diese Richtung weisen. Die Arbeiten zum Image-Begriff berücksichtigen jedoch in teilweise nur sehr geringem Maß die angelsächsische Entwicklung im Rahmen der Wanderungsforschung. Dazu kommt, daß mit der Ausnahme der Wanderungstheorie von Langenheder eine Beschäftigung mit Konzepten des subjektiven Raumes allenfalls angedeutet wurde, wie etwa von R. Mackensen in MACKENSEN et al. (1975, p. 152), nirgendwo aber tatsächlich stattfand. Die Arbeiten zum Image-Begriff, wie RUHL (1971), oder zu Standortspräferenzen, wie ZIMMERMANN et al. (1973), beziehen zwar subjektive Skalen der Bewertung von Raumstellen in die Untersuchung ein, verzichten aber auf den Bezug zu subjektiven Raumkonzepten. – Einzig bedeutsam in dieser Richtung sind also die beiden Arbeiten von LANGENHEDER (1968) und HOFFMANN-NOWOTNY (1970).

In der Arbeit von Langenheder wird mittels des Begriffs der Valenz zwar die subjektive Bewertung von Standorten in den Zusammenhang einer sozialpsychologischen Theorie gestellt (vergl. oben Lewins Feldtheorie), jedoch entbehrt der Feldbegriff der Operationalisierbarkeit: „das Verhalten wird bestimmt durch die Beschaffenheit des gesamten Feldes" (LANGENHEDER 1968, p. 75), was bedeutet, daß dieser Ansatz zwar Verhalten erfassen kann, nicht aber Raum als eine Kategorie, die sich von Merkmalskategorien unterscheidet; damit bleibt der Ansatz a-räumlich.

Hoffmann-Nowotny bezieht sich auf die Theorie struktureller und anomischer Spannungen von Heintz (vergl. HEINTZ 1968), die behauptet: „Strukturelle Spannungen sind die zentralen Determinanten des Wandels sozietaler Systeme" (HOFFMANN-NOWOTNY 1970, p. 36). Spannung kann ausgeglichen bzw. abgebaut werden durch 1. eine Veränderung der Position auf den gegebenen Macht- und/oder Prestigelinien, 2. eine Änderung der Bewertungsgrundlage, an der gemessen eine Einheit benachteiligt oder privilegiert ist, 3. eine Aufgabe von Positionen und 4. durch eine Gewichtsverlagerung von tiefen auf hohe Positionen. Hoffmann-Nowotny leitet daraus Wanderungshypothesen ab, die insgesamt eine Theorie der Migration ergeben sollen: „Mit anderen Worten kann die Migration als ein Instrument betrachtet werden, mit dessen Hilfe sozietale Einheiten ihre Positionen auf Statuslinien verändern, also eine vertikale Mobilität erfahren" (HOFFMANN-NOWOTNY 1970, p. 98). Durch die auf dem Makroniveau verlaufende Operationalisierung (der sozietale Status wird festgelegt mittels Bruttosozialprodukt pro Kopf, Grad der Urbanisierung als Bevölkerungsanteil in Städten, Anteil der Analphabeten usw.) entwickelt Hoffmann-Nowotny ein deterministisch anmutendes Korrelationsmodell von erklärenden und zu erklärenden Variablen, die die eigentlichen Wanderungsgründe trotz hoher erklärter Varianzen aus dem Spiel lassen, da sie internalisierte Wanderungsgründe mit Wanderungsursachen, also externen Bedingungen für die Entscheidungen des Individuums, gleichsetzen.

Bei Langenheder, dessen Arbeit zusätzlich dadurch problematisch wird, daß er bei der Ableitung seiner Hypothesen auf externe Erkenntnisse zurückgreifen muß, wie auch bei Hoffmann-Nowotny wurde somit kein Versuch gemacht, die Motive, die zu Wanderungen führen oder sie verhindern, in ihrer Beziehung zueinander zu definieren. Befriedigung mit einer Situation als postuliertes Verhaltensziel beider Arbeiten und Situationsveränderung zum Zwecke der Befriedigungsoptimierung wären damit aber inhaltsleer.

Die Problematik widerstreitender Motive bei der Entscheidungsfindung ist aber gerade der Kernbereich einer Wanderungstheorie, die sich als Entscheidungstheorie versteht. Gerade an dieser Stelle liegt auch die Notwendigkeit, eine Wanderungstheorie auf sozialpsychologische Erkenntnisse zu begründen; denn die Kenntnis der Motive allein genügt nicht zur Erklärung der Entscheidungsfindung. Erst die Kenntnis der Gewichtung von Motiven in bestimmten Situationen ermöglicht Erklärungen.

B. Eine Wanderungstheorie

Eine Wanderungstheorie, die der Forderung nach der Einbeziehung des Elements der Wahrnehmung und Bewertung der Situation durch den Wanderungswilligen nachkommt (RÖDER 1974, p. 139; BÖHM et al. 1975, p. 85 ff.), muß einerseits auf einem sozialpsychologischen Konzept der Entscheidungsfindung des Individuums basieren, andererseits das subjektive polarisierte Aktivitätsfeld, innerhalb dessen das Individuum sich für den einen oder anderen Standort, die eine oder andere subjektiv bewertete Situation entscheidet, einbeziehen. Das bedeutet, daß eine geographische Wanderungstheorie als Ableitung von Theoremen einer allgemeinen Entscheidungstheorie der Sozialpsychologie unter Bezugnahme auf die entscheidungsbestimmenden subjektiven und objektiven Charakteristika des polarisierten Aktivitätsfeldes erfolgen kann und soll.

Die Theorie der marginalen Differenz löst eine Reihe der bei der Betrachtung von Phänomenen innerstädtischer Umzüge auftretenden Probleme. Sie zeigt, daß die Einschränkung des Bereiches, in dem Bewertungen vorgenommen werden, aus (z.B.) Geltungs- und Konfliktvermeidungsmotiven erklärt werden kann. Sie zeigt, daß Einstellungen zu Standorten als abhängig von gegenwärtigen und in Aussicht genommenen Anspruchsniveaus sozialer Gruppen oder Einkommensgruppen angesehen werden können und daß damit auch Aussagen über die Spanne zwischen Situation am gegenwärtigen und zukünftigen Wohnstandort gemacht werden können. Unter Einbeziehung des

Maßstabsbegriffs (Raumdimensionen und Eigenschaftsdimensionen) ergeben sich eine Reihe von raumbezogenen Konzepten für die Erklärung innerstädtischen Umzugsverhaltens als eines Bereichs des Wanderungsverhaltens.

Dementsprechend wird im folgenden vorgegangen. Zunächst werden die Theoreme der Theorie der marginalen Differenz auf den Zusammenhang, den die Wanderungsforschung zu erklären sucht, bezogen, also eine Reihe allgemeiner Sätze auf einen ausgewählten Problemkreis übertragen, nämlich auf den Phänomenkomplex des Wanderungsverhaltens bzw. innerstädtischen Umzugsverhaltens. Dann werden die Charakteristika des polarisierten Aktivitätsfeldes in bezug auf ihre das Entscheidungsverhalten beeinflussenden oder vom Entscheidungsverhalten beeinflußten Züge dargestellt und auf die Sätze, die das Wanderungsverhalten charakterisieren, bezogen. Es entstehen eine Reihe von Ableitungen, die zusammen eine Theorie der Wanderungen oder, wenn die Parameter sich ausschließlich darauf beziehen, eine Theorie innerstädtischer Umzüge darstellen. Diese Ableitungen sind als übergeordnete Hypothesen anzusehen, die für die Humangeographie Konzeptcharakter aufweisen und erst in einer weiteren Stufe als eigentliche, operationalisierbare Hypothesen eingesetzt werden können.

1. Stufen der Analyse und die Wanderungstheorie

Die genannten Stufen der Übertragung der Theorie auf die Hypothesen entsprechen den Stufen des oben (siehe Abschnitt II) dargestellten Analyseschemas, und zwar der Stufen 2 a) sozialpsychologische Einzeltheorie: Theorie der marginalen Differenz, 2 b) sozialwissenschaftliche Raumkonzepte: subjektiver Raum, 3 a) humangeographische Konzepte: Nachbarschaft, Familiarität, 3 b) humangeographische Raumkonzepte: polarisiertes Aktivitätsfeld und 4) Hypothesen über spezifische Verhaltenssituationen im Raum: Wanderungsverhalten bzw. innerstädtisches Umzugsverhalten. Diese Stufen sind in Abb. 7 in ihrer Ausprägung für den hier dargestellten Ansatz zusammengefaßt.

2. Der Entscheidungsprozeß des innerstädtischen Umzugsverhaltens

Das Umzugsverhalten des Individuums wird als ein Entscheidungsprozeß unter Unsicherheitsbedingungen simuliert. Das Individuum versucht seine Entscheidungen so zu treffen, daß die Folgen der Entscheidungen eine zumindest marginale Verbesserung der Situation bewirken. Die Entscheidung ist demnach ein Optimierungsproblem zwischen den Situationsgewinnen durch eine Wohnstandortsveränderung und den Verlusten an Kontakten, Konfliktfreiheit und Selbstbestätigung im sozialen Vergleich, die auf einer gemeinsamen Skala

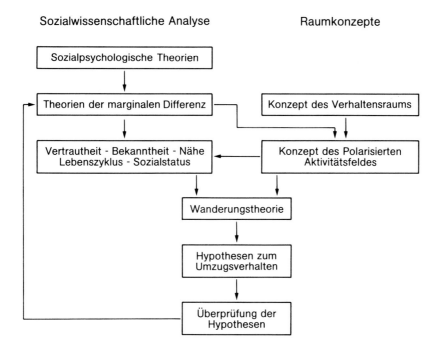

Abb. 7. Stufen der Analyse anhand einer Wanderungstheorie

gemessen werden. Hier taucht erstmals das Meß- und Dimensionierungsproblem auf. Bei der Entscheidungsfindung wird hypothetisch angenommen, daß die Summe aller Geltungsgewinne mindestens marginal höher sein muß als die Summe aller daraus resultierenden, überblickbaren, eventuellen und eingebildeten Verluste auf der anderen Seite. Die Entscheidung wird also *für* den Umzug getroffen, wenn eine Ungleichung mit einem positiven Wert auf der Seite der aktiv verändernden Motive für eine alternative Situation (eine andere Wohnstandortssituation) existiert.

In die Entscheidung gehen vermutlich nur diejenigen alternativen Situationen ein – zumindest in einem ersten Entscheidungsschritt –, die dem Individuum als sein Innen-Bereich bekannt und vertraut sind.

Wird im Innen-Bereich keine befriedigende Lösung gefunden, wird eine marginale Erweiterung des Innen-Bereichs vorgenommen, es werden also außerhalb des Innen-Bereichs Gebiete oder Standorte gesucht, die tendenziell vertraut sind, weil sie dem Charakter des Innen-Bereichs entsprechen und damit in einen nur in seinen Raumdimensionen, nicht in seinen Merkmalsdimensionen erweiterten Suchraum aufgenommen werden können.

Nicht ausschließlich extern gesteuerte Umzüge in den Außen-Bereich sind tendenziell als Entscheidungen anzusehen, bei denen Situationsverbesserung im Innen-Bereich oder dessen marginale Erweiterung aus bestimmten, aus den Situationselementen (Wohnqualität, Wohnumfeldqualität) und/oder aus Elementen der Person (demographische, sozio-ökonomische und persönlichkeitsbezogene Charakteristika) abzuleitenden Gründen nicht möglich war.

Wir haben es mit einem Entscheidungsprozeß zu tun, der als räumlicher Suchprozeß ablaufen muß, in dem also Sets nicht nur von Eigenschaftsdimensionen, sondern auch von Raumdimensionen eingehen. Für einzelne Gruppen werden die Maße, mit denen die Skala der Gewinne und Verluste gemessen wird, unterschiedlich sein; man muß also empirisch festlegen, welche Maßeinheit im jeweiligen Falle zutrifft.

Abbildung 8 soll einen schematischen Überblick des Entscheidungsprozesses geben und insbesondere zeigen, an welchen Stellen Operationalisierungsprobleme vorliegen.

Die Operationalisierung einer Entscheidungssituation erfolgt für eine gegebene Person mittels einer Rangskalierung der alternativen Raumeinheiten, die für die gegebene Person in Frage kommen, nach den zu berücksichtigenden Zielen und den Nebenbedingungen der Optimierung der Befriedigung durch die Situation an einem Wohnstandort. Zunächst wird von der Person der Innen-Bereich abgegrenzt als die Schnittmenge der Sets Vertrautheit/Familiarität, Bekanntheit/Nachbarschaft und (raum-)distanzielle Nähe/subjektive (räumliche) Entfernung. Sodann werden die Kosten einer Situationsveränderung abgewogen, die eine erstrebenswerte Verbesserung der Situation mit sich brächte. Solche Vorteile sind z. B. eine Status- und Geltungsveränderung mittels einer Verbesserung des Status des Wohnstandortes, des Images der Adresse oder eine Veränderung in bezug auf den drive zur Selbstverwirklichung gegenüber den Kosten des Verbleibens am bisherigen Wohnstandort (unabhängig von ökonomischen Vorteilen). In der Abbildung 8 wurden stellvertretend die Geltungskosten eingetragen, die wohl den größten Prozentsatz der aktiv verändernden Motive darstellen.

Diese Kostenabwägung erfolgt nur für den Innen-Bereich und wird nur dann, wenn dort keine positiven Ergebnisse zu finden sind, auf einen marginal weitergesteckten Bereich sekundärer Information oder geringer eigener Kenntnisse über die Vertrautheit mit der Struktur erweitert. Die Kosten einer Veränderung und die Kosten des Verbleibens werden in subjektiven Konfliktkosten und Kosten aus Kontaktverlusten oder -gewinnen gemessen. Gewinne und Verluste sind jeweils Funktion der eingeschätzten Situationsdifferenz, die wieder eine Funktion der Wichtigkeit ist, die das Individuum einer Situationsverände-

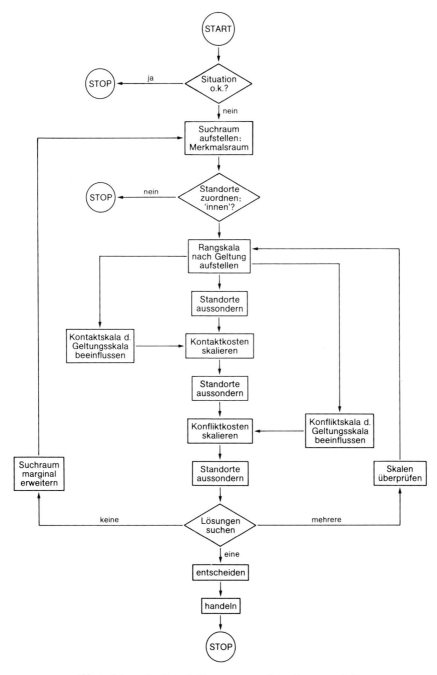

Abb. 8. Schema des Entscheidungsprozesses beim Umzugsverhalten

rung beimißt (die Beziehung zu Langenheders Valenz-Begriff ist naheliegend, jedoch wurde hier auf die Einführung dieses Begriffes verzichtet, zumal sein Inhalt, die Beziehung zwischen Anspruchsniveau und Situationsveränderung, hier über die marginale Differenz konkretisiert erscheint).

Kontaktverluste werden dabei gemessen als die Differenz von Kontaktmöglichkeiten zu Personen gleicher sozialer Herkunft an den alternativen Standorten.

Konfliktkosten werden gemessen als die Differenz von Konflikten, die durch Kontakte zu Personen höheren sozialen Status oberhalb eines Differenzbereichs der Vergleichbarkeit entstehen.

3. Entscheidungsprozeß und Polarisiertes Aktivitätsfeld

Die Bereiche Innen und Außen im Wahrnehmungsraum sind Bereiche hoher und niedriger Sicherheit der Kenntnis der situativen Bedingungen. Innen, das ist der Bereich der Konfliktfreiheit, Außen, das ist der Bereich der Konflikte (der ständige Krach mit Nachbarn, der permanente Konflikt, ist ein häufig genannter Umzugsgrund). Innen ist das Vertraute und Bekannte, das Gewohnte, Außen das Fremde, Unbekannte, Konfliktträchtige. Unter der Annahme, daß das Geltungsmotiv und die anderen aktiv verändernden Motive unberücksichtigt bleiben, wird sich eine Situationsoptimierung nur im Innen-Bereich finden lassen. Dort wird das Motiv des sozialen Vergleichs die größten Chancen haben, erfüllt zu werden, wobei gleichzeitig der aufzubringende Aufwand ein Minimum ist und die Konfliktwahrscheinlichkeit wegen der guten Information über die Situation und wegen der den eigenen Einstellungen und Normen entsprechenden sozialen Umwelt ebenfalls minimiert wird. Das Konzept, das den Zusammenhang von Verhalten und Bekanntheit der situativen Bedingungen (Information) artikuliert, sei *Nachbarschaftskonzept* genannt.

Werden nun die aktiv verändernden Motive berücksichtigt, so ist von einem latenten drive zur subjektiv empfundenen Verbesserung der Situation auszugehen, unabhängig von den Randbedingungen, wie z. B. dem Handlungsspielraum. Durch eine damit verbundene Steigerung des Anspruchsniveaus werden die Nebenbedingungen der Situation ‚Innen' abgewertet und diejenigen der Situation ‚Außen' aufgewertet. Konfliktfreiheit innen wird also etwas weniger geschätzt werden, Konflikte werden in Kauf genommen werden, soweit sie für die Verbesserung der Situation unbedingt nötig sind; jedoch wird eine Tendenz bestehen, diese Konflikte, wie auch alle anderen Kosten, zu minimieren. Eine Minimierung ist dann möglich, wenn der Betrag der Situationsverbesserung in bezug auf die aktiv verändernden Motive relativ niedrig ist, wenn also der Bereich ‚Innen' nicht verlassen, sondern nur uminterpretiert wird, wenn der

Bereich ‚Innen' in seiner Geltungsbreite marginal erweitert wird, so daß ein neues ‚Innen' am Rande des alten gefunden werden kann, das allmählich neue, bisher nicht als Innen empfundene Bereiche umschließt. Schließlich ergibt sich eine Minimierung, wenn im Eigenschaftsraum ein Bereich gefunden werden kann, der sich nicht allzuweit vom bisherigen Innen-Bereich entfernt befindet und eine Eigenschaftenzusammensetzung besitzt, die der jetzigen Situation gerade überlegen ist, ihr aber in allen entscheidenden Merkmalen, was Konfliktträchtigkeit und Aufwandsvoraussetzungen betrifft, vergleichbar ist.

Um diesen Bereich zu finden, wird ein Suchraum aufgespannt, der an den Grenzen des bisherigen Innen-Bereichs ansetzt und sich so weit ausweiten läßt, wie der subjektiv empfundene Aufwand dies erlaubt. Der nun eventuell neu hinzugewonnene Innen-Bereich stellt einen in seiner Eigenschaftenzusammensetzung vertrauten Bereich dar. Das Konzept, das diesen Überlegungen zur Beziehung zwischen Vertrautheit und Umzugsverhalten entspricht, möge *Familiaritätskonzept* genannt werden.

Die in die Überlegung eingegangene Minimierungsvorstellung als ein wesentliches Erklärungselement für menschliches Verhalten kann isoliert in ihrer problembezogenen Form als das Konzept der marginalen Differenz bezeichnet werden.

4. Ausgangsdefinitionen und Theoreme der Wanderungstheorie

Unabhängig von den beiden Erklärungsebenen Theorie der marginalen Differenz und Polarisiertes Aktivitätsfeld werden für die Zwecke der Arbeit einige Ausgangsdefinitionen als externe, an dieser Stelle nicht zu hinterfragende Sätze benötigt.

Definition 1: Wanderungen sind Wohnstandortsveränderungen aufgrund subjektiver Entscheidungsprozesse (im Gegensatz zu Verschleppungen, Verschickungen, Vertreibungen usw., der „Zwangs- und Vertreibungswanderung" im Sinne von ALBRECHT 1972, p. 22 ff.).

Definition 2: Wanderungen erfolgen aufgrund von Veränderungen der subjektiven Situation des Individuums.

Definition 3: Wanderungen erfolgen zwischen den drei Kategorien des subjektiven Polarisierten Aktivitätsfeldes. Diese Kategorien erfassen auf verschiedenen Stufen des räumlichen Maßstabes den gesamten Bereich, der durch subjektive Raum- und Eigenschaftsdimensionen abgedeckt ist. Sie umfassen den Innen-Bereich (I), den Marginalen Erweiterungsbereich (M) und den Außenbereich (A).

Definition 4: Wanderungstypen sind Typen der Wohnstandortsveränderung zwischen den Kategorien des Polarisierten Aktivitätsfeldes. Diese sind die Typen I – I (1), I – M (2), I – A (3), M – I (4), M – M (5), M – A (6), A – I (7), A – M (8), und A – A (9). In 1–9 sind alle Wanderungsfälle enthalten.

Zu diesen Axiomen fügen sich Ableitungen von Theoremen der Theorie der marginalen Differenz, bezogen auf die Kategorien des Polarisierten Aktivitätsfeldes für den Verhaltenstyp ‚Wanderung'.

Die allgemeinen Ableitungen aus den Theoremen sind:

Ableitung aus Theorem 1: Das Individuum versucht aufgrund aktiv verändernder Motive seine Situation tendenziell zu verbessern. Dies erfolgt, wenn eine Situationsverbesserung im bisherigen Innen-Bereich nicht möglich ist, durch eine Wohnstandortsverlagerung in den Marginalen Erweiterungs- und schließlich in den Außenbereich.

Ableitung aus Theorem 2: Das Individuum ist bemüht, sein inneres Gleichgewicht zwischen Ansprüchen an die Situation und objektiven Bedingungen der Situation am Wohnstandort zu erhalten.

Ableitung aus Theorem 2a: Die Erhaltung des inneren Gleichgewichts erfolgt, indem Konflikte zwischen Ansprüchen und situativen Gegebenheiten am Wohnstandort möglichst vermieden werden und tendenziell das Anspruchsniveau an die Gegebenheiten am Wohnstandort angepaßt wird.

Ableitung aus Theorem 2b: Wie für Ansprüche an die Situation am Wohnstandort, gilt das Motiv der Konfliktvermeidung für Attitüden zu Einzelcharakteristika der Situation am Wohnstandort (Wohnstandortssituation), nämlich zur Wohnsituation, zur Wohnumfeldsituation, zur Erwerbssituation, zur sozialen Situation u. a.

Ableitung aus Theorem 3: Das Individuum sucht sich in bezug auf Attitüden zu Wanderungen und Umzügen und in bezug auf das Anspruchsniveau an die Wohnstandortssituation an Attitüden und Anspruchsniveau von Vergleichspersonen anzunähern, d. h. ein ähnliches Verhalten anzustreben.

Ableitung aus Theorem 3a: Die Übereinstimmung der Wohnstandortssituation fördert den Vergleich zwischen Individuen.

Ableitung aus Theorem 3b: Soziale wie räumliche Nachbarschaft fördert die Entstehung gleichartiger Attitüden zum Wanderungs- und Umzugsverhalten, gleichartiger Anspruchsniveaus an die Wohnstandortssituation und letztlich Wanderungs- bzw. Umzugsverhalten. Personen gleichen sozialen Status an einem gegebenen Standort haben gleichartige Bereiche der Vertrautheit im Polarisierten Aktivitätsfeld.

Ableitung aus Theorem 4: Das Individuum sucht den bei einer Entscheidung über die Wohnstandortssituation eingeschätzten Aufwand zu minimieren, also die Entscheidung so zu fällen, daß der Bereich größter Vertrautheit, Bekanntheit und Nähe, also der Innen-Bereich, möglichst nicht verlassen werden muß.

Ableitung aus Theorem 4 a: Bei Entscheidungen über die Wohnstandortssituation wird diejenige Alternative bevorzugt, die mit dem geringsten Aufwand an Kontaktverlust und Konfliktkosten zu erreichen ist.

Ableitung aus Theorem 4 b: Entscheidungen über die Wohnstandortssituation werden in bezug auf alle Elemente der Situation (Wohnsituation, Wohnumfeldsituation u. a.) mit einem einzigen subjektiven Maß gemessen, das sich als Polarpaar für die subjektive Wertigkeit der Wohnstandortssituation ermitteln läßt. Die subjektive Wertigkeit entspricht dabei dem potentiellen Zielerfüllungsgrad der alternativen Wohnstandortssituation bei Wohnstandortsveränderungen [4].

Ableitung aus Theorem 4 c: Die individuelle Maßskala für die subjektive Wertigkeit von Wohnstandortssituationen mißt auf einem relativen Vergleichsniveau bisheriger Erfahrungen mit Wohnstandortssituationen, gegenwärtiger Bedingungen im Innen-Bereich des Individuums und des Anspruchsniveaus von Vergleichspersonen im Innen-Bereich.

5. Hypothesen auf der Makro-Ebene

Die nachfolgenden Hypothesen verbinden die Ableitungen aus den Theoremen mittels der Entscheidungsregeln mit dem Verhalten im Polarisierten Aktivitätsfeld. Es werden Hypothesen aufgestellt, die die Situation im allgemeinen mit dem Polarisierten Aktivitätsfeld verbinden (*Makroebene*), sodann solche, die spezielle Ableitungen aus Theoremen mit dem Polarisierten Aktivitätsfeld verbinden (*Mesoebene*), und schließlich solche, die Elemente der Situation (Wohnsituation, Wohnumfeldsituation) und Elemente der Person (demo-

---

[4] Es handelt sich um eine operationalisierungsbedingte Vereinfachung. Jeder subjektive Maßstab ist immer nur für *eine* Entscheidungssituation gültig!

graphische Elemente: Alter, Geschlecht, Familienstand und -größe, Stand im Lebenszyklus; sozio-ökonomische Elemente: sozialer Status, Bildung, Beruf, Einkommen; persönlichkeits- und charakterbezogene Elemente) mit dem Umzugsverhalten im Polarisierten Aktivitätsfeld verbinden (*Mikroebene*). *Während die Makroebene der Hypothesen noch allgemeinen Charakter hat, also mit anderen Parametern für regionale Wanderungen wie für Umzüge gilt, sind die Mesoebene und die Mikroebene nur noch für Umzüge als einen speziellen Typ von Wohnstandortsveränderungen gültig.* Diese Einschränkung war nötig, da von der Mesoebene an konkrete Elemente der Wohnstandortssituation in die Hypothesen eingebaut werden müssen, die Mikroebene sogar fast ausschließlich Beziehungen zwischen diesen Elementen und dem Verhalten analysiert. Eine alternative Hypothesenbildung für regionale Wanderungen ist jedoch möglich und soll im letzten Abschnitt angedeutet werden.

Hypothese 1: Die Wahrscheinlichkeit von Wohnstandortsveränderungen des Individuums zwischen zwei Standorten im Polarisierten Aktivitätsfeld ist umso höher, je vertrauter, bekannter und näher dieser Ort dem sich entscheidenden Individuum ist.

Dieser Hypothese nach sind die größten Häufigkeiten von Wanderungen demnach für Wohnstandortsveränderungen vom Typ I → I zu erwarten, gefolgt vom Typ I → M, dem sich mit geringeren Häufigkeiten die anderen Typen anschließen, wobei Veränderungen unter Umgehung einer Kategorie wie I → A und A → I als aufwandshöchste den Abschluß bilden sollten. Es ergibt sich ein Wahrscheinlichkeitsschema, wie es unten dargestellt ist (Abb. 9). Eine Überprüfung dieser Hypothese kann im Rahmen dieser Arbeit nur auf der Basis von innerstädtischen Umzügen erfolgen.

	nach	I		M		A
von	I	1	≫	2	>	3
		∨∨		∨		∨
	M	4	>	5	>	6
		∨		∨		∨
	A	7	>	8	>	9

≫ sehr viel stärker vertreten
> stärker vertreten

Abb. 9. Wahrscheinlichkeitsmatrix von Wohnstandortsveränderungen im Polarisierten Aktivitätsfeld

Hypothese 2: Die Wahrscheinlichkeit von Wohnstandortsveränderungen des Individuums zwischen zwei Standorten im Polarisierten Aktivitätsfeld ist umso höher, je wahrscheinlicher sich eine marginale (positive) Differenz von Ausgangs- und Zielsituation für das Individuum ergibt.

Die großen Häufigkeiten ergeben sich demnach zwischen Orten, deren Situationscharakteristika aus der Sicht des Individuums nicht wesentlich unterschieden sind, wobei die Differenz der Summe der Situationscharakteristika, gemessen mit einem einheitlichen Maßstab, aus der Sicht des Individuums leicht (gerade noch) positiv zugunsten des möglichen Zielortes ausschlägt. Die Differenzen zwischen früheren und jetzigen Situationen sollten also in ihrer objektiven wie subjektiven Ausprägung etwa einer lognormalen Funktion von Differenzbetrag und Häufigkeit entsprechen.

6. Hypothesen auf der Meso-Ebene

Die Hypothesen auf dem Meso-Niveau beziehen sich auf die Theoreme der Wanderungstheorie. Sie stellen Sätze über Zusammenhänge zwischen Verhaltensmotiven und Umzugsverhalten im Polarisierten Aktivitätsfeld dar. Allen Sätzen ist gemeinsam, daß das Motiv der Situationsverbesserung, also der Komplex aktiv verändernder Motive, konstant gehalten wird, also die Beziehungen zwischen passiv erhaltenden Motiven zu den aktiv verändernden festgehalten werden und nicht umgekehrt. Dies wird damit begründet, daß ein auf der Makroebene erbrachter Beweis für die Richtigkeit des Theorems 1, das marginale Differenz postuliert, weitere Beweise auf tieferen Ebenen entbehrlich macht. Da die Hypothesen 1 und 2 der Makroebene diesen Beweis erbringen sollen, kann situative Verbesserung als Verhaltensmotiv vorausgesetzt werden. Marginale Differenz kann als Effekt von Kompromissen zwischen den Zielen aufgrund verschiedener Motive, die mit dem Motiv der situativen Verbesserung in Konflikt stehen, detaillierter betrachtet werden.

Die Hypothesen auf der Mesoebene beziehen sich einerseits auf Motivhäufigkeiten für bestimmte Umzugstypen, andererseits auf Beziehungen zwischen diesen Umzugstypen. Beide sind im Prinzip eng miteinander verbunden, aber nicht gleichzeitig darstellbar. Zunächst soll an drei Beispielen ein Hypothesentyp vorgestellt werden, der sich auf die Umzugstypen bezieht und die Häufigkeit von Motiven für diese Umzugstypen aufstellt. Dann sollen Hypothesenmatrizen vorgestellt werden, die z. T. aus dem erstgenannten Hypothesentyp, zum Teil aber auch direkt aus den Theoremen abgeleitet sind.

a) Hypothesentyp 1: Hypothesen zu Umzugstypen
1. Umzüge im Innenbereich (I → I):
   Umzüge im Innenbereich beziehen sich auf Personen, die
   ... hohe Kontakterhaltungsbedürfnisse aufweisen,
   ... hohe Konfliktvermeidungsbedürfnisse aufweisen,
   ... hohe Bedürfnisse der Aufwandsminimierung aufweisen.

Ganz offensichtlich sind diesem Hypothesentyp in einem weiteren Schritt die Elemente der Situation und der Person einzubauen. Zwar ist die Ableitung etwa des ersten Satzes (Kontakterhaltungsbedürfnisse) logisch richtig, jedoch ergibt sich daraus noch keine Möglichkeit, den tatsächlichen Personenkreis zu erschließen. Es kann sich um Personen handeln, die sehr geringen finanziellen Handlungsspielraum haben, die Kontakt in einem Innen-Bereich niedriger Wohnqualität und Umfeldqualität benötigen, um nicht sozial abzurutschen. Es kann sich um Personen in Bereichen hoher Qualität des Wohnumfeldes handeln, deren Hauptmotiv in bezug auf die aktiv verändernden Motive das Selbstverwirklichungsmotiv ist, die Kontakte zu Nachbarn und Freunden, vielleicht nachdem sie in einer Phase sozialen Aufstiegs nicht so sehr darauf geachtet hatten, nun in einer Phase der Selbstbesinnung als wesentlichen Bestandteil ihrer persönlichen Zufriedenheit betrachten. Es kann sich um Personen in Situationen handeln, die nachbarliche Hilfe notwendig erscheinen läßt, etwa junge Ehepaare mit Kindern, die zwar die Wohnung als zu klein empfinden, aber wegen der nachbarlichen Hilfe bei der Kinderbeaufsichtigung oder der Kontakte der Kinder zu Nachbarskindern nicht wegziehen wollen.

Damit wird aber deutlich, daß in einer weiteren Analyseebene, der Mikroebene, Status der Person und Status des Wohnstandortes eine Rolle spielen müssen, da Entscheidungen über Standorte im Polarisierten Aktivitätsfeld abhängig sind von den relativen Vergleichsmaßstäben. Erst hier ist Erklärung möglich! Ein Marginaler Erweiterungsbereich gleicht dem anderen nicht, kein Innen-Bereich ist wie der andere, und der Umzugstypus I → I besteht aus so vielen Umzugstypen einer tieferen Stufe, als in einer Stichprobe Fälle des Typus vertreten sind. Dennoch sind sie über die Konzepte der Nachbarschaft, Familiarität und Nähe miteinander verknüpft, jedoch sind die Ausprägungen im objektiven Raum unterschiedlich.

2. Umzüge zwischen Innen-Bereich und Marginalem Erweiterungsbereich (I → M):
   Umzüge dieses Typs beziehen sich auf Personen, die
   ... geringere Kontakterhaltungsbedürfnisse aufweisen, als sie dem Umzugstyp I → I entsprechen,

... hohe Konfliktvermeidungsbedürfnisse aufweisen,
... geringere Bedürfnisse der Aufwandsminimierung aufweisen, als sie dem Umzugstyp I → I entsprechen.

Hier wird deutlich, daß es sich bei den Hypothesen der Meso-Ebene nur um Behauptungen zu Abhängigkeiten handelt, nicht aber um Sätze, aus denen absolute Werte zu entnehmen sind. Dieser Umstand bewog zu einer Darstellung der Hypothesen in Matrixform, wie es weiter unten geschieht. Die Kontakthäufigkeit aufgrund der Positionsänderung im Polarisierten Aktivitätsfeld muß als geringer angenommen werden als bei Personen, die im Innen-Bereich umziehen. Andererseits bleibt die Person im gleichen Vertrautheitsbereich – der Marginale Erweiterungsbereich ist ja ein Bereich gleicher Vertrautheit wie der Innen-Bereich –, so daß die Konfliktvermeidungsbedürfnisse sicher als gleich hoch wie jene von Umzüglern innerhalb des Innen-Bereiches angenommen werden können.

Auch hier kann es sich wieder um sehr unterschiedliche Phänomene handeln, obwohl die Varianz nicht so groß ist wie beim Typ I → I. Der Umzug in den Marginalen Erweiterungsbereich kann ein dem Geltungsmotiv entsprechender Schritt sein, also der Versuch, marginale Situationsverbesserung durch marginale Statusverbesserung des Wohnstandortes zu erreichen. Marginale Erweiterungsbereiche können aber auch Bereiche großer Vertrautheit außerhalb des Innen-Bereiches darstellen, die nicht gleichzeitig statusmäßig marginal überlegen sind. Im Fall eines Umzugs in einen Bereich dieses Typs handelt es sich möglicherweise (und sicher bei Personen hohen sozialen Status in den meisten Fällen) um marginale Situationsverbesserungen auf der Basis des Selbstverwirklichungsmotivs. Randwanderung gehobener sozialer Schichten ist jedenfalls alternativ dem einen oder anderen Erklärungshintergrund zuzuschreiben.

3. Umzüge zwischen Innen-Bereich und Außen-Bereich (I → A):
Umzüge dieses Typs beziehen sich auf Personen, die
... geringere Kontakterhaltungsbedürfnisse aufweisen, als sie allen anderen Umzugstypen (inkl. A → A) entsprechen,
... geringe Konfliktvermeidungsbedürfnisse aufweisen,
... sehr geringe oder sehr hohe Aufwandsminimierungsbedürfnisse aufweisen.

Hier zeigt sich wieder die Ambiguität dieser Hypothesen. Das Axiom 1 zeigt ja, daß die Beziehungen zwischen den Einzelmotiven untereinander auch über Sozialstatus und sonstige Charakteristika von Person und Situation geprägt sind. Dementsprechend lassen die Theoreme anhand der Entscheidungsregeln für die Mesoebene unterschiedliche Auslegungen zu, je nachdem, um welche Personengruppen es sich handelt und um welche Situationen in bezug auf deren Position auf einer Statusskala. Dieser Einschränkung zufolge sollen hier die weiteren Hypothesen nicht vorgestellt werden, sondern es soll nach Erörterung des zweiten Hypothesentyps der Mesoebene die Mikroebene beschrieben werden.

b) Hypothesentyp 2: Hypothesenmatrizen

Es ist möglich, die Relationen der Motivhäufigkeiten zwischen den Umzugstypen in komprimierter Form als Matrizen darzustellen. Für diese Matrizen trifft dasselbe zu, was oben gesagt wurde, daß sie nämlich u. U. bei unterschiedlichen Personengruppen unterschiedliche Interpretationen zulassen. Wegen der häufigen Beachtung, welche die Mesoebene in geographischen Arbeiten erfährt, wurden sie hier aufgenommen.

1. Das Motiv *Kontakt*

Die Höhe der Kontakterhaltungsbedürfnisse in Beziehung auf einen Mittelwert (relativen Vergleichsmaßstab), den wir als die durchschnittliche Ausprägung dieses Motivs bezeichnen können, läßt sich wie unten (Abb. 10) darstellen:

von	nach	I	M	A
	I	++	+	−
	M	++	+	−
	A	++	+	..

Kontakterhaltungsbedürfnisse:
++ sehr stark
+ stark
− schwach
.. ?

Abb. 10. Hypothesenmatrix Kontakt*motiv*

2. Das Motiv *Konflikt*

Die Höhe des Konfliktvermeidungsbedürfnisses läßt sich wie in Abbildung 11 darstellen:

von	nach	I	M	A
	I	++	+	−
	M	++	+	−
	A	++	+	..

Konfliktvermeidungsbedürfnisse:
++ sehr stark
+ stark
− schwach
.. ?

Abb. 11. Hypothesenmatrix Konfliktvermeidungsmotiv

Matrix 1 und 2 sind identisch, da es sich um gleichartige, wenn auch gegensätzlich wirkende Kräfte handelt.

3. Das Motiv *Aufwandsminimierung*

Die Höhe des Bedürfnisses nach Aufwandsminimierung läßt sich wie in Abbildung 12 darstellen:

nach von	I	M	A	Bedürfnisse nach Aufwandsminimierung:
I	++	++	..	++ sehr stark
M	+	+	++	+ stark
A	..	..	..	− schwach .. ?

Abb. 12. Hypothesenmatrix Aufwandsminimierungs*motiv*

In der im Abschnitt V beschriebenen Überprüfung der aufgestellten Hypothesen wurde jeweils nur die oberste Zeile der Hypothesenmatrizen getestet, da sie in dieser Form nicht die Aussagekraft haben, die dann Hypothesen auf der Mikroebene besitzen. Dennoch ist auch diese Ebene wichtig, da sie für amtliche Daten, also alle nicht aus Befragungen und Fragebogenaktionen kreierten Daten, die letzte mögliche Analyseebene darstellt. Unter diesem Gesichtspunkt wäre insbesondere ihre Überprüfung für die Erklärung regionaler Wanderungen von Interesse, wobei dann Kontakte, Konflikte, Aufwand und Situationsverbesserung mit geeigneten aggregierten Daten auf dem Niveau von Kreisen oder Regierungsbezirken operationalisiert werden müßten, die Personen aufgrund von Beruf und Alter sowie weiteren, leicht zu erhebenden Daten gruppiert werden könnten. Das Problem ökologischer Korrelationen bleibt allerdings bestehen, weshalb auch für regionale Wanderungen auf jeden Fall das Mikro-(Individual-)niveau angestrebt werden sollte.

7. *Hypothesen auf der Mikro-Ebene*

Diese Hypothesengruppe verbindet Elemente der Situation und Elemente der Person mit Typen des Umzugsverhaltens im Polarisierten Aktivitätsfeld. Als Elemente der Situation wurden die Wohnsituation und die Wohnumfeldsituation ausgewählt, in der Operationalisierungsphase noch jeweils weiter differenziert; als Elemente der Person wurden diejenigen Charakteristika einbezogen, die erhebbar waren, nämlich das Alter bei den demographischen Charakteristika (auf Familienstand und -größe wurde aus arbeitstechnischen Gründen verzichtet), der soziale Status bei den sozioökonomischen Charakteristika. Persönlichkeits- und charaktergebundene Elemente mußten wegen fehlender Daten bzw. der Schwierigkeit der Erhebung übergangen werden (sie sind zudem in der Realität sozialwissenschaftlicher Forschung am konkreten Objekt, also außerhalb von Labor-Tests mit ausgewählten Probandengruppen, nicht beschaffbar).

Aus den genannten Elementen ergeben sich sechs Hypothesengruppen, deren zwei erste ausführlich dargestellt werden sollen. Es sind dies eine Hypothesengruppe zu Beziehungen zwischen Wohnstandortssituation, Sozialstatus und Umzugsverhalten und die Hypothesengruppe zu Beziehungen zwischen Wohnumfeldsituation, Sozialstatus und Umzugsverhalten. Nur angedeutet werden die Hypothesengruppen zu Beziehungen zwischen Wohnsituation, Sozialstatus und Umzugsverhalten, zu Beziehungen zwischen Wohnstandortssituation, Alter und Umzugsverhalten und schließlich zu Beziehungen zwischen Wohnumfeldsituation resp. Wohnsituation, Alter und Umzugsverhalten.

a) Die Hypothesengruppe 1: Wohnstandortssituation, Sozialstatus und Umzugsverhalten

a) Ist die Wohnstandortssituation bei Personen, deren sozialer Rang *über dem Durchschnitt* einer Region liegt, wesentlich besser als es Personen dieses sozialen Status im allgemeinen entspricht, dann wird aufgrund von Theoremen 1 und 2 und mittels der Entscheidungsregeln C und F sowie unter Berücksichtigung von Axiom 1 ein Umzug mit sehr hoher Wahrscheinlichkeit zwischen A und I auftreten (A → I), mit hoher Wahrscheinlichkeit A → M und mit niedriger Wahrscheinlichkeit A → A, wobei Personen jüngerer Altersgruppen stärker zu A → A, solche älterer Altersgruppen stärker zu A → I tendieren werden.

b) Ist die Wohnstandortssituation bei Personen, deren sozialer Rang *über dem Durchschnitt* einer Region liegt, marginal besser als es Personen dieses sozialen Status im allgemeinen entspricht, dann wird ... ein Umzug mit sehr hoher Wahrscheinlichkeit I → I auftreten, mit hoher Wahrscheinlichkeit I → M, mit niedriger Wahrscheinlichkeit I → A, M → I, M → M und M → A, wobei Personen jüngerer Altersgruppen stärker zu I → A und M → A, solche älterer Altersgruppen stärker zu I → I und I → M tendieren werden.

c) Dasselbe für Wohnstandortssituationen, die dem Status der Person entsprechen (vergl. die ausführliche Schilderung in Abschnitt V wie auch zu den folgenden, hier nur angedeuteten Hypothesen).

d) Dasselbe für Wohnstandortssituationen, die marginal unter dem Status der Person liegen.

e) Dasselbe für Wohnstandortssituationen, die wesentlich unter dem Rang der Person liegen.

f) Ist die Wohnstandortssituation bei Personen, deren sozialer Rang *unter dem Durchschnitt* einer Region liegt, wesentlich besser als es Personen dieses sozialen Status im Durchschnitt entspricht, dann wird aufgrund von Theoremen 2, 3 und 4 und mittels der Entscheidungsregeln C und E sowie unter Berücksichtigung von Axiom 1 ein Umzug mit sehr hoher Wahrscheinlichkeit A → I auftreten, mit niedriger Wahrscheinlichkeit A → M und sehr niedriger Wahrscheinlichkeit A → A, wobei Personen jüngerer Altersgruppen stärker zu A → M, solche älterer Altersgruppen stärker zu A → I tendieren werden.

g) Dasselbe für Wohnstandortssituationen, die marginal besser sind, als es dem Status des Individuums entspricht.

h) Dasselbe für Wohnstandortssituationen, die dem Status des Individuums entsprechen.

i) Dasselbe für Wohnstandortssituationen, die marginal unter dem Status der Person liegen.

j) Dasselbe für Wohnstandortssituationen, die wesentlich unter dem Status der Person liegen.

b) Die Hypothesengruppe 2: Wohnumfeldsituation, Sozialstatus und Umzugsverhalten

Wie in der obigen Hypothesengruppe werden die Elemente der Beziehungen in ihre maßstäblichen Abschnitte aufgelöst (unter dem Durchschnitt/über dem Durchschnitt) und dann erst aufeinander bezogen. Bei der Wohnumfeldsituation wird noch weiter aufgelöst: Hypothesen werden aufgestellt für Personen hohen und niedrigen sozialen Status, in Wohnstandortssituationen, die, verglichen mit dem Durchschnitt, über ihrem sozialen Rang liegen, in solchen, die ihrem Rang entsprechen und in solchen, die unter ihrem sozialen Rang liegen. Die Wohnumfeldsituation wird aufgelöst in relativ zur Person und ihrer bisherigen Wohnumfeldsituation besser, in dieser entsprechend und in schlechter. So lautet eine Hypothese:

a) Ist die Wohnstandortssituation bei Personen, deren sozialer Rang über dem Durchschnitt einer Region liegt, wesentlich besser, als es Personen dieses sozialen Status im Durchschnitt entspricht, und entspricht die Wohnumfeldsituation der Person dem Durchschnitt ihrer sozialen Gruppe, dann ist bei Personen, deren Wohnumfeldrang *unter* dem Durchschnitt der Region liegt, aufgrund von Theorem 2 und mittels der Entscheidungsregeln C und E sowie unter Berücksichtigung von Axiom 1, speziell aber von Axiom 1 a, mit hoher Wahrscheinlichkeit mit einem Umzug vom Typ A → I oder M → I zu rechnen.

Die Ableitung, die hier etwas ausführlicher geschildert werden soll, sei stellvertretend für die ansonsten ermüdende Wiederholung des Ableitungsprozesses für die anderen Elemente dieser Hypothesengruppe wie der folgenden Hypothesengruppen dargestellt:

Ist die Wohnstandortssituation, also die allgemeine Situation der Person am Wohnstandort, besser als es dem sozialen Rang der Person entspricht, dann kommt es aufgrund der Fremdbestimmung der Situation zu Konflikten, die aufgrund von Theorem 2 (Konfliktvermeidung) vom Individuum tendenziell vermieden werden. Andererseits ist die Wohnumfeldsituation dem Rang der Person entsprechend, so daß die Situation in bezug auf die Kontaktmöglichkeiten und den sozialen Vergleich befriedigend erscheint. Durch die Fremdbestimmung der Situation und die daraus hervorgehenden Konflikte (z. B. Kontakte nicht nur zur sozial vergleichbaren Gruppe, sondern auch zu Gruppen wesentlich höheren Status, wie sie in fremdbestimmten Wohnstandortssituationen nicht vermeidbar sind, die aber das innere Gleichgewicht auf die Dauer beeinträchtigen, da sie im ganzen gesehen weniger Bestätigung von Attitüden erwarten lassen, als wenn die Situation eigenbestimmt wäre) wird der Aufwand höher sein als notwendig. Aufgrund der Entscheidungsregel E (bei externer Bestimmtheit der Situation tendiert Verhalten zur Verlustminimierung) und Axiom 1 (Handlungsspielraum sozialer Gruppen), speziell aber Axiom 1 a (passiv erhaltende Motive dominieren tendenziell bei Personen niedrigen sozialen Status), ist mit Verlustminderung, Konfliktvermeidung und damit einer innengerichteten Abwärtsbewegung im Polarisierten Aktivitätsfeld zu rechnen, also in den Vertrautheitsbereich im Innen-Bereich. Da die Definition der Wohnstandortssituation als besser oder wesentlich besser a priori den Außen- oder Marginalen Erweiterungsbereich als Quellbereich festlegt, ist also mit einem Umzug vom Typ A → I oder M → I zu rechnen.

c) Die weiteren Hypothesengruppen

Im Sinne obiger Ableitungen lassen sich auch Hypothesen zu weiteren Hypothesengruppen ableiten. Es sind dies die Hypothesengruppen

3: Wohnsituation, Sozialstatus und Umzugsverhalten,
4: Wohnstandortssituation, Alter und Umzugsverhalten,
5: Wohnumfeldsituation, Alter und Umzugsverhalten,
6: Wohnsituation, Alter und Umzugsverhalten.

Die Hypothesen zu diesen Hypothesengruppen werden im nächsten Hauptteil in Ausschnitten vorgestellt und überprüft werden.

V. Die empirische Überprüfung von Hypothesen zur Erklärung innerstädtischen Umzugsverhaltens: Umzüge in Karlsruhe 1974–1976

Der folgende Abschnitt will keine umfassende Überprüfung aller Hypothesen des gesamten Hypothesenkatalogs zum Umzugsverhalten bringen, sondern die Gültigkeit der Theorie anhand ausgewählter Hypothesen belegen. Da die Theoreme jeweils in mehreren Hypothesen vertreten sind, genügt es, jene kleinste Zahl von Hypothesen zu überprüfen, die alle Theoreme enthält. Das Untersuchungsziel ist nicht die vollständige Beschreibung und Analyse des Umzugsverhaltens in Karlsruhe zwischen 1974 und 1976, sondern die Überprüfung eines theoretischen Ansatzes.

Die Wahl des Verfassers fiel sowohl aus theoretischen als auch aus praktischen Erwägungen auf die Problematik innerstädtischen Umzugsverhaltens. Theoretisch fundiert ist die Wahl in der Überlegung, daß die Verwendung des innerstädtischen Niveaus beide hauptsächlich für Wanderungen genannten Motivgruppen umfaßt, nämlich sowohl Wohnmotive als auch Erwerbsmotive, während das regionale Niveau stark zugunsten der Erwerbsmotive gewichtet ist, wie zahlreiche Studien bestätigt haben. Ein anderer Grund ist pragmatisch zu sehen: Der Autor hat sich schon mehrfach mit innerstädtischen Problemen befaßt, so mit der Wahrnehmung des innerstädtischen Verkehrsnetzes (HÖLLHUBER 1974), innerstädtischer Mental Maps (ders., 1975, 1977a), Stadtwanderung (ders., 1978a) und anderen Formen bzw. allgemeinen Erscheinungen des innerstädtischen Wohnstandortswahlverhaltens (ders., 1976a, 1978b). Nicht zu unterschätzen war ein weiteres Kriterium für die Entscheidung zugunsten innerstädtischer Umzüge: Das Statistische Amt der Stadt Karlsruhe stellte unveröffentlichtes Grundlagenmaterial, sowohl auf aggregiertem als auch auf individuellem Niveau, sowie Adressenlisten zur Stichprobe für die Erhebungen des Autors zur Verfügung.

Als Wanderungen werden im folgenden ganz allgemein Wohnstandortsveränderungen von natürlichen Personen bezeichnet. Als Umzüge werden Wohnstandortsveränderungen von natürlichen Personen bezeichnet, die innerhalb einer Stadtregion erfolgen. In dieser Hinsicht deckt sich die Definition nicht mit jener aus BÖHM, KEMPER und KULS (1975, p. 38), wo definiert wird: „Unter *innerstädtischer Wanderung* (innerstädtischer Mobilität) verstehen wir den sich innerhalb der Gemeindegrenze vollziehenden Wohnungswechsel (Umzug, Ortsumzug, Ummeldung)." Daneben werden ‚gemeindegrenzüberschreitende Wanderungen' definiert, welche ‚die in die Stadt hineinziehende bzw. aus der Stadt hinausziehende Bevölkerung' erfassen. Dem Motivcharakter nach erscheint eine Einteilung in Wohnstandortsveränderungen innerhalb der Stadtregion (Umzüge) und sonstige (näher zu definierende) Wohnstandortsveränderungen (Wanderungen) eher gerechtfertigt. MACKENSEN, VANBERG und KRÄMER (1975, p. 10) vermerken kritisch: „So wird etwa der eher als *Umzug* zu bezeichnende Wechsel von einer städtischen Mietwohnung in ein Eigenheim im angrenzenden Landkreis, – wobei Arbeitsplatz, sozialer Verkehrskreis, ortsbezogene Bindungen usw. aufrechterhalten werden können, – ebenso als Wanderungsfall gezählt, wie eine Wanderung über eine große Entfernung, die einen vollständigen Wechsel aller Lebensbereiche für sämtliche Familienmitglieder mit sich bringt. Beide Wanderungen haben offensichtlich verschiedene Ursachen, Anlässe und Begleitumstände und sind von daher sowohl bei dem Versuch von Erklärung und Prognose, als auch in der politisch-planerischen Praxis unterschiedlich zu behandeln." Die datenbezogene Notwendigkeit engerer oder weiterer Gruppierungen bleibt davon unbetroffen, wie auch in dieser Arbeit durchaus nicht alle Umzüge innerhalb der Stadtregion, sondern nur Umzüge innerhalb der Stadtgrenzen von Karlsruhe zum Stand 1. 1. 1977 berücksichtigt werden können.

A. Das Datenmaterial

Für die Analyse des Umzugsverhaltens, die ursprünglich einen anderen Verlauf nehmen sollte – es war an eine Analyse der Beziehungen zwischen Informationsdichte und Präferenzen in Mental Maps gedacht –, stehen teilweise etwas heterogene Datensätze zur Verfügung.

Die Operationalisierung des Polarisierten Aktivitätsfeldes war vor Beginn der Erhebungen nicht einkalkuliert worden, so daß in den Befragungsergebnissen nur zum Teil verwendbare Daten zur Verfügung standen. Andererseits war an eine Wiederholung der Befragungen mit neuer Akzentuierung aus Zeit- und Kostengründen nicht zu denken, so daß ein Kompromiß aus nicht immer ganz befriedigenden Daten und Operationalisierungswünschen geschlossen werden mußte. Eine auf den Anregungen dieser Arbeit aufbauende Untersuchung könnte diese Diskrepanz jedenfalls vermeiden. In einer Studie über Wohnstandorts- und Landschaftstyppräferenzen von deutschsprachigen und italienischsprachigen Südtirolern habe ich einige der Elemente dieser Arbeit bereits aufgegriffen und auf einen verwandten Forschungsbereich übertragen (HÖLLHUBER 1980).

1. Daten der amtlichen Statistik

a) Für die Halbjahre 1974/1, 1974/2, 1975/1, 1975/2 und 1976/1 wurden die innerstädtischen Umzüge zwischen den Stadtbezirken (Stand 1. 1. 1975) auf

Individualbasis erhoben; zur Verfügung standen die Meldebögen des Statistischen Amtes der Stadt Karlsruhe. Die fünf aggregierten Datensätze sind Matrizen von innerstädtischen Umzügen vom Umfang 55×55. Die Matrix der Umzüge des zweiten Halbjahres 1973 konnte wegen der anschließend durchgeführten innerstädtischen Neugliederung nicht verwendet werden, da eine Neuzuordnung nicht möglich war.

b) Für das erste Halbjahr 1976 wurde aus den Meldebögen des Statistischen Amtes der Stadt Karlsruhe mit Bewilligung des Innenministeriums des Landes Baden-Württemberg eine 10%-Stichprobe innerstädtischer Umzüge von Haushaltsvorständen (nur Inländer) gezogen. Die Stichprobe umfaßte neben der Adresse von Quell- und Zielort den Beruf, die Haushaltsgröße, den Familienstand, das Alter, das Geschlecht und die Religion der Person.

Die beiden Datensätze wurden nur zum Teil benutzt; sie waren jedenfalls nicht für die eigentliche Hypothesenprüfung auf der Mikroebene verwendbar, obwohl beide auf der Individualebene erhoben waren. Die Schwierigkeit der Gruppierung der Personen bei Typ b) schloß jede über distanzielle und gewisse Angrenzungs- und Vertrautheitsphänomene gehende Analyse von vornherein aus.

c) Ebenfalls zur Verfügung standen aufbereitete und noch unaufbereitete Daten des Statistischen Amtes zur Wohnsituation (Belegungsziffer, Neuerrichtungen von Wohnungen usw.), die jedoch sämtlich auf zu generellem Niveau aggregiert waren, meist auf Stadtteilniveau, und daher nur als allgemeine Richtwerte Verwendung finden konnten.

2. Daten aus Befragungen

a) Aus dem Jahre 1975 stand eine Erhebung zu Wohnstandortspräferenzen für 65 Stadtbezirke mit insgesamt 274 Probanden zur Verfügung. Die Ergebnisse dieser Befragung sind im wesentlichen in HÖLLHUBER (1976a) veröffentlicht worden.

b) Ebenfalls aus dem Jahre 1975 stand eine Erhebung zu Wohnstandortspräferenzen für 28 Stadtbereiche zur Verfügung, die 120 Probanden umfaßte. Die Erhebung lief als Vorerhebung zur endgültigen Fragebogenformulierung und wurde nur in bezug auf die Rangskalierung der Stadtbereiche in die Untersuchung inkorporiert.

c) Den Hauptdatensatz der Untersuchung stellt eine Erhebung aus den Jahren 1976 und 1977 dar, die in zwei getrennten Teilerhebungen insgesamt 275 voll verwertbare Fragebögen erbrachte. Der Fragebogen erfaßte die wichtigsten sozio-ökonomischen und demographischen Merkmale der Person, Umzugsmotive, Polarprofile der Zufriedenheit mit Elementen von Wohn- und Wohnumfeldsituation am früheren und jetzigen Wohnstandort sowie eine Rangskalierung der 28 Stadtbereiche von Karlsruhe nach deren subjektivem Wert in bezug auf die Wohnstandortssituation.

d) Nur zu Vergleichszwecken wurde ein Datensatz zu Stadtwanderungen mit dem Ziel Innenstadt resp. Dörfle (Altstadtsanierungsgebiet der Stadt Karlsruhe) herangezogen, der ansonsten getrennt und mit anderen Untersuchungszielen bearbeitet wurde (vergl. dazu HÖLLHUBER 1978 b). Der Datensatz umfaßt 234 Probanden.

Der zur Hypothesenprüfung vorwiegend eingesetzte Datensatz c) entstammt zwei zeitlich verschobenen Erhebungen aus den Jahren 1976 und 1977. Es wurde eine geschichtete Zufallsstichprobe aus dem Melderegister gezogen: Jede zehnte Karte, nur Inländer, nur Haushaltsvorstände, weiterrücken zum nächsten Haushaltsvorstand, falls die zehnte Karte nicht einen Haushaltsvorstand darstellt, dann ab dort wieder jede zehnte Karte. Ein Teil der Fragebögen wurde in persönlichen Interviews z. T. des Autors, z. T. von Studenten im Rahmen eines Projektes erhoben (studentische Befragungen insgesamt 43, entspricht den Nummern 1–43 der Probanden, vergl. Signifikanztest zur Mental Map weiter unten in diesem Hauptteil). Der Rest wurde postalisch verschickt und von den Befragten auf demselben Weg retourniert.

Durch dieses Verfahren ergaben sich Einschränkungen der Übereinstimmung von Stichprobe und Grundgesamtheit der Gewanderten, die eine leicht überproportionale Repräsentierung gehobener sozialer Schichten erkennen lassen. So sind Personen mit Volksschulabschluß als höchstem Bildungsgrad in der Stichprobe deutlich gegenüber der Gesamtzahl der Gewanderten unterrepräsentiert. Die in Abschnitt V. C. gebrachte Darstellung der Verteilung der Personen nach ihrem sozialen Status illustriert diese Einschränkung. Dennoch mußte mit den vorhandenen Daten gearbeitet werden; eine Reduktion der Stichprobe auf das korrekte Relationsbild hätte die Stichprobe empfindlich beeinträchtigt. Da jedoch für statusbezogene Hypothesen, wie sie den Mikroebenenteil des Ansatzes ausschließlich ausmachen, genügend Probanden auch für untere soziale Schichten vorhanden waren, wiegt diese Einschränkung nicht schwer.

Aus der Befragung c) standen die folgenden Daten bereit (vergl. den Fragebogen im Anhang):

1. Haushaltsgröße
2. Altersgliederung des Haushalts
3. Hauptverdiener

4. Nationalität (generell nicht von Bedeutung, da die Stichprobe nur inländische Umzügler umfaßte)
5. Ausbildung
6. Beruf
7. Einkommen
8. Arbeitsplätze der Haushaltsmitglieder
9. Standorte von Freunden und Verwandten in Karlsruhe
10. Zeitpunkt des Zuzugs (Bei der Durchsicht der Meldekartei stellte sich heraus, daß immer wieder Meldebögen früherer Zeiträume zwischen denen des untersuchten Halbjahres lagen. Es handelt sich also um eine Kontrollfrage).
11. Frühere längere Aufenthalte an anderen Karlsruher Wohnadressen
12. Wohncharakteristika vor und nach dem Umzug
13. Umzugsgründe resp. -motive
14. Bewertung von Elementen des Wohnumfeldes vor und nach dem Umzug
15. Art der Information über die neue Wohnung
16. Rangskalierung von 28 Karlsruher Stadtbereichen auf Grund der subjektiven Einschätzung der Wohnstandortssituation. Es konnten alternativ 28 oder 15 Stadtbereiche bewertet werden.
17. Umzugswünsche in Karlsruher Stadtteile mit Angabe der Straße.

Die Probanden waren in Karlsruhe auf die in Abb. 13 dargestellte Art verortet (Standort nach dem Umzug). Für Zwecke der Bestimmung des Polarisierten Aktivitätsfeldes wurde der Bereich Karlsruhe (Stand 1.1.1975, inkl. der Eingemeindungen, bis dato = März 1978 unveränderter Gebietsstand) in 1×1 km-Felder eingeteilt, wobei sich 80 besiedelte Felder ergaben. Einige kleine Häusergruppen in als unbesiedelt ausgewiesenen Feldern wiesen keine Probanden auf und konnten vernachlässigt werden. Quell- und Zielort jeden Umzugs konnten so in ein Gitternetz eingeschrieben werden, wodurch die Erhebung des Umzugstyps wesentlich vereinfacht wurde.

An räumlichen Bezugseinheiten wurden im einzelnen verwendet:
1. Das Gitternetz von 1×1 km-Feldern (vergl. Abb. 13)
2. Die Stadtteile und Stadtbezirke vom 1.1.1970 (vergl. Abb. 44 und Tab. 18)
3. Die Stadtteile und Stadtbezirke vom 1.7.1977, die der Auswertung der Daten für die Jahre 1974 bis 1976 zugrundegelegt wurden (vergl. Abb. 45)
4. Die Stadtbereiche 1–28, eine Einteilung der 65 Stadtbezirke vom 1.1.1976 zum Zwecke der Rangskalierung aufgrund von Wohnstandortspräferenzen (vergl. Abb. 46).

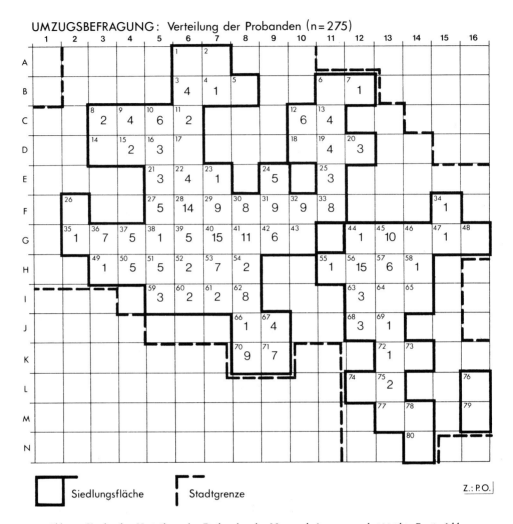

Abb. 13. Karlsruhe: Verteilung der Probanden der Umzugsbefragung nach 1 × 1 km-Rasterfeldern

Die Probanden, deren Verteilung nach 1×1 km-Feldern in Abb. 13 dargestellt ist, verteilen sich auf die Stadtteile vom 1.1.1975, wie in Tabelle 1 aufgelistet.

B. Das räumliche Muster der Umzüge: Einige Grundinformationen

Die Bevölkerungsentwicklung in den Stadtteilen und Stadtbezirken von Karlsruhe hat, wie auch in anderen deutschen Großstädten, einen charakteristischen Verlauf genommen. Während die altverbauten, innenstadtnahen Wohn-

Tabelle 1: Verteilung der Probanden nach Stadtteilen (Stand 1. 1. 1975)

Stadt-teil	Name	Zahl der Probanden	Stadt-teil	Name	Zahl der Probanden
01	Innenstadt Ost	8	14	Weiherfeld/Dammerstock	10
02	Innenstadt West	9	15	Rüppurr	21
03	Südstadt	19	16	Waldstadt	11
04	Südweststadt	19	17	Rintheim	11
05	Weststadt	24	18	Hagsfeld	7
06	Nordweststadt	11	19	Durlach	39
07	Oststadt	23	20	Grötzingen	2
08	Mühlburg	8	21	Stupferich	0
09	Daxlanden	14	22	Hohenwettersbach	1
10	Knielingen	8	23	Wolfartsweier	2
11	Grünwinkel	6	24	Grünwettersbach	2
12	Oberreut	8	25	Palmbach	0
13	Beiertheim/Bulach	7	26	Neureut	5

n = 275

viertel erhebliche Bevölkerungsverluste in Kauf nehmen mußten, verzeichneten randlich gelegene Viertel große Bevölkerungsgewinne. Die sog. Randwanderung in locker verbaute, meist erst nach der Mitte der sechziger Jahre verstädterte Bereiche am Rande der Stadtregion vollzieht sich zu einem Teil noch innerhalb der Grenzen der Stadt. Dies betrifft im besonderen die Stadtteile Durlach mit den Lagen am Schwarzwaldrand und auf der Hochfläche der Nordschwarzwaldabdachung, Wolfartsweier, Palmbach, Stupferich, Grünwettersbach und Hohenwettersbach, die bis zum genannten Zeitpunkt noch durchaus dörflichen Charakter hatten. Daneben kann auch Neureut, das erst 1975 – nicht ganz nach dem Willen der betroffenen Bevölkerung – eingemeindet wurde, zu diesem Typ gezählt werden.

Größere Bevölkerungsverschiebungen haben sich auch in die neueren städtischen Großwohngebiete hinein vollzogen, zuerst in die ab 1959 errichtete Waldstadt, dann nach Oberreut, Rintheim, in die Rheinstrandsiedlung in Daxlanden und nach neuen Großwohnlagen in Durlach und Grötzingen-Nord. Die Wanderungsziele der Bevölkerung sind deutlich nach dem Sozialstatus und dem finanziellen Handlungsspielraum selektiert: Während die einkommensschwächeren Schichten vor allem in die neuen Großwohnsiedlungen ziehen, also im eigentlichen Stadtgebiet bleiben, wandert die einkommensstärkere Schicht über größere Distanzen in die ‚guten' Wohnbereiche am Schwarzwaldrand. Generell läßt sich ein Ost-West-Gradient des Sozialstatus erkennen. Im Westen in der Nähe des Rheins und der Raffinerien in Knielingen dominiert die niedrige Einkommensschicht, im Osten in der Nähe der Erholungsgebiete oder in ihnen, wie in der neu errichteten Bergwaldsiedlung, ist die höhere Einkommensschicht vorherrschend.

Die Bevölkerungsbilanz des Zeitraums 1971-1976 (Tabelle 19) unterstreicht diese allgemeinen Äußerungen. Deutlich sind die Abnahmetendenzen in den Innenstadtbezirken und in den gründerzeitlich mit Reihenhäusern verbauten Bezirken Südstadt, Südweststadt, großen Teilen der Weststadt, der Oststadt und in alten Dorfkernen, wie in Mühlburg, sowie in der ehemals selbständigen Stadt Durlach, wo allerdings durch den Aggregationsmaßstab ganz unterschiedliche Tendenzen in den Bergrandlagen verdeckt werden.

Die Bevölkerungsveränderung zwischen 1965 und 1975, also in dem Zeitraum seit dem Beginn der Randwanderung, zeigt ein kartographisch noch deutlicheres Bild, als es in Abb. 14 dargestellt ist. Der generelle West-Ost-Trend, der

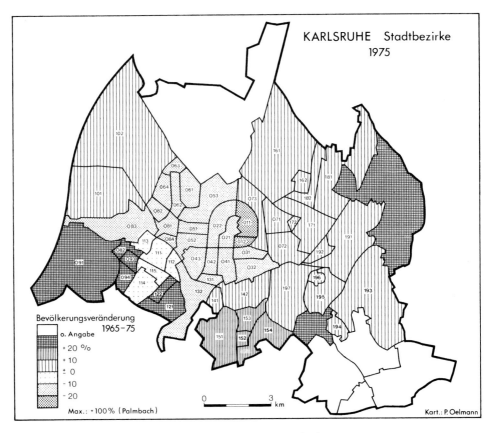

Abb. 14. Bevölkerungsveränderung in Karlsruhe 1965-1975
(Nach: Amt für Einwohnerwesen 1977)

jedoch durch einige Großwohnsiedlungen im Westen überdeckt wird, ist deutlich zu erkennen.

Die Umzugswahrscheinlichkeit hängt sehr wesentlich von den gerade zur Verfügung stehenden neu errichteten Wohnungen ab. Die Baufertigstellungen zeigen, daß zeitliche Zufälligkeiten bei einer Erhebung auftreten, die voll auf der absoluten Zahl neu zu beziehender Wohnungen basieren. Gerade auch aus diesem Grund wurde die Befragung zu zwei unterschiedlichen Zeitpunkten durchgeführt. Die Abb. 15 zeigt die Baufertigstellungen von Wohnungen für das Jahr 1975, also den Zeitpunkt vor der Erhebung.

Nicht nur durch die Baufertigstellungen, sondern auch durch die Verteilung der Wohnungen eines bestimmten Zuschnitts (Wohnsituation) wird das Umzugsverhalten kanalisiert. Wohnungen mit 1 bis 2 Räumen, wie sie für

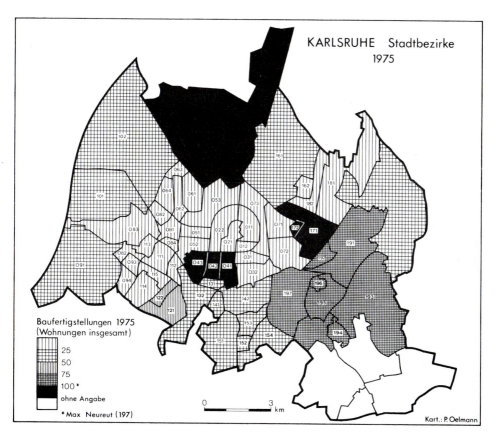

Abb. 15. Baufertigstellungen in Karlsruhe 1975 (Wohnungen insgesamt)
(Nach Daten des Statistischen Amtes der Stadt Karlsruhe)

bestimmte Alters- und Einkommensgruppen sinnvoll oder einzig erschwinglich sind, streuen nicht zufällig über das Stadtgebiet, sondern sind deutlich an Standortscharakteristika, wie Zentrumsnähe, Nähe zu Verkehrseinrichtungen, Industrie, Grün, gebunden.

Die beiden Darstellungen in Abbildung 16 (Wohnungen mit 5 und mehr Räumen in Prozent aller Wohnungen nach Stadtteilen) und Abbildung 17 (Wohnungen mit 1 bis 2 Räumen in Prozent aller Wohnungen nach Stadtteilen) zeigen in lichten Schattierungen die günstigen, in dunklen Schattierungen die ungünstigen Werte für Familien mit Kindern, die eine adäquate, größere Wohnung suchen. Deutlich ist die schlechte Situation in der Südstadt zu erkennen, die besonders geringe Prozentwerte großer Wohnungen aufweist, obwohl sie gleichzeitig die höchsten Zahlen von Personen pro Familie besitzt. Deutlich treten auch die Probleme der Innenstadt-West mit ihrem sehr hohen Prozentsatz kleiner Wohnungen in Erscheinung.

Für unsere Untersuchung von Bedeutung sind die Umzüge nach ausgewählten Stadtbezirken von Halbjahr 1974/1 bis 1976/1, die laut der Kartei des Statistischen Amtes und Meldeamtes der Stadt Karlsruhe für diesen Zeitraum erstellt wurden. Diese Karten (vergl. Abb. 48 bis 68) geben bereits einen überblicksmäßigen Einblick in gewisse Gesetzmäßigkeiten des Umzugsverhaltens. Sie erlauben uns z. B. den Einfluß der Nähe oder Ferne auf das Umzugsverhalten einzuschätzen; wie man etwa aus dem Vergleich der fünf Abbildungen für den Stadtbezirk 032, Südstadt, Südlicher Teil erkennt, läßt sich deutlich ein Distanzgradient feststellen. Der Distanzgradient findet sich jedoch nicht gleichstark in allen Richtungen ausgeprägt. Deutlich ist die Neigung des Gradienten gegen Norden wesentlich flacher als gegen Süden, wo er abrupt gegen Null geht.

Dieses Phänomen läßt sich mit der Vertrautheit des Individuums mit der Struktur einer Raumeinheit erklären, was bedeutet, daß Umzüge in jene Raumeinheiten am wahrscheinlichsten sind, die als gleichartig empfunden werden, in denen also am wenigsten Konflikte auftreten werden. Vertraut ist dem durchschnittlichen Bewohner der Südstadt, die durch einen hohen Gastarbeiteranteil und durch gründerzeitliche Reihenverbauung vom Typ her leicht gekennzeichnet werden kann, der Bereich der Innenstadt und der Südweststadt, die ganz ähnlichen Charakter aufweist wie die Südstadt. Vertraut ist ihm aber auch das nicht im näheren Umkreis gelegene Durlach, dessen Innenstadt ebenfalls ähnliche Züge aufweist wie die Südstadt, vertraut ist Altmühlburg und vertraut ist die Oststadt, für die alle dasselbe zutrifft. Die neuen Großwohnsiedlungen sind jedoch nicht in gleichem Maße vertraut. Die Nennungshäufigkeiten sind jedoch wesentlich stärker gestreut, wie sich dies am Beispiel der Stadtteile 172 und 191 ablesen läßt.

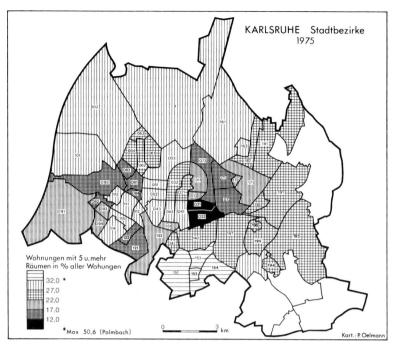

Abb. 16. Karlsruhe: Wohnungen mit 5 und mehr Räumen in Prozent aller Wohnungen 1975 (Nach Daten des Statistischen Amtes und Meldeamtes der Stadt Karlsruhe)

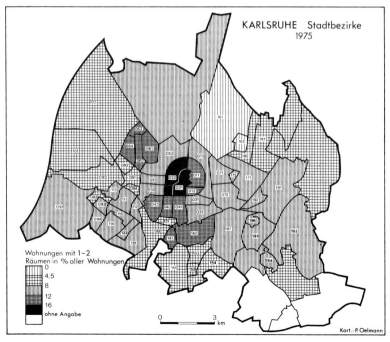

Abb. 17. Karlsruhe: Wohnungen mit 1 bis 2 Räumen in Prozent aller Wohnungen 1975 (Nach Daten des Statistischen Amtes und Meldeamtes der Stadt Karlsruhe)

Sehen wir nun die Wohnstandortsentscheidungen der Personen, die sich für die Südstadt entschieden haben, ganz allgemein, so können wir ihnen folgende gemeinsame Züge zuordnen:

1. Aus nahen Stadtbezirken wurde häufiger in die Südstadt (Südlicher Teil) gewandert als aus entfernteren Stadtbezirken.
2. Aus Bereichen gleicher Siedlungs-, Bau- und Sozialstruktur wurde häufiger in die Südstadt gewandert als aus unterschiedlich strukturierten Bereichen.

Den hohen Grad der Bedeutung von Umzügen im innersten Bereich um den Wohnstandort illustriert Abb. 18, die ebenfalls aus der 10%-Stichprobe heraus die Beziehung zwischen den Umzügen insgesamt und den stadtteilsinternen Umzügen darstellt. Wie man sieht, schwanken die Werte sehr stark; manche Viertel weisen sehr hohe Prozentsätze viertelsinterner Umzüge auf, in anderen haben sie keine Bedeutung. Hier können wir das Konzept der Bekanntheit/Nachbarschaft erkennen: Die hohen Prozentsätze viertelsinterner Umzüge charakterisieren altverbaute Zonen, oft Ortskerne, mit sog. ‚kleinbürgerlicher Struktur', gutnachbarlichen Beziehungen und, wie sich in der Analyse der Mental Maps herausstellte, besonders ausgeprägtem Lokal-(= Stadtteil)patriotismus. Diese Viertel stehen im Gegensatz zu den Bereichen mit hoher Fluktuation, mit hohem Anteil aus dem Viertel herausgerichteter Wanderung, d. h. also zu den Großwohnsiedlungen, den Bereichen mit starker sozialer Mischung, den unpersönlichen Reihenhausgebieten im westlichen Stadtgebiet. Und es ist auffallend, daß sie mit hohem Anteil viertelsinterner Umzüge sämtliche Wohnqualitätsstufen charakterisieren: Treten sie doch sowohl in Altdurlach mit seinem äußerst geringen Wohnwert als auch in der Einzelhauszone der Waldstadt auf, die durch Bewohner von besonders hohem Status geprägt ist.

Der nächste und entscheidende Schritt ist nun die Operationalisierung des Polarisierten Aktivitätsfeldes und die Einordnung der Umzüge der 275 Probanden in die neun Umzugstypen zwischen Kategorien des Polarisierten Aktivitätsfeldes.

C. Die Operationalisierung des Polarisierten Aktivitätsfeldes

Das Polarisierte Aktivitätsfeld besteht aus den Kategorien Innen-Bereich (I), Marginaler Erweiterungsbereich (M) und Außen-Bereich (A) und ist je nach Standort des Individuums unterschiedlich zentriert und polarisiert.

Der Innen-Bereich entspricht dem Deckungsbereich der positiven Werte der Polarpaare vertraut – fremd, bekannt – unbekannt und nah – fern, wie auf Abb. 3 (Abschn. II.C.2.) schematisch dargestellt wurde.

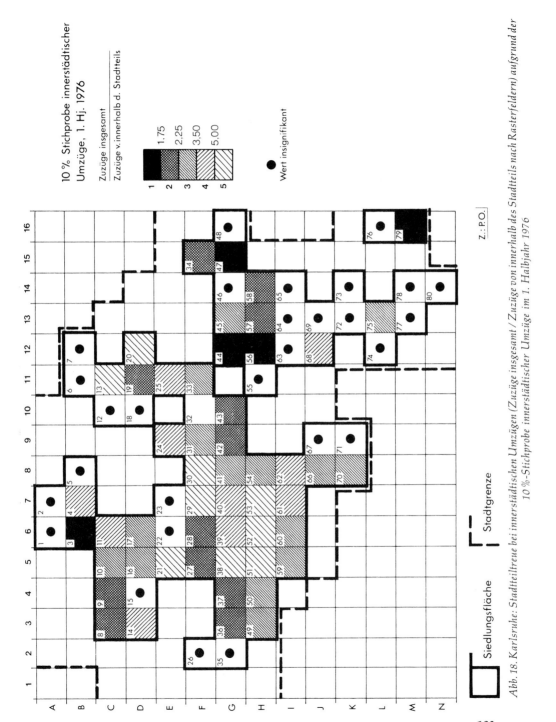

Abb. 18. Karlsruhe: Stadtteiltreue bei innerstädtischen Umzügen (Zuzüge insgesamt / Zuzüge von innerhalb des Stadtteils nach Rasterfeldern) aufgrund der 10%-Stichprobe innerstädtischer Umzüge im 1. Halbjahr 1976

Der Marginale Erweiterungsbereich ist definiert als der Deckungsbereich des positiven Wertes des Polarpaares vertraut – fremd mit mittleren und negativen Werten des Polarpaares bekannt – unbekannt bzw. nah – fern. Die Wahrscheinlichkeit der Zuordnung eines Standortes zu M ist umso geringer, je negativer der Wert dieser beiden Polarpaare ist.

Der Außen-Bereich entspricht demjenigen Bereich des Polarisierten Aktivitätsfeldes, der durch I und M nicht abgedeckt ist.

1. Das Polarpaar vertraut – fremd (Familiarität)

Vertrautheit ist eine Funktion der sozialen Nähe. Sie kann gemessen werden als der Prozentsatz von Personen des sozialen Status des Probanden in einer Raumeinheit und wird umso größer sein, je höher dieser Prozentsatz ist. Bringt man andererseits sowohl die Person als auch die Raumeinheit auf einen gemeinsamen Statusmaßstab, dann sollte die höchste Vertrautheit sich dort ergeben, wo Status der Person und Status der Raumeinheit übereinstimmen. Raumeinheiten höheren wie niedrigeren Status werden dann mit zunehmendem Rangunterschied abnehmende Vertrautheit aufweisen.

In einer Skalierung, die unten dargestellt wird, wurden die 275 Personen sowie die Wohnstandorte der Stadt auf eine Rangskala gebracht, die jeweils 13 Ränge aufweist. Es wurde angenommen, daß beispielsweise ein Individuum des Ranges 4 den höchsten Vertrautheitsgrad an Wohnstandorten der Ränge 3–5 (also Status der Person +/– Rangstelle) empfinden würde und höhere wie niedrigere Ränge von Wohnstandorten niedrigeren Vertrautheitsgrad aufweisen würden.

Dieser höchste Vertrautheitsgrad würde dabei den Innen-Bereich charakterisieren. Eine Spanne von weiteren drei Rangstellen, also die Ränge 1 und 2, würden dann den Marginalen Erweiterungsbereich charakterisieren, Ränge unterhalb der Rangstelle 6 würden als Außenbereich charakterisiert werden, selbstverständlich unter Berücksichtigung der beiden anderen Polarpaare.

2. Das Polarpaar bekannt – unbekannt (Nachbarschaft)

Bekanntheit ist eine Funktion früherer und jetziger Aktivitätsfelder, deckt sich also bei immobilen Personen mit dem Bereich der größten Vertrautheit und Nähe. Bei mobilen Personen kann jener Bereich als bekannt angenommen werden, den die Person selbst als Standort von Bekannten, Freunden und Verwandten angibt bzw. als früheren Wohnort in der Stadt. Diesbezügliche Fragen sind Bestandteil des vorgelegten Fragebogens (vergl. Anhang). Ebenfalls als bekannt kann jene Raumeinheit vorausgesetzt werden, die den Arbeitsplatz des Individuums enthält. Dieses Polarpaar wurde nur als bekannt – unbekannt operationalisiert; als bekannt wurden alle Raumeinheiten angenommen, die das Individuum im Fragebogen unter den drei erwähnten Fragen genannt hatte, als unbekannt wurden alle anderen angenommen. Die vom Individuum genannten Wohnstandorte bzw. jeweiligen Raumeinheiten wurden ebenfalls als bekannt angenommen (was bei manchen Individuen nicht zutreffen mag).

3. Das Polarpaar nah – fern (subjektive Distanz)

Nähe und Ferne wurden für die Zwecke der Operationalisierung des Polarisierten Aktivitätsfeldes nur auf dem Niveau absoluter Distanzen erhoben, da ein zuverlässiger Umrechnungsschlüssel zwischen subjektiven Distanzen und objektiven Distanzen nicht existiert, nicht existieren kann, subjektive Distanzen aber nicht generell erhoben worden waren. Nähe und Ferne wurden als Entfernungsbereich vom neuen Wohnstandort ermittelt, wobei vier Entfernungsbereiche unterschieden wurden, die aus Abb. 19 zu entnehmen sind. Der innerste Entfernungsbereich umfaßt dort eine Fläche von 9 km^2, was sehr groß erscheinen muß. Aus diesem Grund wurde eine weitere Abgrenzung getestet, die einem Kreissystem mit den Durchmessern 1,5 km und 3,0 km entsprach, die aber im nächsten Schritt, bei der Zuordnung von Umzügen zu Umzugstypen im Polarisierten Aktivitätsfeld, keine Unterschiede ergab. Offensichtlich hat dieses Polarpaar nur eine ergänzende Wirkung, war doch bei der Zuordnung nur in den wenigsten Fällen einmal die räumliche Nähe für die Entscheidung ausschlaggebend – innerstädtische Umzugskosten variieren praktisch nicht mit der Distanz –, in fast allen Fällen Vertrautheit und Bekanntheit.

4. Die Festlegung der Kategorien des Polarisierten Aktivitätsfeldes

Die Festlegung der Kategorien des Polarisierten Aktivitätsfeldes erfolgt im Rahmen der Zuordnung der Probanden zu Umzugstypen, jedoch kann die Vorgehensweise auch hier dargestellt werden.

Zunächst wurde das Polarpaar vertraut – fremd herangezogen. Personen, deren Wohnstandort in einer Raumeinheit lag, die vom Status mehr als 3 Ränge höher oder 2 Ränge tiefer lag, als ihrem eigenen Status entsprach, wurden als im Außenbereich wohnend klassifiziert, eine weitere Überprüfung war nicht notwendig. Personen, die in einer Raumeinheit wohnten, deren Status marginal über dem eigenen Status lag, wurden als im Marginalen Erweiterungsbereich wohnend klassifiziert. Diese Zuordnung konnte jedoch nur im Rahmen der Umzugsanalyse verifiziert werden, wenn festgelegt wurde, ob die Person bei

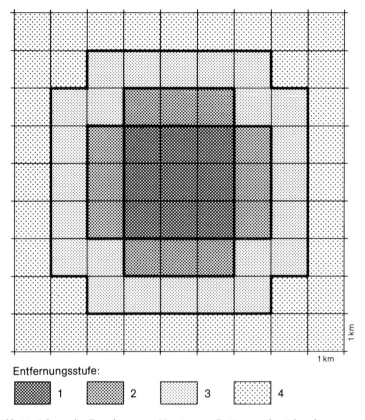

Abb. 19. Schema der Zuordnung von Umzügen zu Entfernungsbereichen, bezogen auf das zentrale Rasterfeld

ihrem Umzug eine Raumeinheit marginal höheren Status im Bereich der Bekanntheit und Nähe erreicht hatte oder ob sie in einen ihr unbekannten und fernen Standort übergesiedelt war. War das erste der Fall, dann wurde der Umzug als im Innen-Bereich klassifiziert, war das zweite der Fall, dann wurde der Umzug als Umzug vom Innen-Bereich in den Marginalen Erweiterungsbereich klassifiziert.

Zuvor mußte jedoch der Status der Raumeinheiten und der Status der Personen festgelegt werden.

5. *Status der Raumeinheit*

Die Rangfestlegung der Raumeinheiten wurde mittels einer Faktorenanalyse durchgeführt, in die folgende Variable für die 65 Stadtbezirke (1. 1. 1970) eingingen:

Var. 1: Studierende an Hochschulen in % der Wohnbevölkerung
Var. 2: Personen mit Volksschulausbildung als höchstem Schulabschluß in % der Wohnbevölkerung
Var. 3: Selbständige in % der Erwerbspersonen
Var. 4: Arbeiter in % der Erwerbspersonen
Var. 5: Angestellte und Beamte in % der Erwerbspersonen
Var. 6: Miete in DM je qm.

Die rotierte orthogonale Faktorenmatrix mit 2 Faktoren ergab die folgenden Werte:

	Faktor 1	Faktor 2		Faktor 1	Faktor 2
Var. 1	−.4821	−.4081	Var. 4	.8503	.5134
Var. 2	.7033	.5137	Var. 5	−.9867	−.1663
Var. 3	−.2055	−.8683	Var. 6	−.5584	−.1836

Der erste Faktor, der aufgrund seiner hohen Bindung an ein polares Sozialmodell von Angestellten und Beamten auf der einen Seite zu Arbeitern und Volksschulabschluß auf der anderen Seite als Statusfaktor bezeichnet wurde, stellte die Grundlage für die Skalierung des sozialen Ranges dar. Diese wurde mittels der Faktorenwerte für die 65 Stadtbezirke vorgenommen und so gruppiert, daß 13 Ränge entstanden, die den 13 für die Personen definierten Rängen in der Zahl der je Rang vertretenen Fälle entsprechen sollten. Zu diesem Zweck wurden die 1×1-Felder herangezogen und die folgende Liste erstellt (Tab. 2).

Tabelle 2: Die Rangplätze der 1×1-Felder (Planquadrate)

Feld	Rang	Feld	Rang	Feld	Rang	Feld	Rang
B 5	10	D 12	5	G 5	11	H 13	5
B 6	10	E 5	9	G 6	8	H 14	5
B 7	10	E 6	1	G 7	8	I 5	11
B 12	5	E 7	1	G 8	8	I 6	8
C 3	9	E 9	2	G 9	11	I 7	2
C 4	9	E 11	3	G 12	10	I 8	1
C 5	6	F 5	5	G 13	10	I 12	8
C 6	4	F 6	8	G 15	10	J 8	2
C 10	3	F 9	6	H 3	13	J 9	2
C 11	3	F 10	7	H 4	8	J 12	10
D 4	9	F 11	9	H 5	11	J 13	1
D 5	7	F 15	10	H 6	8	K 8	9
D 6	5	G 2	10	H 7	4	K 9	2
D 7	10	G 3	10	H 8	6	K 13	10
D 11	5	G 4	10	H 11	8	L 13	7
				H 12	8		

Die Verteilung der Planquadrate nach Rängen war dann, wie in Tabelle 3 dargestellt.

Tabelle 3: Verteilung der Planquadrate nach Rängen

Rang	Zahl von Planquadraten	Rang	Zahl von Planquadraten
1	4	8	10
2	5	9	5
3	3	10	12
4	2	11	4
5	8	12	0
6	4	13	1
7	4		

Die aufgrund der Skalierung vorgenommene Gruppenzuweisung der Stadtbezirke ist in Abbildung 20 dargestellt.

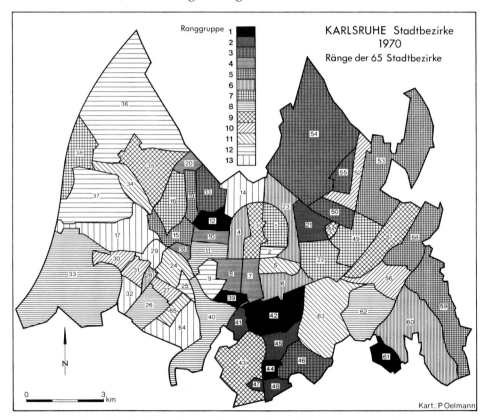

Abb. 20. Karlsruhe: Faktorenanalyse ‚Rangskala', Faktorenwerte von Faktor 1
Jede Gruppe umfaßt fünf Stadtbezirke. 1 bezeichnet die höchste Position (höchste positive Faktorenwerte), 13 bezeichnet die niedrigste Position (höchste negative Faktorenwerte).

6. Status der Person

Es ist anzunehmen, daß die Probanden unterschiedliche Anspruchsniveaus besitzen, die von ihrem sozialen Rang abhängen; dementsprechend hängt die Bestimmung des Ausmaßes der Marginalen Differenz von der Bestimmung des Sozialstatus ab. Eine Rangskalierung von Probanden ist schwer genug und oft versucht worden, man vergleiche die reichhaltige Literatur bei BOLTE et al. 1975 oder TUMIN 1968. Hier geht es uns jedoch nur um die Abschätzung einer allgemeinen Rangordnung, also einer Skalierung in bezug auf die Möglichkeiten der Person, ihren sozio-ökonomischen Spielraum. Wir sagen, daß der Spielraum umso größer wird, je höher die Ausbildung der Person ist, je höher ihr erreichter Berufsstatus ist und je höher ihr Einkommen ist.

Problematisch ist, daß auch in einer sehr vereinfachten Skalierung Ausbildung und Einkommen nicht gleich gewichtet werden können. Daher wurde von mir ad hoc und mangels geltender Übereinkünfte festgelegt: Innerhalb einer Gruppe gibt es mehrere mögliche Varianten von Ausbildung, Beruf und Einkommen; Bildung wiegt höher als Beruf, Beruf wiegt höher als Einkommen. Diese Festlegung gilt selbstverständlich nur für die vorliegende Grundgesamtheit.

Die Permutationen von fünf Klassen zu drei Variablen wurden zu 13 Stufen bzw. Rängen zusammengefaßt. Klassen stellen den Einfluß dar, den die Person in bezug auf eine bestimmte Variable hat. 1 bedeutet bei der Variable Ausbildung z. B. Volksschule ohne Lehre, 5 bedeutet Hochschulabschluß. Die 13 Klassen, die dann auch für die (vorher dargestellte) Skalierung der Raumeinheiten übernommen wurden, entsprechen der Zahl von Stufen, die entstehen, wenn man innerhalb einer Stufe nur jeweils Merkmale maximal zweier angrenzender Klassen akzeptiert, also gewissermaßen „reine" Typen aufstellt, und alle anderen Gruppierungen, die höhere Differenzen aufweisen, diesem entstandenen Schema zuordnet. Das Schema, das in Abb. 21 wiedergegeben ist, diente dann zur Zuordnung der Probanden aufgrund der Angaben aus den Fragebögen. Die Verteilung nach Rängen, die in Abb. 22 dargestellt wurde, zeigt gewisse Einschnitte, die Schichtgrenzen zu verdeutlichen scheinen. Hier sind einige Beispiele für Variablenzusammensetzungen in diesen Schichten:

1. Rang 2, Obere Mittelschicht, typische Zusammensetzung Hochschulabschluß, freiberufliche Tätigkeit, DM 2000,- bis DM 2500,- monatlich
   oder
   Abitur, Selbständiger, über DM 2500,- monatlich

2. Rang 6, Mittlere Mittelschicht, typische Zusammensetzung Mittelschule mit Lehre, Angestellte, DM 2000,- bis 2500,- monatlich
   oder
   Mittelschule/Fachschule, Beamter, DM 1500,- bis 2000,- monatlich

Rang	Permutationen der drei Variablen über fünf Klassen
1	5 5 5 /
2	5 5 4 /
3	5 4 4 / 5 5 3 /
4	4 4 4 / 5 4 3 / 5 5 2 /
5	4 4 3 / 5 3 3 / 5 4 2 / 5 5 ① /
6	4 3 3 / 4 4 2 / 5 3 2 / 5 4 ① / ① 5 5 /
7	3 3 3 / 4 3 2 / 4 4 ① / 5 3 ① / ① 4 5 /
8	3 3 2 / 4 2 2 / 4 3 ① / 5 2 ① / ① 3 5 / ① 4 4 /
9	3 2 2 / 3 3 1 / 4 2 ① / 5 1 1 / ① 2 5 / ① 3 4 /
10	2 2 2 / 3 2 1 / 4 1 1 /
11	2 2 1 / 3 1 1 /
12	2 1 1 /
13	1 1 1 /

Abb. 21. Schema der Rangfestlegung für die Personen

1–5: Klassen für drei Variable (Ausbildung, Beruf und Einkommen). Die Reihenfolge ist austauschbar bis auf jene Kombinationen, die durch einen Ring gekennzeichnet sind. Bei gekennzeichneten Kombinationen bedeutet eine linke Stellung des Ringes, daß es sich bei der 1 um einen niedrigen Wert für die Ausbildung handelt, eine rechte Kennzeichnung, daß es sich um einen niedrigen Wert für Beruf oder Einkommen handelt.

3. Rang 9, Untere Mittelschicht, typische Zusammensetzung Volksschule, Angestellter, DM 1500,– bis DM 2000,– monatlich
oder
Volksschule, Facharbeiter, DM 1500,– bis DM 2000,– monatlich

4. Rang 14, Unterste Mittelschicht/Unterschicht, typische Zusammensetzung Volksschule, Rentner, unter DM 1000,– monatlich.

Für die weitere Bearbeitung wurde in vielen Fällen auf ein vereinfachtes Schema zurückgegriffen, wie es in Tabelle 4 dargestellt ist.

Tabelle 4: Ränge und Ranggruppen der Probanden

Rang	1	2	3	4	5	6	7	8	9	10	11	12	13
Ranggruppe	A	A	B	B	C	D	D	E	F	G	H	H	H
Zahl der Probanden	5	32	12	16	25	32	17	37	38	35	8	6	12

A: 37, B: 28, C: 25, D: 49, E: 37, F: 38, G: 35, H: 26
(Summe = 275 Probanden)

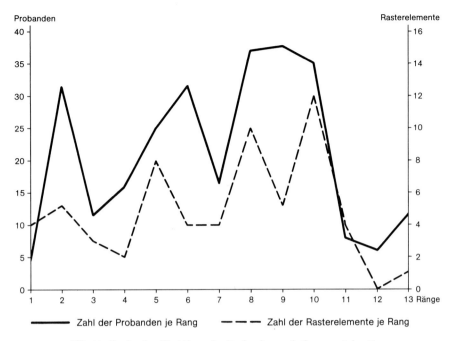

Abb. 22. Karlsruhe: Verteilung der Probanden nach ihrem sozialen Rang

Aufgrund der Rangzuweisungen von Raumeinheiten (Stadtbezirke und Planquadrate) und Personen konnte eine Bestimmung der Umzugstypen vorgenommen werden.

D. Die Bestimmung der Umzugstypen

Für die Bestimmung der Umzugstypen im Polarisierten Aktivitätsfeld standen die folgenden Informationen zur Verfügung:

1. Rang der Person,
2. Rang des Wohnstandortes vor dem Umzug,
3. Rang des Wohnstandortes nach dem Umzug,
4. Rangdifferenz der Wohnstandorte,
5. Rangdifferenz zwischen Person und Wohnstandort,
6. Stadtbezirke, in denen die Person Bekannte, Freunde und Verwandte hat,
7. Arbeitsplatz der Person (Stadtbezirk),
8. Stadtbezirke, in denen die Person länger als drei Jahre gewohnt hat,
9. Entfernung zwischen altem und neuem Wohnstandort aufgrund der vier Entfernungskategorien.

Um den Umzugstyp zu bestimmen, wurde, wie schon erwähnt, zunächst der Vertrautheitsbereich der Person bestimmt und festgelegt, ob sich die Person an einem der beiden Standorte im Vertrautheitsbereich befand oder nicht (Übereinstimmung von Status der Person und Status der Raumeinheit, gemessen als Rangdifferenz). Es wurde festgelegt und entsprechend zugeordnet:

Typ 1 (I → I): Umzug mit geringer bis positiv marginaler Rangdifferenz in eine Raumeinheit, die auch als bekannt angegeben war und im innersten oder zweiten Entfernungsbereich lag.

Typ 2 (I → M): Umzug mit positiv marginaler Rangdifferenz in eine nicht als bekannt angegebene Raumeinheit unterschiedlicher Entfernung. Für Typ 1 wie 2 durfte nur eine marginale Differenz zwischen Rang der Person und Rang der Raumeinheit bestehen.

Typ 3 (I → A): Umzug in eine durch hohe Rangdifferenz (höher als 3 Rangstufen) gekennzeichnete Raumeinheit aus einer der Person vom Rang adäquaten Raumeinheit heraus, unabhängig davon, ob die Zielraumeinheit nahe oder fern, bekannt oder unbekannt war. (In drei Fällen wurde dennoch I → M klassifiziert, da alle Kriterien für Bekanntheit, räumliche Nähe und nur eine geringe Überschreitung der marginalen Differenz vorlagen).

Typ 4 (M → I): Umzug aus einer rangmäßig durch eine positive marginale Differenz zum Rang der Person gekennzeichnete Raumeinheit in eine der Person entsprechende, als bekannt angegebene Raumeinheit (War die Raumeinheit nicht als bekannt angegeben worden, wurde M → M konstatiert).

Typ 5 (M → M): Umzug zwischen zwei rangmäßig den Status der Person marginal überschreitenden Raumeinheiten, deren Zielraumeinheit von der Person nicht als bekannt angegeben worden war.

Typ 6 (M → A): Umzug aus einer marginal den Status der Person überschreitenden Raumeinheit, die (was auch für Typ 4 und 5 zutrifft), nicht als bekannt angegeben worden war, in eine diesen Status wesentlich überschreitende (bekannte oder unbekannte, nahe oder ferne) Raumeinheit.

Typ 7 (A → I): Umzug aus einer den Status der Person wesentlich überschreitenden Raumeinheit in eine ihrem Status entsprechende, als bekannt angegebene (u. U. auch unbekannte), nahe oder ferne Raumeinheit.

Typ 8 (A → M): Umzug aus einer den Status der Person wesentlich überschreitenden (oder, wie auch in Typ 7 und 9, wesentlich unterschreitenden) Raumeinheit in eine dem Status der Person entsprechende oder ihn marginal übersteigende, unbekannte, nahe oder ferne Raumeinheit.

Typ 9 (A → A): Umzug aus einer den Status der Person wesentlich überschreitenden Raumeinheit in eine dem Status der Person entsprechende oder ihn marginal überschreitende, bekannte, nahe oder ferne Raumeinheit.

Diese Zusammenstellungen können nur Hinweise auf die Prozedur sein, die nicht ganz unproblematisch war. Einige Beispiele sollen letztere verdeutlichen.

1. Person A, Rang 2, verschlechterte durch Umzug den Rang der Raumeinheit von 1 auf 7, die Entfernung ist gering, die Bekannten bleiben weiter am alten Wohnstandort, am neuen Wohnstandort werden weder Bekannte noch frühere Wohnung, noch Arbeitsplatz angegeben. Es wird ein Umzugsfall vom Typ 3 (I → A) klassifiziert.

2. Person B, Rang 10, Wohnstandortsveränderung von Rang 4 auf Rang 8, Bekannte beibehalten, keine Bekanntheit des neuen Wohnstandortes. Es wurde A → M klassifiziert (A → I wäre klassifiziert worden, hätte B den neuen Wohnstandort als bekannt definiert).

3. Person C, Rang 5, Wohnstandortsveränderung von Rang 7 auf Rang 8, Bekannte beibehalten, keine Bekanntheit des neuen Wohnstandortes, die Entfernung entspricht der fernsten Stufe. Es wurde I → A klassifiziert.

Die Umzugstypisierung erbrachte die folgenden Häufigkeiten (vergl. Tabelle 5 und – in Matrixform – Tabelle 6):

Tabelle 5: Umzugstypen, Zahl der Fälle je Umzugstyp

Umzugstyp	Zahl der Fälle
Typ 1 (I → I):	116
Typ 2 (I → M):	67
Typ 3 (I → A):	16
Typ 4 (M → I):	23
Typ 5 (M → M):	9
Typ 6 (M → A):	11
Typ 7 (A → I):	15
Typ 8 (A → M):	9
Typ 9 (A → A):	9

n = 275

Tabelle 6: Matrix der Umzugstypen und Zahl der Fälle (absolut und relativ)

	I	M	A	
I	116 (42,18%)	67 (24,36%)	16 (5,83%)	199 72,37%
M	23 (8,36%)	9 (3,27%)	11 (4,00%)	43 15,63%
A	15 (5,46%)	9 (3,27%)	9 (3,27%)	33 12,00%
	154 56,00%	85 31,00%	36 13,00%	275 100,00%

E. Hypothesen auf der Makro-Ebene

1. Hypothese 1

Diese Hypothese besagt, daß Umzüge zwischen Standorten im Polarisierten Aktivitätsfeld umso wahrscheinlicher sind, je vertrauter, bekannter und näher diese Standorte dem Individuum sind. Das heißt, daß z. B. Umzüge innerhalb des Innenbereichs mit wesentlich höherer Wahrscheinlichkeit zu erwarten sind als Umzüge vom Innenbereich in den Außenbereich.

Die Wahrscheinlichkeitsmatrix von Wohnstandortsveränderungen im Polarisierten Aktivitätsfeld (vergl. Abb. 9) wurde mit den tatsächlich beobachteten Werten verglichen. Traf eine Häufigkeitsrelation zu, entsprach also die beobachtete Beziehung der erwarteten Beziehung, dann wurde der Wert 1 kodiert. 1 entspricht also der Deckung von Erwartung und Beobachtung. Ein Beispiel: Typ 1 → Typ 4 ist die erwartete Relation. Beobachtet wurden 116 Fälle für Typ 1, 23 Fälle für Typ 2, folglich wurde 1 kodiert, da die beiden Relationen einander entsprechen. Traf dies nicht zu, dann wurde in einer ersten Variante der Wert 0 kodiert. 0 entspricht also der fehlenden Deckung von Erwartung und Beobachtung. In einer zweiten Variante wurde nur dann 0 kodiert, wenn sich die Relation zwischen erwarteten und beobachteten Werten tatsächlich umgedreht hatte, in allen anderen Fällen wurde 1 kodiert.

Die unten aufgelisteten Beziehungen zwischen erwarteten und beobachteten Werten wurden festgestellt, A entspricht der erwarteten Relation, B der beobachteten Relation nach Variante 1 und C der beobachteten Relation nach Variante 2 der Kodierung.

	A	B	C		A	B	C
Typ 1 > Typ 2	1	1	1	Typ 1 > Typ 4	1	1	1
Typ 2 > Typ 3	1	1	1	Typ 4 > Typ 7	1	1	1
Typ 4 > Typ 5	1	1	1	Typ 2 > Typ 5	1	1	1
Typ 5 > Typ 6	1	0	0	Typ 5 > Typ 8	1	0	1
Typ 7 > Typ 8	1	1	1	Typ 3 > Typ 6	1	1	1
Typ 8 > Typ 9	1	0	1	Typ 6 > Typ 9	1	1	1

Im ersten Fall entsprechen einander also 75% der Beobachtungen (75,00%), im zweiten Fall 92% (91,68%). Eine Übereinstimmung dieser Höhe ergibt bei der Überprüfung mit dem Phi-, resp. Prod.-Mom-Koeffizienten bei 12 Freiheitsgraden signifikante Übereinstimmung für den 75,00%-Wert auf dem 99,0%-Niveau, für den 91,68%-Wert auf dem 99,9%-Niveau. *Damit kann die Hypothese als angenommen gelten, daß Umzüge im Polarisierten Aktivitätsfeld aufgrund von Vertrautheit, Bekanntheit und Nähe im Sinne einer tendenziellen Optimierung des Standortes in bezug auf diese Polarpaare verlaufen.*

2. Hypothese 2

Diese Hypothese (vergl. Abschn. IV.B.5.) besagt, daß Umzüge zwischen Standorten im Polarisierten Aktivitätsfeld mit umso größerer Häufigkeit stattfinden, je eher sich eine marginale Differenz von Ausgangs- und Zielsituation für das Individuum ergibt.

Da wir die Ränge der Individuen und die Ränge der Standorte besitzen, können wir nachprüfen, wie sich die Häufigkeit von Rangveränderungen verteilt. Wir nehmen dabei an, daß die Häufigkeit kleinster und größter Rangdifferenzen zueinander in einem umgekehrt proportionalen Verhältnis steht.

Die Verteilung der Rangveränderungen des Wohnstandortes durch Umzüge ist in Abbildung 23 dargestellt. Wie man deutlich erkennt, nimmt die Häufigkeit von Umzügen mit wachsender Rangdistanz stetig ab, jedoch ergibt sich ein Knick zwischen den Werten +2 und −2, der mit einer überproportionalen Häufigkeit von Umzügen zwischen +1 und −1 verbunden ist. Offensichtlich haben wir hier eine (noch recht globale) Bestätigung unserer Grundannahme.

Vergleicht man die beiden Äste der Verteilung, den positiven und den negativen Ast (Abb. 24), so erkennt man, daß der positive Ast in allen Rangdifferenzgruppen überwiegt, oder, wie bei Fall +/− 6, zumindest einen gleichhohen Wert annimmt. Die Differenz ist nicht hoch, hebt aber gerade den Wert +/− 3 hervor, der die höchste marginale Situationsverbesserung zu bringen

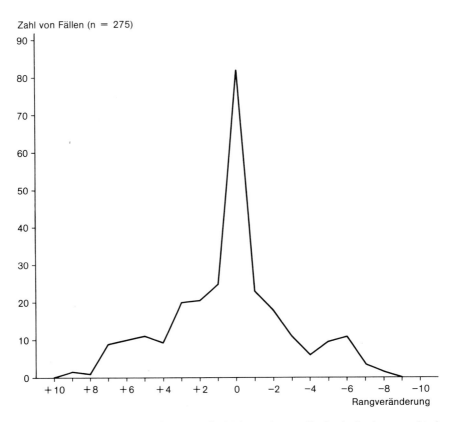

Abb. 23. Veränderungen des sozialen Ranges des Wohnstandortes in Karlsruhe durch innerstädtische Umzüge: Verteilung der Häufigkeiten (Stichprobe n = 275)

scheint (Er wurde bei der Abgrenzung des Marginalen Erweiterungsbereiches als Grenzwert eingesetzt).

Stellt man nun die Gruppen nach Veränderungen im Polarisierten Aktivitätsfeld zusammen, wie dies in Abbildung 25 dargestellt ist, so wird die Hypothese deutlich bestätigt: Auf dem negativen Ast, also unter -1, finden sich 22 % aller Fälle, auf dem positiven Ast, oberhalb des Marginalen Erweiterungsbereiches (nach einer seiner Bedingungen), finden sich 16 % aller Fälle; im Bereich, der Innenwanderungen und Wanderungen in den Marginalen Erweiterungsbereich umfaßt, also zwischen -1 und $+3$, finden sich 62 % aller Fälle. In Zahlen sind das 43 absteigende Fälle, 61 aufsteigende Fälle und 171 Fälle mit marginaler Differenz.

Dieses zunächst überzeugend wirkende Resultat ist jedoch fast nicht auf seine Signifikanz zu überprüfen, zumal man bedenken muß, daß durch die

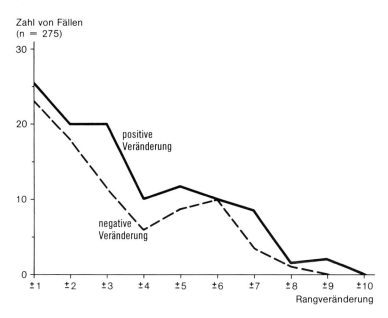

Abb. 24. Verteilung der Rangveränderungen des Wohnstandorts in Karlsruhe durch innerstädtische Umzüge: Vergleich positiver und negativer Veränderungen (n = 275)

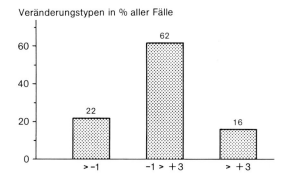

Abb. 25. Verteilung der Rangveränderungen des Wohnstandorts in Karlsruhe durch innerstädtische Umzüge: Veränderungstypen in Prozent aller Fälle (n = 275)

begrenzte Zahl von Rängen in den mittleren Rängen zwangsläufig höhere Häufigkeiten erreicht werden als in den peripheren Rängen. Eine Stufe darüber, auf der Meso-Ebene der Hypothesen, sollte dieser Effekt keine Rolle mehr spielen.

F. Hypothesen auf der Meso-Ebene

Die speziellen Hypothesen der Meso-Ebene zum Zusammenhang von marginaler Differenz, Kontakterhaltungsbedürfnis, Konfliktvermeidungsbedürfnis und Bedürfnis nach Aufwandsminimierung wurden auf zwei unterschiedliche Arten überprüft.

Zunächst wurde versucht, die Ergebnisse der im Fragebogen enthaltenen Fragen zum Kontaktbedürfnis direkt auf die Umzugstypen zu beziehen (vergl. den Fragebogen im Anhang, Fragenkomplexe 2.4 und 2.5), bzw. aus den Umzugsgründen einen Konfliktvermeidungsindex aufzubauen. Wie sich jedoch herausstellte, waren die Probandenzahlen für die zu untersuchenden Antwortkategorien zu niedrig, da die Anzahl von unbesetzten Feldern die Signifikanzschätzung empfindlich beeinträchtigte. Die Kreuztabellierung zwischen den Umzugstypen und der Häufigkeit der Nennung des Motivs ‚Wohnung gesucht, die näher bei Verwandten und Freunden liegt' ergab das in Tabelle 7 wiedergegebene Bild. Offensichtlich mußte, obwohl die Relation der Daten aufgrund der Hypothesen zumindest für die Typen 1, 2 und 3 stimmte, wegen des geringen Signifikanzniveaus auf diese Überprüfung verzichtet werden. Dasselbe galt für die meisten anderen Überprüfungen: Das Motiv ‚Schönere Wohnlage gesucht', das immerhin von 67 Personen (von 275) genannt worden war, erbrachte nur ein Signifikanzniveau von 64,50 % (Chi-Quadrat = 6,92425, 9 Freiheitsgrade), die anderen Kennwerte zur Überprüfung der Signifikanz (Kendall's Tau = –.03879, Signifikanz = .2378, Gamma = –.08269) waren ähnlich enttäuschend.

Tabelle 7: Kreuztabellierung zwischen Nennung des Motivs ‚Nähe zu Verwandten und Freunden' und Umzugstypen

Umzugstyp	1	2	3	4	5	6	7	9	0
Motiv genannt (n = 15)	8 53. 7. 3.	4 27. 6. 1.	0 0 0 0	0 0 0 0	0 0 0 0	1 7. 9 0.	1 7. 6. 0.	0 0 0 0	1 7. 11. 0.
Motiv nicht genannt (n = 260)	108 41. 93. 39.	63 24. 94. 23.	16 6. 94. 5.	21 8. 100. 7.	9 3. 100. 3.	10 4. 91. 4.	16 6. 94. 6.	9 3. 100. 3.	8 3. 89. 3.
Σ n = 275	116	67	16	21	9	11	17	9	9

1. Wert: Zahl der Nennungen   3. Wert: Spaltenprozentwerte
2. Wert: Zeilenprozentwerte   4. Wert: Gesamtprozentwerte

Chi-Quadrat = 20.79308, 9 Freiheitsgrade, Signifikanz .29,
Kendall's Tau B = .03781, Signifikanz .2430, Gamma = .13688

Die Verteilung der Nennungen für die einzelnen Umzugsgründe findet sich unten in Tabelle 8. Die eingehende Betrachtung zeigt zwar gewisse interessante Unterschiede zwischen den Umzugsgruppen, die allgemeine Aussagekräftigkeit ist jedoch niedrig.

Tabelle 8: Verteilung der Nennungen von Umzugsmotiven in Prozent nach den neuen Umzugstypen

Motive	Umzugstypen								
	1	2	3	4	5	6	7	8	9
1 Wohnung zu klein, Familie vergrößert	25.9	29.9	31.3	38.1	44.4	27.3	17.6	33.3	44.4
2 Schönere Wohnlage gesucht	20.7	26.9	31.3	33.3	33.3	36.4	23.5	22.2	–
3 Arbeitsplatznähe	13.8	16.4	18.8	9.5	11.1	18.2	23.5	–	–
4 Kinderschulweg	5.2	4.5	6.3	4.8	–	9.1	–	11.1	–
5 Einkommen erhöht, bessere Wohnung gesucht	11.2	4.5	12.5	4.8	–	9.1	5.9	–	11.1
6 Erbschaft	2.6	3.0	6.3	–	–	–	–	–	–
7 Alte Wohnung zu laut	12.9	16.4	12.5	19.0	22.2	9.1	23.5	22.2	–
8 Einkaufsmöglichkeiten	6.0	3.0	18.8	4.8	–	–	5.9	–	–
9 Zu große Wohnung nach Wegzug/Todesfall	6.9	–	6.3	4.8	–	–	11.8	–	–
10 Bekannte, Freunde	6.9	6.0	–	–	–	9.1	5.9	–	11.1
11 Besseres Viertel gesucht	9.5	11.9	6.3	9.5	11.1	–	5.9	–	11.1
12 sonstige Gründe	15.5	13.4	12.5	19.0	22.2	–	17.6	22.2	44.4
n = 275	116	67	16	21	9	11	17	9	9

Zum Vergleich seien die Nennungsverteilungen von Umzugsmotiven bei der Randwanderung in der Stadtregion Karlsruhe genannt. Die Daten entstammen zwei vom Autor betreuten Zulassungsarbeiten über Randwanderung in einen Wohnort der gehobenen Schichten (Waldbronn, vergl. SUHR 1978) bzw. in einen Wohnort der unteren Mittelschicht (Rheinstetten/Forchheim, vergl. JÄCKLE 1978), vergl. dazu Tabelle 9.

Da dieser Ansatz offensichtlich keine verwendbaren Daten erbrachte, wurde ein anderer Weg beschritten, der bessere Resultate ergab. Es wurden die Standortbewertungen für die 28 Stadtbereiche von Karlsruhe bzw. die Mental Maps herangezogen. Bevor dieser Ansatz weiter dargestellt wird, sollen die Mental Maps der 275 Probanden in kürzester Form vorgestellt werden.

Tabelle 9: Umzugsmotive bei Randwanderungen nach Waldbronn und Forchheim-Rheinstetten (Tabelle nach Suhr 1978)

Umzugsmotiv	Waldbronn	Forchheim
Verwandte/Bekannte in der Nähe	12,2 %	17,05 %
Berufliche Gründe, Arbeitsplatzwechsel	18,7 %	13,18 %
Pensionierung	12,2 %	3,88 %
Heirat/Scheidung	5,69 %	18,61 %
Kinder (Geburt/Verlassen des Elternhauses)	11,38 %	17,38 %
Erbschaft	4,07 %	3,1 %
Günstiges Angebot von Grundstück/Haus	26,83 %	13,18 %
Günstiges Angebot einer Mietwohnung	7,32 %	24,81 %
Günstiges Angebot einer Eigentumswohnung	21,14 %	7,75 %
Ärger mit den Nachbarn	4,07 %	4,65 %
Lärm, Umweltverschmutzung	28,46 %	24,03 %
Wohnung wurde gekündigt	3,25 %	6,2 %
sonstige	13,82 %	11,63 %

Die Mental Map der Wohnstandortspräferenzen von Karlsruhe wurde aufgrund einer Rangskalierung der 28 Stadtbereiche erhoben. Darin unterscheidet sie sich von früheren Ansätzen des Autors (Höllhuber 1976 a). Die von den Personen für die Stadtbereiche vergebenen Ränge wurden gemittelt und als Stadtbereichswerte in eine Isolinienkarte gleicher Wohnstandortspräferenzen eingebaut. Das Ergebnis findet sich in Abbildung 26.

Charakteristisch für die Mental Map sind die schlechte Bewertung neuer Großwohngebiete (Oberreut), altverbauter Kernzonen (Innenstadt, Altdurlach) und industrienaher Wohngebiete (gesamter Westen). Gut und hervorragend bewertet wurden Einzelhaus- und Villengebiete: Die höchsten Werte bekamen der Schwarzwaldrand, die Waldstadt und Rüppurr, zentriert um die sog. ‚Gartenstadt' (diese semantische Prägung der Mental Map, die sich über mehrere unabhängige Stichproben hin verfolgen ließ, wurde schon in Höllhuber 1976 a behandelt). Die Wohnqualität spielt im Vergleich zur Wohnumfeldqualität die bedeutendere Rolle.

Es wurde überprüft, ob die Mental Map eine konsistente Präferenzstruktur widerspiegelt oder ob sie ein Zufallsprodukt darstellt (in früheren Arbeiten wurden gleichfalls Signifikanztests vorgenommen, die sich aber vom hier vorgeführten unterscheiden, vergl. Höllhuber 1977 a).

Um zu überprüfen, ob die Mental Maps einer einheitlichen Grundgesamtheit von Bewertungen entstammten oder ob das nicht der Fall war, wurde ein Sample von 117 Probanden in Gruppen nach dem Zeitpunkt der Durchführung der Befragung aufgeteilt, wobei 43 Probanden zum Befragungszeitpunkt 1976 und 74 Probanden zum Befragungszeitpunkt 1977 klassifiziert wurden. Die

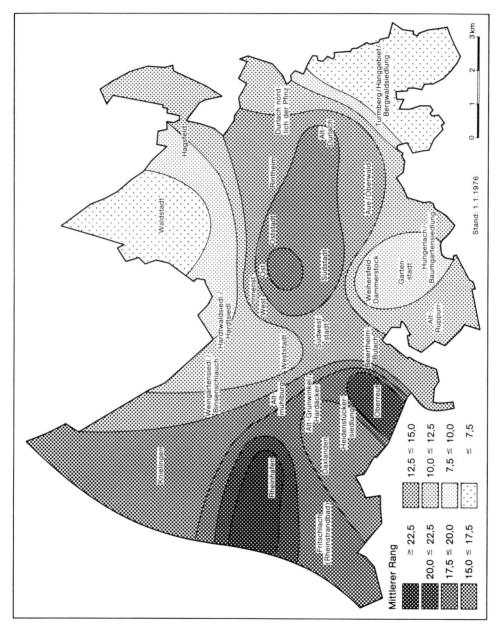

Abb. 26. Die Mental Map der Wohnstandortspräferenzen von Karlsruhe

Überprüfung der Rangskalen mittels des Spearmanschen Rangkorrelationskoeffizienten erbrachte einen Wert von .95813, was bei 28 Freiheitsgraden auf dem 99.9 Niveau signifikant ist (noch signifikant auf diesem Niveau wäre ein Koeffizient von .5660 gewesen). Aufgrund dieses Ergebnisses, das in Tabelle 10 nachzuprüfen wäre, kann mit sehr hoher Sicherheit festgestellt werden, daß die Mental Map (auf Rangskalierungsbasis) eine gemeinsame Grundlage der Wohnstandortsbewertung für die Karlsruher Bevölkerung darstellt, mit der Einschränkung einer leichten Bindung an die einkommensstärkeren Schichten, was auf den Stichprobenfehler zurückzuführen ist.

Tabelle 10: Die Mental Map der Wohnstandortspräferenzen von Karlsruhe: Werte für die 28 Stadtbereiche aus zwei unabhängigen Stichproben

	1976	1977		1976	1977		1976	1977
SB 1	24	24	SB 10	17	19	SB 19	3	3
SB 2	20	16	SB 11	18	22	SB 20	7	11
SB 3	22.5	25	SB 12	25	23	SB 21	10	12
SB 4	14	9	SB 13	16	15	SB 22	12	13
SB 5	8	6	SB 14	26	26	SB 23	4	2
SB 6	5	5	SB 15	19	18	SB 24	21	21
SB 7	22.5	19	SB 16	15	17	SB 25	13	10
SB 8	28	28	SB 17	2	4	SB 26	1	1
SB 9	11	14	SB 18	6	8	SB 27	9	7
						SB 28	27	27

Die Bewertungsskalen wurden einer Faktorenanalyse unterzogen, um Dimensionen des an die Wohnstandorte gestellten Anspruchsniveaus herausfinden zu können. In einer Dreifaktorenlösung wurde ein Faktor definiert, der eine Dimension der Lebensqualität bzw. des Lebensstandards isoliert (vergl. Abb. 27)[5]. Er kennzeichnet eine Polarität der Bewertung von dichtverbautem Kern und industriell verdichtetem Gebiet auf der einen Seite und locker verbauten Außengebieten auf der anderen Seite. Kennzeichnend sind für diesen Faktor aufgrund ihrer hohen Ladungen (die anhand der Informationen zu den 275 Personen mit Charakteristika der Person verknüpft werden konnten) gehobene Statusgruppen besonders der Angestellten und Beamten. Faktor drei kennzeichnet eindeutig die Polarität zwischen Oberschichtgebieten und Unterschichtgebieten aus der Sicht des sozialen Status, nicht also wie bei Faktor 1 aus der Sicht von Wohn- und Wohnumfeldqualität. Der Faktor ist durch Personen, die unteren sozialen Schichten angehören, charakterisiert, stellt also wohl eine Polarisierung aus der Sicht dieser Bevölkerungsschicht dar (vergl. Abb. 28).

---

5) Vergl. Anhang 1

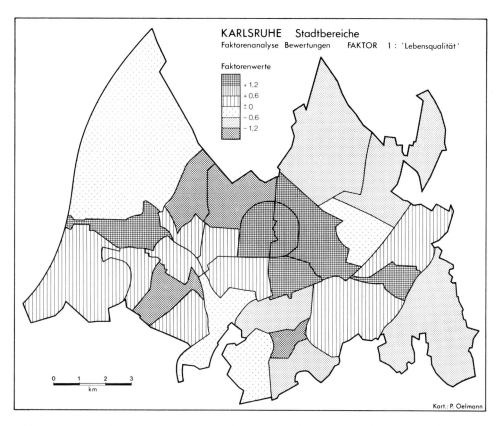

Abb. 27. Faktorenanalyse der Bewertungen der Wohnstandortsqualität von Karlsruhe, Faktor 1: ‚Lebensqualität'

Nach diesem Exkurs zur Mental Map der Wohnstandortspräferenzen von Karlsruhe (vergl. dazu vor allem GOULD 1966, 1975, GOULD und WHITE 1974, JOHNSTON 1971, DEMKO 1974, SMITH 1976 und viele weitere Arbeiten, die in DOWNS und STEA 1974 und GOULD und WHITE 1974 zusammengefaßt sind) kann wieder zur Meso-Ebene der Hypothesen zurückgekehrt werden. Zu den Meso-Hypothesen wurde in Ableitung der Hypothesen, die in Abschn. IV.B.6. aufgestellt worden waren, festgelegt:

1. Kontakterhaltung

Der Einfluß des Kontakterhaltungsmotivs auf innerstädtische Umzüge wurde definiert als das Maß der Abweichung der individuellen Bewertung einer Raumeinheit, in der das Individuum Freunde, Bekannte oder Verwandte besitzt, länger als drei Jahre lebte und/oder in der sein Arbeitsplatz gelegen ist, von der mittleren Bewertung dieser Raumeinheit durch alle Probanden.

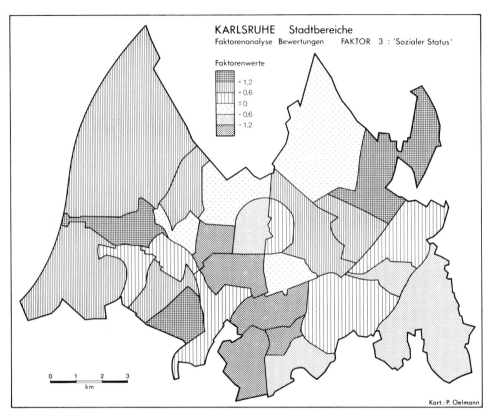

Abb. 28. Faktorenanalyse der Bewertungen der Wohnstandortsqualität von Karlsruhe, Faktor 3: ‚Sozialer Status'

Ein Wert von +5 bedeutet also, daß die Person eine ihr nach obiger Definition bekannte Raumeinheit, die z. B. von allen Bewertern den mittleren Rang 18 zugewiesen bekam, auf Rang 13 plazierte.

2. Konfliktvermeidung

Der Einfluß der Konfliktvermeidung wurde als das Maß der Abweichung der Bewertung des alten Wohnstandortes von der mittleren Bewertung dieser Raumeinheit durch alle Probanden definiert.

Ein Wert von +5 bedeutet also, daß die Person ihren alten Wohnstandort um 5 Rangplätze höher einstufte, als dem durchschnittlichen Rang der Raumeinheit entspricht, in der sich der Wohnstandort befindet.

3. Aufwandsminimierung

Variante 1:

Der Einfluß der Aufwandsminimierung wurde definiert als das Maß der Abweichung der Bewertung von an den eigenen Wohnstandort angrenzenden

Raumeinheiten von der mittleren Bewertung dieser Raumeinheit durch alle Probanden.

Ein Wert von +5 bedeutet also, daß die Person benachbarte Raumeinheiten um 5 Rangplätze höher einstufte als im Durchschnitt alle Probanden.

Variante 2:

Der Einfluß wurde definiert als das Maß der Abweichung der Bewertung von rangmäßig dem Status der Person entsprechenden Raumeinheiten von der mittleren Bewertung dieser Raumeinheiten durch alle Probanden.

Ein Wert von +5 bedeutet also, daß die Person irgendeine Raumeinheit (nicht ihre eigene), die im sozialen Rang ihrem eigenen Rang entspricht, um 5 Rangplätze höher einstufte als im Durchschnitt der Probanden.

Beiden Varianten liegt die Überlegung zugrunde, daß Aufwand für das Individuum minimiert wird, wenn es in sehr naher Entfernung und sozialer Nähe bleibt.

4. Situative Verbesserung

Die Mental Map bot auch die Möglichkeit, den Einfluß der situativen Verbesserung auf die Umzugstypen direkt zu messen, wobei angenommen wurde, daß situative Verbesserungen am gewichtigsten bei Personen vom Typ 2, am geringsten vom Typ 1 auftreten würden.

Das Ausmaß der situativen Verbesserung wurde definiert als das Maß der Bewertungsdifferenz zwischen altem und neuem Wohnstandort des Individuums, unabhängig von der allgemeinen (= durchschnittlichen) Bewertung dieses Standortes (bzw. der Raumeinheit).

Ein Wert von +5 bedeutet also, daß das Individuum den neuen Standort um fünf Plätze höher gewertet hatte als den alten Standort. Dies ergäbe sich etwa bei einer Rangzuweisung von 12 für den alten Standort, von 7 für den neuen Standort.

Die Überprüfung dieser Annahmen mittels der angegebenen Operationalisierungen erfolgte aufgrund der in Tabelle 11 dargestellten Häufigkeitsverteilung.

Diese Ergebnisse stimmen mit den Hypothesen überein, falls die Beziehungen zwischen den Gruppen signifikant voneinander verschieden sind bzw. klare Unterschiede bestimmt werden können. Die Signifikanz der Werte in Tabelle 11 wurde mittels des Mediantests im Chi-Quadratmodell gemessen.

1. Kontakterhaltung

Nach der Hypothese 1 in Abschn. IV.B.6. sollten sich die Kontaktwahrscheinlichkeiten zwischen den Umzugsgruppen 1, 2 und 3 wie ++ : + : − verhal-

Tabelle 11: Mittelwerte von Rangdifferenzen für die Umzugstypen 1 (I → I), 2 (I → M) und 3 (I → A)

Motiv	Operationalisierung	Typ 1	Typ 2	Typ 3
Kontakt- erhaltung	Rangdifferenz bekannter Wohnstandorte	+5.8	+6.1	+2.0
Konflikt- vermeidung	Rangdifferenz des alten Wohnstandorts vom Durchschnitt	+8.1	−3.8	+0.2
Situative Verbesserung	Rangdifferenz zwischen altem und neuem Wohnstandort	+7.8	+10.5	+5.5
Aufwandsmini- mierung, Var. 1	Rangdifferenz benachbarter Wohnstandorte	+3.1	+2.1	+0.6
Aufwandsmini- mierung, Var. 2	Rangdifferenz rangmäßig vergleichbarer Wohnstandorte	−0.1	−3.2	−5.2

ten. Der Mediantest nahm die Nullhypothese zwischen 1 und 2 an und lehnte sie zwischen 1 und 3 sowie 2 und 3 ab. Damit ist unter Berücksichtigung des nahezu identischen Wertes von 1 und 2 die Hypothese in einem Teilelement angenommen, die Beziehung zwischen 1 und 2 muß jedoch umformuliert werden, da 1 = 2.

Wir stellen fest: Innen-Innen-Umzüge und Umzüge in den Marginalen Erweiterungsbereich sind signifikant häufiger durch das Motiv der Kontakterhaltung gekennzeichnet als Umzüge in den Außenbereich.

2. Konfliktvermeidung

Nach der Hypothese 2 in Abschn. IV.B.6. sollten sich die Wahrscheinlichkeiten der Geltung des Motivs Konfliktvermeidung zwischen den Umzugsgruppen 1, 2 und 3 wie ++ : + : − verhalten. Der Mediantest erbrachte folgende Ergebnisse der Beziehungen zwischen den Werten:

	Median	Median	
Gruppe 1	70	18	88
Gruppe 2	6	55	61
	76	73	149

Chi-Quadrat = 70,056, auf 99,99 %-Niveau signifikant. Damit ist die Nullhypothese zurückgewiesen, die Alternativhypothese angenommen, daß sich die beiden Gruppen hochsignifikant unterscheiden.

Für den Vergleich von 2 und 3 ergab sich ein Chi-Quadrat von 14,40, das ebenfalls noch auf dem 99,99 %-Niveau signifikant ist. Der Vergleich von 1 und 3 erbrachte sogar den Wert von 81,57 und damit die höchste signifikante Unterscheidung.

Das Ergebnis ist hochsignifikant. Konfliktvermeidung kennzeichnet in höchstem Maße Umzügler innerhalb des Innenbereiches, im geringsten Maße

Umzügler in den Marginalbereich und in geringem, aber deutlichem Maße Umzügler in den Außenbereich. Das Ergebnis stimmt jedoch nur teilweise mit unserer Hypothese überein; zwar bleibt die Relation I:A und M:A gewahrt, nicht aber die Relation I:M in dem Maße, wie sie formuliert wurde.

Ganz offensichtlich wurde bei der Hypothesenstellung die Bedeutung des situativen Verbesserungsmotivs für die Umzügler in den Marginalen Erweiterungsbereich unterschätzt. Nur wenn das situative Verbesserungsmotiv wirklich dominant ist, alle anderen Motive also völlig abgewertet werden, kann ein Ergebnis wie dieses entstehen. Die Wanderung in den Außenbereich hat, wie wir ja feststellten, nicht unbedingt aktiv verändernden Charakter, sondern ist häufig passiv erhaltend, gerade bei älteren Leuten. Vor allem ist der Außenbereich für diejenigen, die durch das Geltungsmotiv geprägt werden, kein interessantes Ziel; denn nur im Marginalen Erweiterungsbereich findet auch sozialer Vergleich statt, der dann für das Individuum befriedigende Ergebnisse zeitigt. Im Außenbereich würde es zu negativen Auswirkungen kommen, die das Individuum auf jeden Fall vermeiden will.

Wir stellen fest: Das Motiv der Konfliktvermeidung charakterisiert in höchstem Maße Innen-Innen-Umzüge, im geringsten Maße Umzüge in den Marginalen Erweiterungsbereich, während Umzüge in den Außenbereich eine Zwischenposition einnehmen.

3. Aufwandsminimierung

Variante 1:

Es zeigte sich, daß das Motiv der Aufwandsminimierung von 1 über 2 bis 3 konstant abnimmt. Die Beziehungen zwischen den Gruppen sind auf dem 95 %-Niveau signifikant.

Variante 2:

Die zweite Variante bestätigt die Ergebnisse der ersten, da die Rangdifferenz von 1 über 2 nach 3 ebenfalls konstant sich verändert, in diesem Fall einen immer höheren negativen Wert annimmt.

Wir stellen fest: Das Motiv der Aufwandsminimierung charakterisiert in stärkerem Maße Umzüge innerhalb des Innenbereichs, in geringstem Maße Umzüge vom Innen- in den Außenbereich. Obwohl alle drei Typen positive Werte aufweisen, hat Typus 3, also der Umzug vom Innen- in den Außenbereich, doch die niedrigsten Werte.

4. Situative Verbesserung

Dieser Zusammenhang ist wieder hochsignifikant (auf dem 99,99 %-Niveau), was besagt, daß die drei Umzugsgruppen ganz unterschiedliche

Wahrscheinlichkeit der Beeinflussung durch das Motiv der situativen Verbesserung aufweisen. Umzugstyp 2 bestätigt wieder unsere Makrohypothese 1, da der Typus I → M, als Umzug aus dem Innenbereich in den Marginalen Erweiterungsbereich, den weitaus höchsten Differenzbetrag aufzuweisen hat – und das obwohl, wie wir gesehen haben, die tatsächliche Situation sich nur marginal geändert hat! Das heißt also, *daß eine nur marginale Veränderung im objektiven Raum eine maximale subjektive Situationsverbesserung bewirkt hat!*

Charakteristisch ist auch, daß nur dieser Typ den alten Wohnstandort negativ einordnet (Motiv 2), was selbst bei Typ 3, der doch wohl aus guten Gründen in den Außenbereich abwandert, nicht zutrifft. Diese guten Gründe sind aber in den meisten Fällen nicht dem Geltungsmotiv oder dem Motiv der Selbstverwirklichung zuzuordnen. Wir können in den meisten Fällen eine extern bestimmte Situation annehmen (geringer Handlungsspielraum, berufliche Zwänge).

Wir stellen fest: Der Motivkomplex der situativen Verbesserung charakterisiert in höchstem Maße Umzüge in den Marginalen Erweiterungsbereich, in abnehmendem Maße Umzüge innerhalb des Innenbereichs und in geringem Maße Umzüge in den Außenbereich.

Mit diesen in ihrer Aussage eindeutigen Ergebnissen kann die Überprüfung der Hypothesen auf dem Mikro-Niveau mit gewissen Hoffnungen auf Bestätigung der Hypothesen aufgenommen werden.

G. Hypothesen auf der Mikro-Ebene

Auf der Ebene, die hier betrachtet werden soll, können individuelle Situationsbewertungen und Bewertungen von Elementen der Situation mit Charakteristika der Person und Umzugstypen verbunden werden, es kommt eigentlich also zur Meso-Ebene nur noch das Element persönlicher Charakteristika hinzu.

Zur Überprüfung einzelner Hypothesen aus den sechs in Abschn. IV.B.7. genannten Hypothesengruppen waren zu operationalisieren:

1. *Wohnstandortssituation*
   Die Operationalisierung erfolgte mittels des Ranges der Raumeinheit.

2. *Wohnumfeldsituation*
   Die Operationalisierung erfolgte aufgrund der von jeder Person unter 2.5 im Fragebogen abgegebenen Wertungen in Form von Polarprofilen. Die dort von jedem Probanden bewerteten Gegensatzpaare wurden für den früheren und jetzigen Wohnstandort jeweils addiert, es wurden also alle dort vertretenen Variablen gleich gewichtet. Das Maß der Differenz dieser erhaltenen Werte bezeichnete das Maß der Veränderung der Wohnumfeldsituation.

3. *Wohnsituation*
Dieser Begriff wurde nicht operationalisiert – es standen einerseits zu wenige, andererseits zu wenig aussagekräftige Daten zur Verfügung, wie ein Test bestätigte.

4. *Status der Person*
Der Status der Person wurde mittels ihres Ranges auf der sozialen Rangskala operationalisiert.

5. *Alter der Person*

6. *Umzugsverhalten (= Umzugstypus)*
Polarprofile und Umzugsmotive sollen vor der Diskussion der Hypothesen auf der Mikro-Ebene noch exkursartig vorgestellt werden.

1. Polarprofile der Wohnumfeldqualität vor und nach dem Umzug

Die Polarpaare zum Wohnumfeld, wie sie der Fragebogen (vergl. Anhang) in Frage 2.5 enthält, zeigen für die Gesamtheit aller Probanden einen nur sehr geringen Verschiebungswert im Sinne einer Verbesserung (vergl. dazu Abbildung 29. Die in dieser Abbildung eingetragenen Namen der Polarpaare wurden auf den anderen Darstellungen nicht mehr angeführt). Dies überrascht nicht, da wir es ja mit einer Mittelwertbildung über ganz unterschiedliche Gruppen zu tun haben.

Jedoch auch die weiteren Polarprofile bestätigen diesen Eindruck (vergl. die Abbildungen 69–88). Ob Berufsgruppen, Einkommensgruppen oder Altersgruppen betrachtet werden – es ist auffällig, daß eine wirklich markante Verbesserung nicht erfolgt. Das Argument finanzieller Beschränkungen des Handlungsspielraums als Erklärung dieses Phänomens zieht nicht: Denn warum sollte die ökonomische Variable ausschlaggebend sein, wenn es um die Standortwahl nach den Kriterien des Wohnumfeldes geht, also nach Einkaufsmöglichkeiten, Erholungsmöglichkeiten, Nähe zu Bädern oder auch zum Arbeitsplatz? Auch für die unterprivilegierten Schichten gibt es die Möglichkeit, ganz unterschiedliche Standorte in der Stadt aufzusuchen und durch einen Umzug schlagartig die Bewertung des Wohnumfeldes zu verbessern. Ein Umzug von Oberreut in die Innenstadt West wird z.B. schlagartig verbessern: Einkaufsmöglichkeiten, Nähe zu öffentlichen Bädern, Straßenverbindungen, ÖNV-Verbindungen, Nähe zu Schulen, Nähe zu Kindergärten. In beiden Stadtbezirken gibt es ausreichend viele billige Wohnungen. Es liegt also nicht an den äußeren Bedingungen. Es liegt an den inneren Bedingungen – nicht äußere Beschränkungen zwingen zu kleinen Schritten, sondern innere Zielsetzungen.

Die folgenden Abb. 30 bis 36 stellen die Umzugstypen und deren Polarprofile dar. Auch diese Umzugstypen besitzen keine besonders aussagekräftigen

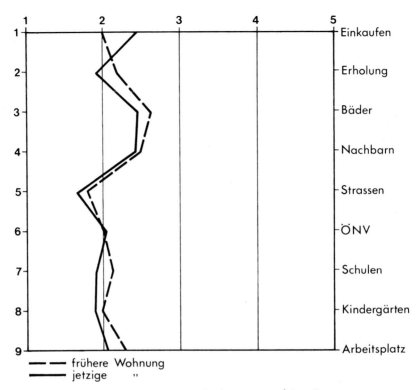

Polarprofil: **Bewertung von früherem und jetzigem Wohnstandort. Alle Probanden**

Abb. 29. Karlsruhe: Polarprofil der Bewertungen von früherem und jetzigem Wohnstandort (Wohnumfeldsituation) durch alle 275 Probanden

Profile, obwohl deren genaue Betrachtung einige Informationen über Gründe für Wohnstandortsveränderungen bringen kann. Es zeigen sich interessante Einzelheiten, wie z. B. die auffallende Form von Umzugstyp 7. Dieser Umzugstyp (A → I) stellt passive Rückbewegung in den Innen-Bereich dar und ist durch den allerhöchsten negativen Wert bei den Kontakten zu Nachbarn am früheren Wohnstandort ausgezeichnet. Es ist wohl zu interpretieren, daß A → I-Umzüge ein inneres Gleichgewicht wiederherstellende Umzüge sind, die ganz besonders auf die passiv erhaltenden Motive ausgerichtet sind, also auf Selbstbestätigung im sozialen Vergleich durch Vermeidung sozialer Konflikte, durch Aufnahme von Kontakten zu Gruppen gleicher Interessen und Einstellungen.

Besonders geringe Unterschiede weisen die Typen 1 und 5 auf, also Umzüge innerhalb von Kategorien des Polarisierten Aktivitätsfeldes. Dies ist

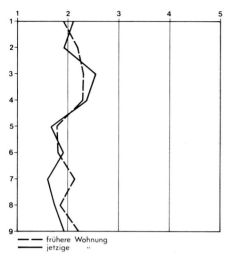 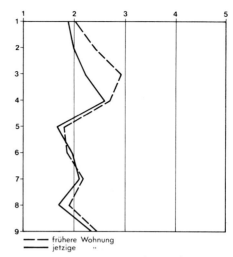

Abb. 30 und 31. Karlsruhe: Polarprofile der Umzugstypen 1 und 2

per definitionem mit nur geringen Statusänderungen des Standortes verbunden, was sich so auf die Bewertung der Differenz der Standorte niederschlägt. Umzugstyp 9, ein innerhalb des Außenbereiches durchgeführter Umzug, weist hingegen starke Unterschiede auf: A → A bedeutet ja lediglich, daß die Person nicht in I oder M umzieht, sondern in einem ansonsten nicht mehr definierten Außen-Bereich. Dieser Außen-Bereich kann aber gänzlich unterschiedlichen Charakter haben:

Eine Person des sozialen Status 9, die von einer Raumeinheit des Status 1 in eine des Status 13 zieht, verhält sich diesem Typ entsprechend. Dasselbe gilt für eine Person dieses Status, die innerhalb der Raumeinheit umzieht, wenn diese Raumeinheit z. B. den Status 3 hat. Die Unregelmäßigkeit darf also nicht verwundern, die Aussage betrifft keinen konsistenten Verhaltenstyp.

Interessant ist eine Zusammenstellung der Veränderungen der Einstellungen nach Umzugstypen (vergl. Tab. 12), die zeigt, mit welchen Veränderungsausmaßen wir es generell zu tun haben. Nur an ganz wenigen Stellen, so bei Umzugstyp 7, Polarpaar der Wohnumfeldsituation 4 (Kontakte zu Nachbarn) gibt es Ausnahmen, wie oben schon beschrieben. Signifikanzwerte sind bei Umzugstyp 1, 2, 4 und 6 im (mindestens) 95 %-Bereich, bei den anderen Werten darunter.

Das Ergebnis einer Faktorenanalyse (SSA-III) dieser Daten soll hier, gerade auch wegen der zum Teil geringen Signifikanzwerte, nur gestreift werden. Die non-metrische (also unsere Daten zulassende) Faktorenanalyse

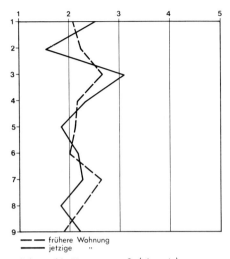
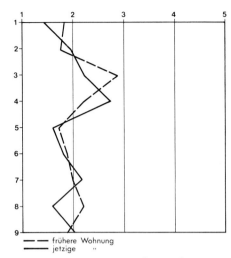
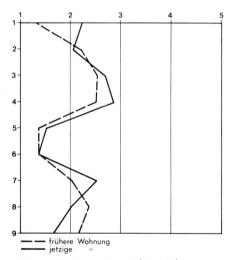
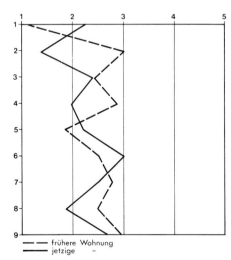

Abb. 32, 33, 34 und 35. Karlsruhe: Polarprofile der Umzugstypen 3, 4, 5 und 6

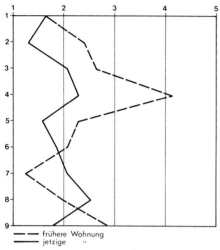

Polarprofil: Umzugstyp 7 (A→I)

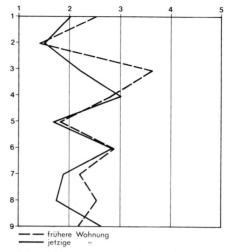

Polarprofil: Umzugstyp 8 (A→M)

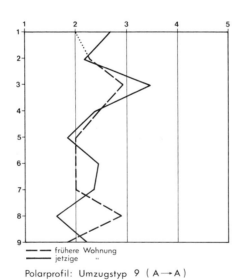

Polarprofil: Umzugstyp 9 (A→A)

Abb. 36, 37 und 38. Karlsruhe: Polarprofile der Umzugstypen 7, 8 und 9

Tabelle 12: Veränderungen der Einschätzungen des Wohnstandortes vor und nach dem Umzug nach den 9 Umzugstypen

Nr.	Lagecharakteristikum		1	2	3	4	5	6	7	8	9
1	Einkaufsmöglichkeiten in nächster Umgebung	vorher	1.93	2.02	2.09	1.79	1.33	1.17	1.69	2.50	—
		nachher	2.05	1.84	2.54	1.43	2.17	2.17	1.69	2.00	2.55
2	Nähe zu Erholungsmöglichkeiten	vorher	2.19	2.37	2.27	1.75	2.17	3.00	2.45	1.40	2.22
		nachher	1.91	2.00	1.54	1.92	2.00	1.33	1.36	1.42	2.12
3	Nähe zu öffentlichen Bädern	vorher	2.29	2.87	2.70	2.87	2.50	2.33	2.69	3.60	2.89
		nachher	2.52	2.24	3.10	2.21	2.67	2.33	2.08	2.16	3.44
4	Kontakte zu Nachbarn	vorher	2.28	2.69	2.20	2.21	2.50	2.83	4.15	2.80	2.44
		nachher	2.33	2.58	2.30	2.73	2.83	2.00	2.31	3.00	2.33
5	Straßenverbindungen in die Stadt	vorher	1.76	1.77	2.12	1.71	1.33	1.83	2.27	1.83	2.00
		nachher	2.69	1.69	1.89	1.67	1.50	2.17	1.63	1.71	1.78
6	Erschließung durch Öffentlichen Nahverkehr	vorher	1.79	1.86	2.00	1.86	1.33	2.50	2.08	2.80	2.00
		nachher	1.87	1.93	2.10	1.80	1.33	3.00	1.92	2.83	2.38
7	Nähe zu Schulen	vorher	2.08	2.12	2.62	2.00	2.10	2.75	1.27	2.20	2.00
		nachher	1.57	2.09	2.25	2.08	2.50	2.50	2.09	2.83	2.33
8	Nähe zu Kindergärten	vorher	1.86	1.90	2.25	2.18	2.40	2.50	2.00	2.50	2.88
		nachher	1.73	1.72	1.87	1.58	2.00	1.83	1.54	1.75	1.62
9	Nähe zum Arbeitsplatz	vorher	2.21	2.38	1.85	1.85	2.17	2.85	2.91	2.20	1.86
		nachher	1.96	2.33	2.20	2.00	1.67	2.67	1.92	2.60	2.14

erbrachte in einer 4-Faktoren-Lösung als Faktor 1 einen Kontakt- und Aktivitätsfaktor, der Personen beschreibt, die stark durch diese Polarpaare geprägt sind. Faktor 2 beschrieb Verkehrsverbindungen und Einkaufsmöglichkeiten, dergestalt Personen beschreibend, die die Erreichbarkeit ihres Wohnstandorts verbessert haben; wir haben es also mit einem Faktor zu tun, der Erreichbarkeitsbewertung dimensioniert. Faktor 3 beschrieb die Schöne Wohnlage und Ausstattung der Wohnung (dieses Element aus 2.3 im Fragebogen wurde im Sinne eines Polarpaares kodiert und der Analyse angefügt). Faktor 4 beschrieb exklusiv Versorgung mit Schulen und Kindergärten vor und nach dem Umzug, stellt also einen Bezug zu Personen her, die ihre Wohnstandortsentscheidung stark davon abhängig gemacht haben.

Polarprofile und Mental Map

Die Polarprofile wurden auch in Hinsicht auf die Bewertungen der Personen in der Mental Map untersucht. Die Mental Map wurde in vier Rangbereiche aufgegliedert, in schlecht, mittel, gut und sehr gut bewertete Gebiete. Die Zuzügler nach den so festgelegten Gebietskategorien wurden in Hinblick auf ihre Polarprofile untersucht.

1. Zuzügler nach schlecht gewerteten Gebieten (Typ 1 in Abb. 39). Insbesondere Verkehrsverbindungen und Ausstattung mit Schulen und Kindergärten wurde am neuen Wohnstandort höher gewertet, die Differenz ist sehr groß. Offensichtlich erreichen diese Umzügler ganz grundlegende Verbesserungen in der Struktur des Wohnumfeldes, obwohl sich diese Umzüge innerhalb des auch objektiv schlechtest ausgestatteten Bereiches der Stadt bewegen. Es handelt sich bei dieser Personengruppe um die soziale und ökonomische Unterschicht. Die Summe der Differenzen bei diesem Beispiel entsprach dem höchsten aufgetretenen Wert, die absolut niedrigsten Differenzen sind also subjektiv am höchsten gewertet worden.

2. Bei Zuzüglern in durchschnittlich gewertete Gebiete zeigen sich zwar ähnliche Verbesserungen (Abb. 39, Typ 2), sie sind aber nicht so gravierend und sind von Verschlechterungen begleitet; es handelt sich dabei speziell um die Nähe zum Arbeitsplatz. Die Verlängerung des Arbeitsweges wurde also als notwendiges Übel für die allgemeine Situationsverbesserung in Kauf genommen.

3. Bei der dritten Gruppe wird der Unterschied zwischen altem und neuem Standort noch schmaler (Abb. 39, Typ 4). Verschlechterungen werden in bezug auf die Bildungsmöglichkeiten und die Kontakte zu den Nachbarn in Kauf genommen (es handelt sich um Umzüge in Gebiete, die den Durchschnitt marginal überschreiten).

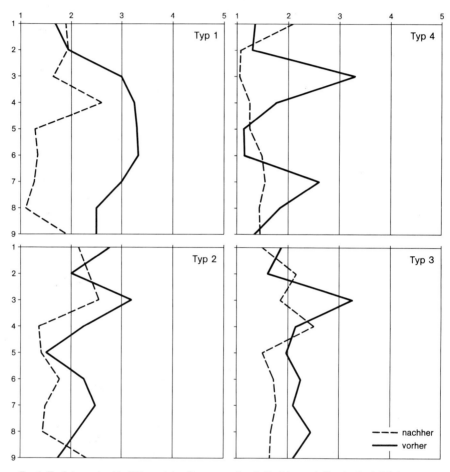

Typ 1: Zuzügler nach schlecht bewerteten Bereichen der Mental Map

Typ 2: Zuzügler nach durchschnittlich gewerteten Bereichen der Mental Map

Typ 3: Zuzügler nach überdurchschnittlich gewerteten Bereichen der Mental Map

Typ 4: Zuzügler nach den bestbewerteten Bereichen der Mental Map

Typ 1 und Typ 4 sind einander gegenübergestellt, um die starken Unterschiede zu veranschaulichen.

Abb. 39. Polarprofile und Umzugstypen nach Bereichen der Mental Map der Wohnstandortspräferenzen von Karlsruhe

4. Die vierte Gruppe, die in die guten Einzelhauswohngebiete zieht (Abb. 39, Typ 4), zeichnet sich dadurch aus, daß sie die jetzige Situation sehr gut einschätzt (Ausnahme: Einkaufsmöglichkeiten!), aber auch die Situation am vorherigen Wohnstandort. Die Werte der beiden Wohnstandorte sind sicher schon deshalb nicht sehr unterschiedlich, weil es sich häufig um Personen handelt, die ‚wirklich schon alles haben'. *Dann wird aber marginale Situationsverbesserung so zum extern bestimmten Zwang, wie dies ökonomische Modelle des Menschen gerne auch für die unteren Einkommensschichten postulieren.*

Stellt man die Bewertungen nebeneinander, wie dies in Abbildung 39 geschah, dann zeigt sich, wie stark wegen der auffallenden Überbetonung einzelner Variablen andere verkürzt dargestellt wurden. Offensichtlich ist es dem Individuum bei Vorherrschen eines ganz bestimmten Reizes in seiner Umwelt nicht mehr möglich, die anderen mit gleicher Intensität zu erfassen. Es kommt zur Selektion – manche Reize werden gar nicht mehr wahrgenommen – und zur Akzentuierung.

In aller Kürze sei noch auf die gruppentypischen Unterschiede bei der Nennung von Umzugsgründen hingewiesen, die in den Abbildungen 40 und 41 summarisch dargestellt sind. Die Umzugsgründe sind wie unten in Tabelle 13 angegeben verteilt.

2. *Wohnstandortssituation, Sozialstatus und Umzugsverhalten*

Einzelhypothesen zu dieser Hypothesengruppe sind in Abschn. IV.D.7.b. bereits ausgeführt worden. Der Sozialstatus besitzt, wie ebenfalls bereits ausgeführt wurde, große Bedeutung für die Erklärung des Umzugsverhaltens im Polarisierten Aktivitätsfeld und soll daher speziell überprüft werden.

Sozialstatus und Umzugstyp sind, wie Abbildung 42 darstellt, auf charakteristische Weise verflochten. Betrachtet man die Umzugstypen 1, 2, 4 und 7 (die beiden letzteren zusammengefaßt), dann zeigt sich ein jeweils ganz unterschiedlicher Prozentsatz der acht Statusgruppen an diesen Umzugstypen. Umzugstyp 1, also eine im Innenbereich verlaufende Bewegung, nimmt mit sinkendem sozialen Status zunächst an Bedeutung ab, um dann aber wieder bei den untersten Statusgruppen an Bedeutung zu gewinnen. Umgekehrt zu dieser Beziehung ist die Häufigkeit, mit welcher der Umzugstyp 2, also der Umzug in den Marginalen Erweiterungsbereich, vertreten ist. Hier wächst der Anteil zunächst mit sinkendem Status, kippt aber an der Stelle, wo auch die erste Kurve umkippte, rasch bis zur Bedeutungslosigkeit um. Umzugstypen 4 und 7 zusammengenommen sind völlig gleichmäßig verteilt, statusmäßige Unterschiede lassen sich nicht feststellen.

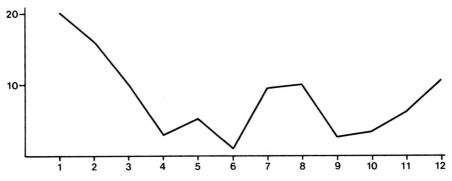

Umzugsgründe: Zahl von Nennungen der Gründe 1-12 in Prozent aller Nennungen (n = 402)

Abb. 40. Karlsruhe: Umzugsgründe, Zahl der Nennungen (relativ)

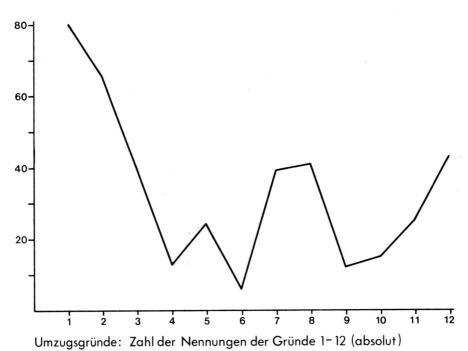

Umzugsgründe: Zahl der Nennungen der Gründe 1-12 (absolut)

Abb. 41. Karlsruhe: Umzugsgründe, Zahl der Nennungen (absolut)

Tabelle 13: Umzugsgründe: Häufigkeitsverteilung

	Motive	Häufigkeit n	%
1	Wohnung zu klein, Familie vergrößert	80	19,9
2	Schönere Wohnlage gesucht	66	16,4
3	Arbeitsplatznähe	40	9,9
4	Kinderschulweg	13	3,2
5	Einkommen erhöht, bessere Wohnung gesucht	22	5,4
6	Erbschaft	6	1,4
7	Alte Wohnung zu laut	39	9,7
8	Einkaufsmöglichkeiten	41	10,1
9	Zu große Wohnung nach Todesfall/Wegzug	12	2,9
10	Bekannte, Freunde	15	3,7
11	Besseres Viertel gesucht	25	6,2
12	Sonstige Gründe	43	10,6
		n = 402	100,0 %

Da Mehrfachnennungen zugelassen waren, übersteigt n die Zahl der Probanden.

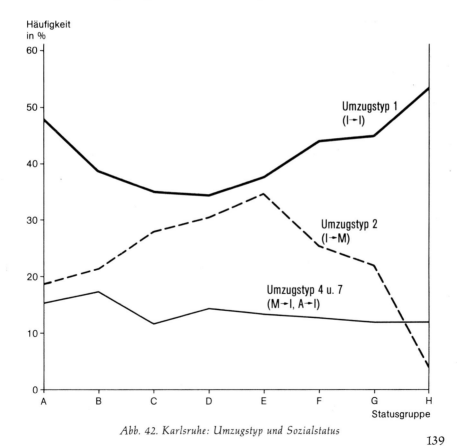

Abb. 42. *Karlsruhe: Umzugstyp und Sozialstatus*

Die Gegenbewegung der beiden ersten Kurven erklärt sich aus der statusspezifischen Bedeutung der Motivgruppe ‚situative Verbesserung'. Diese Motivgruppe ist in hohem Maße – wie die soziologische Literatur anhand des ‚Leistungsdenkens' in unserer Gesellschaft immer wieder feststellt – an die aufstiegsorientierte Mittelschicht gebunden. Die Arbeiter aus der Unterschicht oder kleinere Angestellte der unteren Mittelschicht weisen diesen Leistungsdrive nur in viel geringerem Maße auf (vergl. Axiom 1). Anderseits sind erhaltende Tendenzen, die sich dann auf den Prozentsatz von Umzugstyp 1 auswirken, ebenfalls nicht zufällig gestreut oder nur etwa charaktergebunden. Sie sind wohl um so stärker, je größer der Handlungsspielraum auf dem finanziellen Sektor wird, weil immer mehr zu verlieren ist. Sie sind aber wohl auch um so stärker, je weniger man in dieser Hinsicht zu verlieren hat; denn die sozialen Kontakte, die man in der eigenen sozialen Schicht anknüpfte, wiegen dann relativ noch schwerer für die Entscheidung. Nur für die Mittelschicht trifft beides nicht zu: Einerseits hat sie finanziell (noch) nicht viel zu verlieren, aber viel zu gewinnen, wenn sie eine marginale Erweiterung anstrebt, anderseits ist die ihr zugeordnete soziale Schicht die breiteste, und es bestehen mit Sicherheit die größten Chancen, auch nach einer Veränderung die Statusleiter hinauf jene Kontakte anzuknüpfen, die notwendig sind, um die innere Sicherheit zu gewährleisten.

Die Hypothesen zur ersten Hypothesengruppe auf der Mikroebene wurden als Wahrscheinlichkeiten des Auftretens von Fällen in bestimmten situativen Kombinationen bestimmt. Vergleichbarkeit wurde immer nur zwischen den Wahrscheinlichkeiten der Umzugstypen für eine situative Kombination angestrebt, aber nicht zwischen den Kombinationen – oder doch nur in Ausnahmefällen. Die Beziehungen zwischen den Wahrscheinlichkeiten wurden wieder mit den Häufigkeiten ++ sehr stark vertreten, + stark vertreten und − schwach vertreten gekennzeichnet, die Fälle wurden anhand der 275 Probanden ausgezählt. Von 275 Probanden konnten nur 266 verwendet werden, z. T. weil Angaben fehlten, z. T. weil sie widersprechend waren. Einige Veränderungen der Umzugstypisierung gegenüber der Zusammenstellung in Abschn. V.D. wurden vorgenommen, insbesondere wurde die Bedingung für die Zuordnung zu I → I verschärft, so daß mehrere I → I zu A → A umgruppiert wurden.

Im Anschluß an die in Abschn. IV.B.7.a. schon dargestellten Hypothesen seien hier noch kurz die weiteren Hypothesen dieser Gruppe genannt:

c) Personen mit sozialem Rang über dem Durchschnitt einer Region in einer Wohnstandortssituation, die ihrem Rang entspricht, werden nach Theorem 1 eine marginale Situationsverbesserung anstreben (also entweder I → I oder I → M), was ihnen wegen des hohen Handlungsspielraumes ihres sozialen Ranges auch möglich ist. Konflikte werden dabei im Gegensatz zu I → A vermieden, Kontakte erhalten, Aufwand wird gering gehalten. Die Altersgruppen sind unterschiedlich durch Theorem 1 betroffen und haben unterschiedlichen Handlungsspielraum. Bei Altersgruppen unter (ca.) 40 ist der aktiv verändernde Motivkomplex hoch anzusetzen, bei statustypischem großem Handlungsspielraum. Dasselbe trifft für mittlere Altersgruppen zu, jedoch nicht für ältere, die unabhängig vom Handlungsspielraum wegen der alterstypischen Kontaktmotivdominanz eher passiv erhaltende Motive aufweisen.

Daraus ergibt sich die Beziehung $I \to I < I \to M > I \to A$ für jüngere, $I \to I > I \to M \gg I \to A$ für mittlere und $I \to I \gg I \to M \gg I \to A$ für ältere Altersgruppen. Andere Positionen sollten nur in sehr geringem Maße zufällig verstreut vertreten sein.

d) Personen, deren Rang über dem Rang ihres Wohnstandortes liegt, werden von Theorem 1 besonders stark betroffen sein: Eine marginale Situationsverbesserung bringt sie in den Bereich größerer Vertrautheit und wohl auch Bekanntheit, also den Innen-Bereich. Damit wird aber eine Situationsverbesserung auf der Basis der aktiv verändernden drives auch Kontaktgewinne und Konfliktabbau (innere Konflikte aufgrund der Diskrepanz von Anspruchsniveau und Situation) mit sich bringen.

Diese Gruppe ist sicher stark an $M \to I$, $I \to M$ und auch $I \to I$ gebunden (in einigen Fällen wurde bei der Zuordnung eine negative Diskrepanz von zwei Rangstellen zwischen Personenstatus und Status des Wohnstandortes noch im I-Bereich zugeordnet). In einigen Fällen wird sich $A \to I$ finden.

Aufgrund des Handlungsspielraums und des Alters als beeinflussender Variable werden sich auch $M \to M$ und evtl. sogar $A \to A$ in Einzelfällen finden.

e) Diese Gruppe umfaßt Personen, deren sozialer Rang wesentlich über dem Rang ihres Wohnstandortes liegt. In Fällen wie diesen, die wohl nicht allzu häufig sein werden, ist anzunehmen, daß externe Gründe vorliegen, die bei dem über dem Durchschnitt definierten Sozialstatus der Personen wohl berufsbedingt sein dürften (Arzt in der Innenstadt, in einem Arbeiterviertel usw.). Aufgrund von Theorem 1 und 2 und mittels Entscheidungsregel C und E ist auf die Erreichung eines rangtypischen, aber nicht darüber hinausgehenden Standortes zu schließen. Als Zusatzannahme soll angenommen werden, daß in vielen Fällen eine Veränderung aus den oben genannten Gründen nicht möglich ist.

Erwartet wird bei einem Umzug eine Adjustierung bzw. Verbesserung von Elementen der Situation (z.B. Wohnqualität, während Wohnsituation ansonsten stabil bleibt). Damit ist zu erwarten $A \to A$, allenfalls $A \to M$ und $A \to I$ in abnehmender Wahrscheinlichkeit ($A \to A > A \to M > A \to I$).

f) bis j): Ableitungen für Personen, deren sozialer Rang unter dem Durchschnitt der Region liegt, werden gleichartig durchgeführt. Die Ergebnisse und die erwarteten Werte finden sich in Tabelle 14. Die Überprüfung der Aussage

Tabelle 14: Situative Kombinationen zwischen Sozialstatus und Wohnsituation: beobachtete Fälle nach Umzugstypen

Situative Kombination	Rang der Person über Mittelwert									Rang der Person unter Mittelwert								
	1	2	3	4	5	6	7	8	9	1	2	3	4	5	6	7	8	9
1 Wohnsituation der Person wesentlich besser als sozialer Rang	-	-	-	2	1	-	- ++	-	-	1	2	1	4	3	2	11 ++	3 +	14 ++
2 Wohnsituation der Person besser als sozialer Rang	4 ++	- ++	- +	3 +	2 +	1 +	-	-	-	19 ++	7 ++	6 +	3	1	1	-	1	-
3 Wohnsituation der Person entspricht sozialem Rang	19 ++	20 ++	2 +	-	-	1	-	-	-	19 ++	17 ++	5	1 +	-	-	1	-	-
4 Wohnsituation der Person schlechter als sozialer Rang	13 ++	10 ++	2	4 ++	2 +	2	1 +	-	2 +	5 ++	4 ++	1	2 +	1	-	-	-	1
5 Wohnsituation der Person wesentlich schlechter als sozialer Rang	2	1	-	3	3	2	12 +	4 +	12 ++	-	-	-	-	-	-	-	+	++
	Umzugstypen 1–9									Umzugstypen 1–9								

++ Felder mit sehr hohen Erwartungswerten   n = 266 (130 Personen mit Rang über dem Mittelwert, 136 Personen mit
+ Felder mit hohen Erwartungswerten   Rang unter Mittelwert, 9 Probanden aus der Analyse entfernt).

dieser Verteilung in bezug auf die zugrundeliegenden Hypothesen wurde mittels einer Rangskalierung und des Chi-Quadrat-Tests vorgenommen.

Es wurde postuliert, daß eine erwartete Verteilung dann eintraf, wenn die Relation zwischen den Elementen bei der erwarteten und der beobachteten Verteilung die gleiche war. Zunächst wurden für jede situative Kombination, also z.B. 1. Rang der Person über dem Durchschnitt, Rang der Wohnsituation wesentlich über dem Rang der Person, oder 2. Rang der Person über dem Durchschnitt, Rang der Wohnsituation marginal über dem Rang der Person, die mittleren beobachteten Häufigkeiten je Element berechnet. Elemente sind die Häufigkeitsgruppen ++ (stark vertreten), + (vertreten) und / (nicht vertreten). Situative Kombinationen mit unter 10 Probanden wurden ausgeschieden. Man vergleiche Tabelle 15.

Tabelle 15: Situative Kombinationen bei Rang der Person über dem Mittelwert: Mittelwerte des Auftretens von Beobachtungen

	Mittelwerte des Auftretens von Beobachtungen nach situativen Kombinationen 1–5				
	1	2	3	4	5
Element ++	nicht gewertet	2.0	19.5	9.0	12.0 (stark vertreten)
Element +		1.5	2.0	1.7	8.0 (vertreten)
Element /		0.0	0.0	1.7	2.0 (nicht vertreten)

Situative Kombination 1: Wohnsituation ≫ Rang der Person
Situative Kombination 2: Wohnsituation > Rang der Person
Situative Kombination 3: Wohnsituation = Rang der Person
Situative Kombination 4: Wohnsituation < Rang der Person
Situative Kombination 5: Wohnsituation ≪ Rang der Person

Beispiel: 130 Personen mit Rang über Mittelwert, davon 42 mit situativer Kombination 3 (Wohnstandort entspricht sozialem Rang). Hiervon 39 in den beiden Feldern 1 und 2 von Tabelle 14 (I → I und I → M), die mit ++ sehr hohen Erwartungswert aufweisen, also im Durchschnitt 19,5 in Feldern des Typs ++ (Element ++). 2 Personen sind im einzigen Feld des Typus + (Mittelwert 2,0) und 1 Person in den 6 Feldern des Typs / (Mittelwert .33, abgerundet auf 0.0).

Die erwartete Häufigkeit der Ränge ++, + und / innerhalb jeder situativen Kombination entspricht nun dieser Relation ++ > + > / per definitionem. Das Beispiel der situativen Kombination 2 ist (1,0, 1,5, 0,0) und entspricht folglich den Erwartungen. In Matrixform läßt sich dieser Zusammenhang wie unten gezeigt formulieren, links die Matrix der erwarteten Häufigkeiten, rechts jene der beobachteten Häufigkeiten:

	Ränge	1	2	3
	++	4	0	0
Elemente	+	0	4	0
	/	0	0	4

	Ränge	1	2	3
	++	4	0	0
Elemente	+	0	3	1
	/	0	0	4

Der Zusammenhang zwischen der hypothetischen und der beobachteten Verteilung läßt sich dann anhand des Chi-Quadratmodells testen. Chi-quadrat ergibt einen Wert von 1,1875, bei 6 Freiheitsgraden (6 = 1 Zeile von 9 abgezogen). Dieser Wert ist kleiner als 16,8 (99%-Niveau), die Abweichung der Häufigkeiten ist damit zufällig, die Nullhypothese einer nicht bestehenden Beziehung wird verworfen und die Alternativhypothese angenommen. Die Verteilung der beobachteten Werte entspricht also genau den Hypothesen.

Vergleicht man die beobachteten Häufigkeiten der situativen Kombinationen 6–10 mit den erwarteten Häufigkeiten (also für Personen, deren sozialer Status unter dem Mittelwert liegt), dann sieht das Ergebnis noch besser aus: Alle situativen Kombinationen (die zehnte wurde wegen zu geringer Probandenzahlen eliminiert) entsprechen der Hypothese; damit ist aber die Differenz zwischen erwarteten und beobachteten Häufigkeiten gleich Null und Chi-quadrat = 0,0. Die Alternativhypothese ist angenommen.

3. Wohnumfeldsituation, Alter, sozialer Status und Umzugstypus

Diese Hypothesengruppe überprüft Beziehungen zwischen Alter, Sozialstatus, Wohnumfeldsituation und Umzugsverhalten. Wie Abbildung 43 zeigt, ist auch hier, wie beim sozialen Status, das Alter von selektiver Bedeutung für die Wahrscheinlichkeit, mit der eine Person einem bestimmten Umzugstyp zuzurechnen ist. Deutlich nehmen Umzüge in den Marginalen Erweiterungsbereich mit dem Alter ab – die Bedeutung situativ verändernder Motive nimmt also ab.

Andererseits nimmt die Häufigkeit von Umzügen innerhalb des Innenbereichs nach leichter Abnahme bis in die Altersgruppe 4 (40–49 Jahre) in der Altersgruppe 5 (50–59 Jahre) kräftig zu, um dann auf einem hohen Niveau zu bleiben. Diese Zunahme korreliert negativ mit der Abnahme der Bedeutung der Umzugstypen M → I und A → I, woraus wir schließen können, daß in der Altersgruppe 5 der Prozeß der Innen-Bewegung bereits abgeschlossen ist, in älteren Gruppen (speziell nach der Pensionierung) also nur noch Adjustierungen im Innenbereich vorgenommen werden.

Die Veränderungen der Wohnumfeldsituation durch den Umzug wurden auf die folgende Art gemessen. Es wurde angenommen, daß Veränderungen der

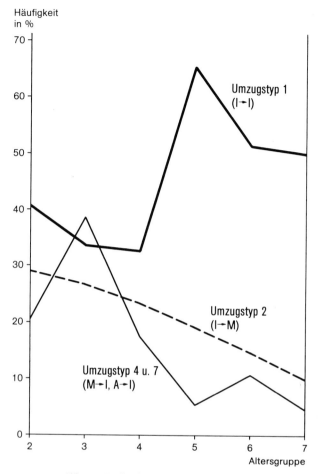

Abb. 43. Karlsruhe: Alter und Umzugstyp

Mittelwerte der Polarprofile der Wohnumfeldqualität (vergl. V.G.1.) einen Indikator der individuell empfundenen Veränderung der Wohnumfeldqualität darstellen. Ein Mittelwert von 2,50 für die neun Polarpaare des Polarprofils vor dem Umzug und von 2,00 für nach dem Umzug charakterisiert also eine Verbesserung der Wohnumfeldqualität als Ganzes. In Prozent ausgedrückt ist diese Verbesserung eine Veränderung um 20%. Nimmt man den Wert vor dem Umzug als 1,0 an und dreht man das Vorzeichen um (−0,2 kennzeichnet vor der Umdrehung eine *Verbesserung* der Situation), dann hat sich in unserem Falle die Wohnumfeldsituation von 1,0 auf 1,2 verbessert.

Die Polarprofile der Wohnumfeldqualität vor und nach dem Umzug wurden für jeden individuellen Fall nach dem angegebenen Muster umgerechnet.

Als gleichbleibende Wohnumfeldqualität wurden Veränderungswerte von zwischen 0,9 und 1,1 definiert. Als Verbesserung der Wohnumfeldqualität wurden Werte von über 1,1 definiert, als Verschlechterung Werte von unter 0,9.

Aufgrund dieser Werte war es möglich, Beziehungen zwischen Alter, Veränderung der Wohnumfeldqualität, sozialem Rang der Person und der Wohnsituation aufgrund aus der Wanderungstheorie abgeleiteter Hypothesen zu überprüfen.

Die Hypothesen wurden in diesem Fall nur für einzelne Umzugstypen formuliert, nicht für die gesamte Matrix der Umzugstypen. Dies war notwendig, da mit nunmehr drei, ja vier Variablen die Aussagen an Kompliziertheit wesentlich zunehmen, während sie an Signifikanz stark abnehmen.

Zunächst zwei Hypothesen zu Beziehungen zwischen Alter und Veränderung der Wohnumfeldqualität bei Umzügen:

a) Altersgruppe 1–3 (unter 40jährige)

Das Maximum der Veränderungen im Umzugstyp 1 (I → I) sind marginale Erweiterungen, und per definitionem gibt es letztere im Umzugstyp 2 (I → M). Es ist zu erwarten, daß die in bezug auf die Wohnumfeldqualität verbesserungsorientierten Veränderungen den erhaltungsorientierten zahlenmäßig entsprechen, also I → I = I → M. Veränderungen wurden charakterisiert, wie oben schon dargestellt: Eine Verbesserung der Wohnumfeldsituation entspricht einem niedrigeren Mittelwert des Polarprofils nach dem Umzug, verglichen mit jenem vor dem Umzug; eine gleichbleibende Situation entspricht gleichbleibendem Mittelwert des Polarprofils, und eine Verschlechterung entspricht einem nach dem Umzug höheren Mittelwert des Polarprofils als vor dem Umzug.

Umzüge des Typus 3 (I → A) in dieser Altersgruppe sind zwischen Erhaltung und Verschlechterung der Wohnumfeldsituation einzustufen.

b) Altersgruppe 4–8 (über 40jährige)

Das Maximum der Umzüge des Typs 1 (I → I) und des Typs 2 (I → M) darf als anpassend bezeichnet werden, das heißt, es wird eine Erhaltung des inneren Gleichgewichts durch Konfliktvermeidung angestrebt, was am sinnvollsten und leichtesten im Innen- und im Marginalbereich geschieht. Damit überwiegen Fälle, in denen die Wohnumfeldsituation unverändert bleibt, bei weitem, während Fälle mit verbesserter Wohnumfeldsituation nur in sehr geringem Maße anzutreffen sein werden.

Dem Typus 3 (I → A) sind ausschließlich Verschlechterungen der Wohnumfeldsituation zuzuordnen, die auf äußere Zwänge zurückzuführen sind, das heißt, es ist anzunehmen, daß die Zahl von Fällen dieses Typs tendenziell mit sinkendem sozialem Rang und höherer Altersgruppe (vom 60. Lebensjahr an) zunimmt.

Dem folgen zwei Hypothesen zu Beziehungen zwischen sozialem Status (Rang 1–13 in meiner Operationalisierung) und Veränderungen der Wohnumfeldqualität bei Umzügen.

c) Sozialer Status der Person (Rang) über dem Mittelwert

Das Maximum der Veränderungen ist statussichernd. Gleichbleibende Wohnumfeldqualität sollte überwiegen, gefolgt von Verbesserungen der Wohnumfeldsituation. Die Fälle von Verschlechterungen der Wohnumfeldsituation sollten I → A (Typ 3) zuzuordnen sein, sind also auf externe Komponenten zurückzuführen.

d) Sozialer Status der Person (Rang) unter dem Mittelwert

Das Maximum der Veränderungen ist statuserweiternd. Veränderungen der Wohnumfeldsituation nach oben (verbessernd) überwiegen demnach. Für Typ 3 gilt das in c) Gesagte: Die Kontakthypothese erlaubt jedoch eine gewisse Differenzierung nach den Altersgruppen. Bei Älteren überwiegen die Verschlechterungen im Typus 3, bei Jüngeren die Gleichbewertungen. Verbesserungen sollten so gut wie ausgeschlossen sein.

Die Überprüfung dieser Hypothesen kann auf die oben geschilderte Art stattfinden. Man vergleiche dazu die Tabellen 16 und 17.

Tabelle 16 tabuliert im oberen Streifen nach Altersgruppen und Umzugstypen, im unteren Streifen nach Statusgruppen und Umzugstypen. Die drei Variablen werden dabei in die folgenden Elemente zerlegt:

Alter: 1. Altersgruppen 1–3 (alle Personen unter 40 Jahre)
      2. Altersgruppen 4–8 (alle Personen 40 Jahre und älter)

Sozialer Status (Rang):   1. Ränge 1–7 (alle Personen über dem Rangdurchschnitt)
                                  2. Ränge 8–13 (alle Personen unter dem Rangdurchschnitt)

Wohnumfeldveränderung: 1. Verbesserung (Mittelwertveränderung der Polarprofile von 1,0 auf 1,2 und mehr)
                                      2. Gleichbleiben (Mittelwertveränderung der Polarprofile um maximal 0,1 auf 0,9 bzw. 1,1)
                                      3. Verschlechterung (Mittelwertveränderung der Polarprofile um mehr als 0,1 auf unter 0,9)

Tabelle 16: Beziehungen zwischen Alter, Wohnumfeldbewertung und Umzugstyp sowie zwischen Sozialstatus, Wohnumfeldbewertung und Umzugstyp: beobachtete Häufigkeiten

	Altersgruppen 1–3									Altersgruppen 4–8								
	Umzugstypen									Umzugstypen								
	1	2	3	4	5	6	7	8	9	1	2	3	4	5	6	7	8	9
Wohnumfeld verbessert	21	15	–	4	1	3	5	2	3	5	5	1	1	1	1	1	1	–
Wohnumfeld gleichgeblieben	22	12	2	5	2	3	4	3	2	12	6	–	2	–	–	2	–	3
Wohnumfeld verschlechtert	10	10	2	3	1	–	–	–	7	4	3	5	2	1	–	1	–	1
	53	37	4	12	4	6	9	5	12	21	14	6	5	2	1	4	1	4

	Sozialer Status über Mittelwert									Sozialer Status unter Mittelwert								
	Umzugstypen									Umzugstypen								
	1	2	3	4	5	6	7	8	9	1	2	3	4	5	6	7	8	9
Wohnumfeld verbessert	11	10	1	3	1	3	3	2	–	15	10	–	2	1	1	3	1	3
Wohnumfeld gleichgeblieben	20	9	–	4	1	3	1	1	1	14	9	2	3	1	–	5	2	4
Wohnumfeld verschlechtert	9	7	3	3	2	–	–	–	3	5	6	4	2	–	–	1	–	5
	40	26	4	10	4	6	4	3	4	34	25	6	7	2	1	9	3	12

Tabelle 17: Beziehungen zwischen Alter, Wohnumfeldbewertung und sozialem Status: beobachtete Häufigkeiten

		Altersgruppen 1-3									Altersgruppen 4-8								
		Umzugstypen									Umzugstypen								
		1	2	3	4	5	6	7	8	9	1	2	3	4	5	6	7	8	9
Sozialer Status (Rang) der Person 1-7	Wohnumfeld verbessert	10	8	–	3	–	2	2	1	–	1	2	1	–	1	1	1	1	–
	Wohnumfeld gleichgeblieben	13	5	–	3	1	3	1	1	1	7	4	–	1	1	–	–	–	–
	Wohnumfeld verschlechtert	6	6	2	2	1	–	–	–	3	3	1	1	1	1	–	–	–	–
		29	19	2	10	2	5	3	2	4	11	7	2	2	2	1	1	1	–
		Altersgruppen 1-3									Altersgruppen 4-8								
		Umzugstypen									Umzugstypen								
		1	2	3	4	5	6	7	8	9	1	2	3	4	5	6	7	8	9
Sozialer Status (Rang) der Person 8-13	Wohnumfeld verbessert	11	7	–	1	1	1	3	1	3	4	3	–	1	–	–	–	–	–
	Wohnumfeld gleichgeblieben	9	7	2	2	1	–	3	2	1	5	2	–	1	–	–	2	–	3
	Wohnumfeld verschlechtert	4	4	–	1	–	–	–	–	4	1	2	4	1	–	–	1	–	1
		24	18	2	4	2	1	6	3	8	10	7	4	3	–	–	3	–	4

149

Tabelle 17 tabuliert nach drei Dimensionen, nämlich Alter, sozialem Status und Wohnumfeldveränderung, faßt also die Tabulierungen aus Tabelle 16 zusammen. Die Einteilung erfolgt nach demselben Prinzip wie in Tabelle 16.

Wie man den Tabellen 16 und 17 entnehmen kann, sind wegen der niedrigen Probandenzahlen und der großen Zahl von Variablen die Tabulierungen nicht sehr besetzt. Die Ergebnisse sind also nur vorsichtig zu interpretieren. Da aber alle oben genannten Hypothesen bestätigt wurden, ist der Hypothesenkomplex trotz der kleinen Zahlen als bestätigt zu werten.

Die Ergebnisse seien im folgenden kurz zusammengefaßt.

a) Altersgruppe 1–3

Die erwartete Relation entsprach I → I = I → M. Die beobachteten Häufigkeiten entsprachen der Relation 18 = 18, also der erwarteten Relation. Für den Typus I → A entspricht die Summe aus der situativen Kombination 1 und 2 der Summe aus der situativen Kombination 2 und 3 oder ist etwas niedriger. Die Zahlenwerte sind sehr niedrig, aber entsprechen der Erwartung, nämlich 2 = 2; erhaltende und verändernde Bewegungen halten einander also die Waage. Als situative Kombinationen sind wieder Kombinationen aus der Variable Wohnumfeldsituation und Altersgruppe definiert (vergl. Tab. 16).

b) Altersgruppe 4–8

Bei Personen, deren sozialer Rang über dem Durchschnitt liegt, gilt die Relation, daß gleichbleibende Wohnumfeldsituation Verbesserungen der Wohnumfeldsituation überwiegt. Dies gilt jedoch nur für I → I und I → M. Die Beobachtungen ergaben die Relation 13 : 3, die Annahme aufgrund der Wanderungstheorie entspricht also der Beobachtung.

Für den Typus I → A gilt, daß Verschlechterungen überwiegen. Die beobachteten Werte waren: Verbesserungen + Gleichbleibende Wohnumfeldsituation = 1, Verschlechterungen der Wohnumfeldsituation = 5.

c) Sozialstatus über dem Mittelwert

Beim Typus I → I ist ein Überwiegen der gleichbleibenden Wohnumfeldsituationen vor den positiven Veränderungen zu erwarten. Die beobachteten Werte waren 29 gleichbleibende : 21 verbessernde Umzüge.

Für den Typus I → A gilt, daß Verschlechterungen überwiegen; dies entspricht der Relation von Verbesserungen zu Gleichbleibender Wohnumfeldqualität wie 1:3.

d) Sozialstatus unter dem Mittelwert

Für die Typen 1 und 2 (I → I und I → M) gilt, daß Verbesserungen den Fällen mit gleichbleibender Wohnumfeldqualität entsprechen sollten. Das Verhältnis der Beobachtungen war 25:23.

Beim Typus 3 (I → A) gilt, daß bei Älteren Verschlechterungen der Wohnumfeldsituation überwiegen sollten, bei Jüngeren jedoch Verbesserungen. Dies entspricht bei den Älteren einem Verhältnis von Verbesserungen und Fällen gleichbleibender Wohnumfeldqualität zu Verschlechterungen im Ausmaß von 0:4, bei den Jüngeren im Ausmaß von 2:0.

Obige Ergebnisdarstellungen zeigen deutlich, daß selbst bei Übertragung der Hypothesen auf mehrdimensionale Zusammenhänge (bis zu vier Dimensionen) sinnvolle Annahmen aus der Wanderungstheorie abgeleitet werden können. Andererseits kann nur eine wesentlich umfangreichere Untersuchung, die von einem Einzelnen nicht zu leisten ist, das Ausmaß umreißen, in dem die Wanderungstheorie und damit ein sozialpsychologisch fundierter geographischer Theorierahmen gültig bzw. einsetzbar ist.

4. Zusammenfassung der Ergebnisse der empirischen Überprüfung der Wanderungstheorie (Abschnitt V)

Im fünften Abschnitt wurde der Nachweis erbracht, daß eine auf der Theorie der marginalen Differenz und dem Konzept des Polarisierten Aktivitätsfeldes aufbauende Wanderungstheorie in der Lage ist, innerstädtische Umzüge zu erklären.

Die Hypothesen, die sich aus der Wanderungstheorie ergeben, wurden in drei Ebenen überprüft. Diese waren die Makroebene, auf der die allgemeine Gültigkeit der Theorie getestet wurde, die Mesoebene, auf der Hypothesen zu den Einzelmotiven, die das Umzugsverhalten bestimmen, getestet wurden und schließlich die Mikroebene, die die Gültigkeit von Hypothesen zum Umzugsverhalten von Individuen in besonderen situativen Kombinationen überprüfte. Unter situativen Kombinationen wurden Kombinationen von sozialem Status des Individuums, Wohnumfeldsituation, Wohnsituation und Altersgruppe verstanden.

Im einzelnen boten sich die folgenden Ergebnisse:

a) Die Makroebene

Die erste Hypothese besagte, daß Umzüge im Polarisierten Aktivitätsfeld um so wahrscheinlicher sind, je vertrauter, bekannter und näher die Standorte dem Individuum sind. Die Hypothese wurde voll bestätigt: *Umzüge erfolgen aufgrund von Vertrautheit, Bekanntheit und Nähe alternativer Standorte im Sinne einer tendenziellen Optimierung dieser Polarpaare.*

Die zweite Hypothese besagte, daß sich das Maximum aller Umzüge innerhalb des Innenbereichs und zwischen Innenbereich und Marginalem Erweiterungsbereich abspielt. Die Hypothese wurde voll bestätigt: *Der überwiegende Teil aller Umzüge ist erhaltend oder marginal erweiternd, umfaßt also den Innenbereich und den Marginalen Erweiterungsbereich des Polarisierten Aktivitätsfeldes.*

b) Die Mesoebene

Diese Ebene umfaßte Hypothesen zu den Motiven Kontakterhaltung, Konfliktvermeidung, Aufwandsminimierung und Situationsverbesserung, die sämtlich bestätigt werden konnten. Das bezeichnende Ergebnis erbrachte die Untersuchung der Bedeutung des Motivs „Situative Verbesserung". *Es wurde festgestellt, daß eine nur marginale Veränderung im objektiven Raum eine maximale subjektive Situationsverbesserung bewirkt.* Das bedeutet, daß individuelle Entscheidungen im objektiven Raum nicht nach dem Prinzip der Maximierung der erreichbaren Differenz ablaufen, sondern nach dem Prinzip einer marginalen Differenz von Ausgangs- und Zielsituation. Umzugsverhalten ist folglich auf eine marginale Verbesserung der gruppentypischen Wohnsituation, Wohnumfeldsituation oder – global – der Wohnstandortssituation ausgerichtet.

c) Die Mikroebene

Die Mikroebene umfaßte Hypothesen zum Verhältnis von individuellen Situationstypen (situative Kombinationen zwischen Sozialstatus, Altersgruppe, Wohnsituation, Wohnumfeldsituation) und Umzugstypen. Eine erste Hypothesengruppe befaßte sich mit dem Verhältnis von Wohnstandortssituation, Sozialstatus und Umzugsverhalten. *Es zeigte sich, daß die Beziehung zwischen Sozialstatus und Umzugstyp deutlich selektiv ist, daß also der Sozialstatus in starkem Maße den Umzugstyp bestimmt,* also ob ein Individuum im Innenbereich seines Polarisierten Aktivitätsfeldes umzieht oder in den Marginalen Erweiterungsbereich zieht, ob es im Außenbereich verbleibt oder zurück in den Innenbereich zieht usw. Dabei stellte sich heraus, daß Umzüge innerhalb des Innenbereichs am häufigsten in den hohen und niedrigen Statusgruppen vorkommen, Umzüge in den Marginalen Erweiterungsbereich, also Umzüge, die einer marginalen Situationsverbesserung dienen, besonders in den mittleren Statusgruppen, mit praktisch fehlenden Beispielen für die niedrigsten Statusgruppen. Dies ist auf die unterschiedliche Bedeutung der Motive Kontakterhaltung und Konfliktvermeidung innerhalb der Statusgruppen zurückzuführen sowie auf den typischen Mittelklassendrive zum sozialen Aufstieg. Es zeigte sich weiter, daß auch für die Mittelklassen ein Aufstieg über eine marginale Erweiterung des Polarisierten Aktivitätsfeldes hinaus bzw. über eine marginale Verbesserung der Situation hinaus äußerst selten ist. Das bedeutet aber, daß innerstädtische Umzüge stark auf kleinsten Situationsdifferenzen abgewickelt werden, die in keinem der herkömmlichen Modelle berücksichtigt werden.

Eine zweite Hypothesengruppe umfaßte die Beziehungen zwischen Wohnumfeldsituation, Sozialstatus und Alter einerseits sowie dem Umzugstyp andererseits. Deutlich zeigte sich eine Altersabhängigkeit des Umzugstypus: Je älter ein Individuum, desto größer ist die Wahrscheinlichkeit, daß ein Umzug innerhalb des Innenbereichs stattfindet (mit einer geringen Neigung, daß bei den ältesten Altersgruppen der Rückzug in den Innenbereich Bedeutung erlangt). Die Tendenz zur marginalen Erweiterung des Polarisierten Aktivitätsfeldes bzw. zur marginalen Verbesserung der Situation nimmt in einer fast linearen Beziehung mit dem Alter ab (von 30 % aller Fälle für die 20jährigen bis zu 10 % aller Fälle für die über 65jährigen). *Im einzelnen konnte gezeigt werden, daß Veränderungen der Wohnumfeldqualität ursächlich mit Umzugstypen verbunden sind und daß jene Umzugstypen am häufigsten mit Verbesserungen der Wohnumfeldqualität aus der Sicht des Betrachters verbunden sind, die marginale Situationsverbesserungen in bezug auf die gesamte Wohnstandortssituation darstellen* bzw. in denen ein Umzug im Innenbereich oder in den Marginalen Erweiterungsbereich erfolgt. Diese Feststellung deckt sich mit jenen Ergebnissen, die bereits in den Makrohypothesen bestätigt wurden.

Die Ergebnisse zeigen, daß Umzüge der situativen Verbesserung im Polarisierten Aktivitätsfeld dienen, wobei die erreichte objektive Veränderung einer marginalen Veränderungsspanne der Situation entspricht, die aber subjektiv als große Veränderung angesehen wird. Das ist deshalb der Fall, weil die Wohnstandortswahl als Kompromiß zwischen streitenden Motiven ausgeführt wird, so daß eine objektiv schwache Veränderung, die nichtsdestotrotz die maximale *positive* Veränderung darstellt, als beste Alternative angesehen wird.

Mit der Bestätigung der Bedeutung des Polarisierten Aktivitätsfeldes für die Erklärung innerstädtischer Umzüge wird deutlich, wie sich über das objektiv sichtbare Muster städtischer Viertel und Nachbarschaften zahllose subjektive Muster, individuelle Aktivitätsfelder legen, die jeder objektiven Einheit gänzlich verschiedenen Wert beimessen, sie unterschiedlich sehen, unterschiedlich differenzieren. Ein Wohnviertel mit homogener Struktur ist eben nicht nur ein räumlicher Ausschnitt der Stadt mit gleichartiger Baustruktur und gleichartiger Zusammensetzung der Bevölkerung, sondern für den Umzugswilligen vielmehr ein fernes Wunschziel, ein erreichbares, weil nur marginal über dem eigenen Standard liegendes Umzugsziel, ein nahes, vertrautes und bekanntes Viertel, das vorrangig in Entscheidungen eingeht – oder es ist ein völlig unbekanntes Viertel, nur mäßig vertraut, weil es statusmäßig ziemlich überlegen ist, und das deshalb, obwohl es nahe liegt, nicht als Ziel infrage kommt. Die Wahrscheinlichkeit, daß jemand in dieses Viertel zieht, hängt vom Status des Viertels ab, vom Status der Person und der Differenz zwischen den beiden Werten. Sie hängt weiterhin ab von der räumlichen Nähe zum bisherigen Standort des Umzugswilligen, von der Information über das Viertel, die wieder von der persönlichen Historie des Umzugswilligen abhängt, aber auch von der Größe des Viertels und der Reklame, die für seine Wohnungen gemacht wird. Und schließlich ist die Umzugswahrscheinlichkeit eine Funktion der Vertrautheit, nicht nur in bezug auf die soziale Zusammensetzung des Viertels, sondern auch in bezug auf die charakteristischen visuellen und akustischen Erscheinungen des Viertels, seine Baulichkeiten, Strukturen der Anordnung, Durchblicke, landschaftliche Einbindung und weitere Charakteristika.

Ich schließe diese Zusammenfassung mit einem scheinbaren Paradoxon: *Die Menschen verhalten sich, wenn sie sich für marginale Situationsverbesserungen im Polarisierten Aktivitätsfeld entscheiden, optimierend, weil sie sich in bezug auf das Maß der Veränderung minimierend verhalten. Je größer das Maß der Veränderung, desto größer die Einbuße an Zufriedenheit, die durch die Einflüsse des Motivs der Kontakterhaltung, der Konfliktvermeidung, des sozialen Vergleichs bewirkt wird. Nur die marginal kleinen Schritte sind Fortschritte.*

VI. Humangeographische Forschung auf sozialpsychologischer Basis in weiteren Forschungsbereichen

Die in den Abschnitten II und III aufgestellten Konzepte und Theorien wurden in Abschnitt IV auf eine Wanderungstheorie übertragen, deren empirische Gültigkeit in Abschnitt V überprüft wurde. In ähnlicher Breite einen weiteren geographischen Forschungsbereich darzustellen, ist im Rahmen dieser Arbeit nicht möglich; jedoch sollen einige ausgewählte Beispiele die Bedeutung sozialpsychologischer Fundierung raumwissenschaftlicher Analyse zumindest in den Umrissen darstellen.

A. Typen raumüberwindenden Verhaltens und humangeographische Erklärungsversuche

Raumüberwindendes Verhalten wird gerne in Anlehnung an die Grunddaseinsfunktionen kategorisiert, also in raumüberwindendes Verhalten im Bereich der Daseinsfunktionen „wohnen" (Wanderungs- und Umzugsverhalten), „am Verkehr teilnehmen" (Verkehrsteilnahmeverhalten), „sich versorgen" (Einkaufs- und Versorgungsverhalten) und so fort. Die dahinter stehende Überlegung ist die, daß soziale Gruppen je nach Grunddaseinsfunktion unterschiedliche raumwirksame Bedeutung für den Ablauf raumzeitlicher Prozesse und somit für die Entstehung räumlicher Muster haben.

Diese Vorstellung ist sicher richtig, aber sicher auch zu einfach. Die Raumwirksamkeit sozialer Gruppen ist, wie wir gesehen haben, an Verhaltensgesetze gebunden, die nach Grunddaseinsfunktionen und Gruppenzugehörigkeit unterschiedliche Parameter aufweisen, die aber auch, was im gegebenen Zusammenhang besonders wichtig ist, die Entstehung unterschiedlicher Bewertungszonen im Polarisierten Aktivitätsfeld und schließlich auch die Reaktion auf die Charakteristika dieser drei Zonen steuern. Die Verhaltensziele lassen sich dabei mit der Theorie der marginalen Differenz beschreiben, deren raumbezogene Aussage ist, daß Verhalten auf marginale Situationsveränderungen im Raum oder Erreichen marginaler Situationsveränderungen durch Bewegungen im Raum gerichtet ist.

Sozialpsychologische Fundierung raumwissenschaftlicher Analyse ist aber weit mehr als nur die Übertragung einer Attitüden- oder Motivationstheorie auf raumwissenschaftliche Fragestellungen. Mit diesen Theorien sind die individuellen Abweichungen von Mental Maps nicht voll zu erklären, da wir heute noch viel zu wenig davon verstehen, welche Elemente einer Landschaft, eines Ortes, eines Stadtviertels vom Individuum nach welchen Kriterien skaliert werden, um zu Bewertungen zu gelangen. Die Theorie der marginalen Differenz kann hier nur eine bescheidene Aussage machen; ist sie doch eine Entscheidungstheorie und nicht eine Theorie der Bildung von Einstellungen. Für das genannte Problem werden psychometrische Techniken in der Psychologie und im geographischen Forschungsbereich der Environmental Perception gleichzeitig entwickelt, gleichzeitig werden auch Versuche der Konzeptualisierung gemacht: ein Beispiel für die konkurrenzfreie Zusammenarbeit zweier Wissenschaften in einem zentralen (nicht etwa randlichen) Forschungsbereich.

Die gegebenen Beispiele sollen also weniger zeigen, wie die in den ersten Hauptteilen dargestellten Konzepte und Theorien auch für andere geographische Forschungsbereiche nutzbar gemacht werden können, als vielmehr einen allgemeinen Überblick geben, welche Beiträge der sozialpsychologische Ansatz für die Lösung geographischer Fragestellungen zu geben in der Lage ist.

1. Am Verkehr teilnehmen

Fortschritte im Verständnis für die Wahl des Verkehrsmittels und des Verkehrsweges wurden in den letzten Jahren ausschließlich in der mikroanalytischen Forschung erzielt. Beispiele dafür sind etwa die Arbeiten von NICOLAIDIS (1975) oder O'FARRELL und MARKHAM (1974). Die Arbeit von Nicolaidis faßt zwei frühere Publikationen desselben Autors zusammen und zeigt, wie psychometrische Techniken in der Lage sind, das Verkehrsteilnahmeverhalten zu interpretieren. Nicolaidis führt Anforderungen an das Verkehrsmittel auf zwei Dimensionen zurück, die voneinander unabhängig sind, nämlich den physischen Aufwand, den die Benutzung eines Verkehrsmittels verlangt, und den Kontakt mit der Umgebung, den das Verkehrsmittel ermöglicht, bzw. die Kontrolle der Umgebung, die es erlaubt. Für uns ist daran interessant, daß aus einer semantischen Skalierung (neun statements über den Reisekomfort bei insgesamt sieben Verkehrsmitteln) zwei Entscheidungsdimensionen gewonnen wurden, die wesentlichen Einfluß auf die Auswahl des Verkehrsmittels haben, eminent bedeutungsvolle Ergebnisse also, wenn man sie von praktisch planerischer Seite sieht. Diese Entscheidungsdimensionen sind letztlich erst die Erklärungsdimensionen, auf die wir bei der Untersuchung des Verkehrsteilnahmeverhaltens hinzielen; denn sie bestimmen die Abweichungen von den allgemeinen Regeln, wie sie das Gravitationsmodell zusammenfaßt.

In meiner Arbeit über die Perzeption der Distanz im städtischen Verkehrswegenetz (HÖLLHUBER 1974) habe ich zu zeigen versucht, wie Verkehrsteilnahmeverhalten als Wegesuchverhalten von räumlich verzerrten, nämlich auf den subjektiven Standort (den Innenbereich des Polarisierten Aktivitätsfeldes) konzentrierten Mental Maps des Verkehrswegenetzes beeinflußt wird. Es zeigte sich, daß in einer innerstädtischen Situation die Vorstellung über das Verkehrswegenetz einer Stadt überstark auf Verkehrswege geprägt ist, die in direkter Linie vom oder zum Wohnstandort des Individuums führen, während verbindende Linien ausgespart bleiben. Dies bedeutet aber, daß Entfernungsschätzungen mit großen Fehlern behaftet sind, Verkehrsteilnahmeverhalten folglich nicht auf voller Information beruht und – selbst wenn es subjektiv kostenoptimierend verläuft – objektiv als suboptimal einzustufen ist. Jede subjektive Mental Map beruht zudem auf den individuellen Bedingungen des Subjekts: Zonen besserer Kenntnis und Unterschätzung der Weglänge sind nur erklärbar, wenn man berücksichtigt, daß im Polarisierten Aktivitätsfeld der Person jene Bereiche die höchsten Bewertungen erfahren, die – als marginal überlegen erachtet – dem Subjekt voll vertraut und ihm durch frühere Erlebnisse persönlich verbunden sind. Sie sind auch diejenigen, bei denen es zu den höchsten entfernungsmäßigen Fehleinschätzungen kommt.

Die Beispiele sollen zeigen, in welcher Richtung mikroanalytische Forschung auf der Basis individueller Entscheidungsfindung bisher verlief. Ich meine, daß die Ergebnisse dieser und vieler anderer Arbeiten in folgender Form für zukünftige Untersuchungen nutzbar gemacht werden könnten:

Ein wesentliches Element der Erklärung von Verkehrsteilnahmeverhalten ist sicher die individuelle und gruppenspezifische Einstellung zu verschiedenen Verkehrsmitteln. Davon handelt die Arbeit von NICOLAIDIS (1977). Auch in diesem ganz unspezifischen Bereich der Verkehrsteilnahme ist die Gültigkeit fundamentaler Annahmen über Attitüdenbildung und Motivation von Bedeutung, einerseits in der Frage, welche Motive bei der Wahl des Verkehrsmittels eine Rolle spielen, und andererseits, in welchem Rang sie für die Auswahl herangezogen werden. Dabei spielen gruppentypische und für Bereiche unterschiedlichen Entwicklungsstandes typische Anspruchsniveaus eine tragende Rolle; denn sie bestimmen die Höhe, über der Anspruchsniveauverbesserungen aufgebaut werden.

Ein weiteres Element der Erklärung des Verkehrsteilnahmeverhaltens ist die Wahl des Verkehrsweges. Bei diesem Entscheidungstyp wird die individuelle und gruppentypische Einstellung zu Verkehrswegetypen im Sinne von schnellen, angenehmen, szenisch abwechslungsreichen, breiten oder schmalen, mehr oder weniger gut ausgebauten Verkehrswegen – in diesem Falle von Straßen – die Erklärung für individuelles Verhalten abgeben. Die Arbeit von ULRICH (1974) hat diesen Problemkreis aufgegriffen und gezeigt, daß es alters- und geschlechtsspezifische Präferenzen für Verkehrswegetypen gibt. Die Lage von Verkehrswegen innerhalb der Einheiten des Polarisierten Aktivitätsfeldes vermag möglicherweise Aufklärung über bestimmte Routenwahlen zu geben: Ich postuliere, daß bei gleicher objektiver Ausstattung jene Route vorgezogen wird, die durch einen Innen- oder Marginalbereich des Polarisierten Aktivitätsfeldes führt, wogegen eine durch den Außenbereich führende abgelehnt wird.

Verkehrsteilnahmeverhalten ist vor allem aber auch zielgebunden. Die Wahl des Verkehrsmittels und der Route sind in hohem Maße abhängig vom Verhaltensziel, denn „am Verkehr teilnehmen" ist üblicherweise, sieht man von jenen ab, die z. B. Autofahren aus Spaß an der Sache betreiben, kein Ziel an sich. Eine berufsgebundene Verkehrsteilnahme ist anderen Auswahlkriterien unterworfen als eine freizeitbedingte. Die Stellung des Verhaltensziels in einer Hierarchie fundamentaler Drives, wie sie im Abschnitt II vorgestellt wurde, bestimmt die Freiheit, mit der Mittel und Wege ausgewählt werden, legt aber auch Spielraum und Differenz von Möglichkeiten und Zielen fest. Objektive Situationsveränderungen werden nur sehr langsam und in kleinen Schritten zu veränderten Verhaltensweisen führen. Dasselbe gilt für das Routenwahlverhalten. Einschränkend macht sich das Ausmaß des Handlungsspielraumes bemerkbar: Wir haben festgestellt, daß bei geringem objektivem Spielraum die Wahrscheinlichkeit marginal verbessernder Handlungen wesentlich geringer ist als bei objektiv hohem Spielraum. Hierfür spricht, daß erfahrungsgemäß soziale Schichten mit niedrigem Einkommen wesentlich höhere Ortsgebundenheit aufweisen als Gruppen mit höherem Einkommen, was nichts mit den geringeren Möglichkeiten zu tun hat: Wer seit Jahren auf dem selben Wege nach Caorle oder Bibione fährt, um dort Urlaub zu machen, könnte dies ebenso gut und mit gleichen Kosten auf alternativen Routen oder in einem anderen Ort, wenn nicht sogar anderem Land, tun.

2. Sich erholen

Obige Ausführungen haben schon angedeutet, wo die Möglichkeiten eines mikroanalytischen, sozialpsychologisch fundierten Erklärungsansatzes in der Humangeographie für die Erklärung des Erholungsverhaltens liegen. Zusammengefaßt sind es die folgenden Möglichkeiten:

1. Erforschung schicht- und gruppenspezifischer Vorstellungen über Erholung und Freizeit. Diese Forschungsrichtung hat bereits zu mehreren Klassifizierungsversuchen geführt (wie jener der Outdoor Recreation Resources Commission der Vereinigten Staaten), die in bezug auf das Erholungsverhalten vier grundsätzliche Typen unterschied:
   den Backwood-Typ (Campen, Angeln, Jagen, Bergsteigen)
   den Bootskulturtyp (Segeln, Bootfahren, Wasserski, Tauchen)
   den Countryclub- und Grillplatztyp (Schwimmen, Radfahren, Reiten,
      Spiele in der Gruppe, Picknicks)
   den passiven Typ (Autofahren, Spazierengehen, beim Fußball zuschauen).
2. Erforschung und Anpassung individueller Wünsche an externe Möglichkeiten und gruppentypische Leitbilder in spezifischen Umwelten. Die Auswahl des Individuums unter alternativen Möglichkeiten führt zu charakteristischen Mental Maps von Umwelten, die in steigendem Maße das Interesse der Sozial- und Raumwissenschaftler finden. Beispielhaft ist die frühe Arbeit von Lucas (1964) über die Mental Maps unterschiedlicher Verhaltensgruppen: Lucas verglich die Begrenzung des Landschaftstyps „Wildnis" durch drei Gruppen, nämlich Kanuten, Camper und Autofahrer, in einem gegebenen Gebiet. Die Unterschiede konnten als unterschiedliche Distanzfunktionen von der an einem Erholungsgebiet vorbeiziehenden Straße dargestellt werden.
3. Welche Bedeutung hat das Konzept des Polarisierten Aktivitätsfeldes für die Erklärung von Erholungsverhalten? Sind ganz bestimmte Bereiche des Polarisierten Aktivitätsfeldes stärker dazu prädestiniert, Erholungsgebiete zu

werden als andere? Die wahrscheinlichsten Zielbereiche in der Umwelt des Individuums sind jene, die im allgemeinen in ihrer Struktur vertraut sind, von der eigenen sozialen Schicht akzeptiert sind, üblicherweise gut bekannt sind. Ihre Nähe oder Ferne hängt von typischen zeitlichen oder pekuniären Einschränkungen ab. Erholung sollte jedenfalls a) Kontakte ermöglichen (nämlich zur eigenen sozialen Gruppe oder zu einer marginal höher eingeschätzten sozialen Gruppe), b) Konflikte vermeiden (z. B. durch Unkenntnis der bestimmenden Elemente der Umwelt), situative Verbesserungen ermöglichen (z. B. durch das soziale Prestige eines Urlaubs, der als gerade über dem Standard der Gruppe eingeschätzt wird, aber auch ganz einfach durch einen Zuwachs an Spannkraft).

4. Welche Bedeutung hat der Handlungsspielraum auf das Anspruchsniveau einer Person, unabhängig von der sozialen Stellung?
Diese Frage ist von großer Bedeutung in allen raumüberwindenden Verhaltenstypen, ist aber für das Erholungsverhalten besonders bedeutsam, da besonders viele Ziel- und Wegalternativen vorhanden sind, gravierende Fehlentscheidungen aber kaum auftreten können (im Gegensatz etwa zum Wohnungswahlverhalten). An den Handlungsspielraum gebundene Differenzen von Mental Maps eines Erholungsgebietes hat FICHTINGER (1974) bei Schulkindern untersucht.

5. Welche Rolle haben fremdgesteuerte (reklamebeeinflußte) Images für die Erholungsentscheidung? Eine Theorie der Attitüdenbildung sollte erklären können, warum sich so viele Menschen immer wieder von der Realität ihres Urlaubs enttäuscht finden – und im nächsten Jahr wieder wegen des tiefen Blaus auf den Reklamen nach dem Süden fahren.

3. Sich versorgen

Dieser Typus eines Verhaltenszieles läßt sich aus pragmatischen Überlegungen in zwei Elemente zerlegen: a) die Entscheidung für ein Produkt und b) die Entscheidung für einen Standort, an dem das Produkt nachgefragt wird. In der Realität haben wir es mit einem integrierten Prozeß zu tun, der als Optimierungsprozeß gesehen werden kann und mittels verschiedener Skalierungsverfahren (vergl. z.B. die Arbeiten zur revealed space preference von RUSHTON 1969, 1971), im Modell wiedergegeben wurde. Die Entscheidung für einen Standort ist in zahlreichen empirischen Arbeiten und einer Fülle theoretischer Studien überprüft und systematisiert worden. Es fehlt jedoch immer noch eine mikroanalytische Verhaltenstheorie des Versorgungsverhaltens. Einige Theorien hat GUY (1975) zusammengestellt, ohne jedoch zu einer integrierten Theorie zu gelangen. Seine Lerntheorien und ökonomischen Verhaltenstheorien widersprechen einander in mehreren Fällen und sind sicher aus diesem Grund nicht geeignet, für die Erklärung von Versorgungsverhalten eingesetzt zu werden. Andererseits bieten sie als isolierte Theorien zahlreiche Einsichten in Versorgungsverhalten, ob nun das ökonomische Verhaltensmodell von Marshall die Nutzenoptimierung beleuchtet oder das sozial-psychologische Modell nach Veblen den sozialen Aspekt der Imitation und Normbezogenheit beim Einkaufen hervorhebt oder gar das Freudsche psychoanalytische Modell die unterbewußten Triebe heranzieht, um Kaufzwänge und Kauf z. B. sexualsymbolischer Artikel zu erklären.

Die wichtigsten Elemente, die den Entscheidungsprozeß beim Versorgungsverhalten beeinflussen, sind a) die Information über Geschäfte, deren Lage und Ausstattung, b) die Distanz zu Geschäften unterschiedlicher Attraktion, c) die raum-zeitliche Suche, also der Suchprozeß des Käufers in seiner subjektiven Umwelt nach geeigneten, ihn befriedigenden Geschäften, an die er sich allmählich gewöhnt, und schließlich d) die individuelle Einstellung zum Einkaufen, die vom Typus des Schaufensterbummlers bis zu jenem des Einmal-im-Monat-Einkäufers reicht.

a) Die klassische Theorie der Zentralen Orte nimmt als vereinfachendes Verhaltenspostulat an, daß der Nachfrager am nächsten Ort einkauft, wo dieses Gut angeboten wird, daß er also seinen distanziellen Aufwand minimiert. Das Axiom ist nur erfüllt, wenn dem Käufer unbeschränkte Information über Lage, Ausstattung und Angebot aller Geschäfte zur Verfügung steht. Das ist sicher nicht der Fall. Innerhalb des Polarisierten Aktivitätsfeldes existieren Bereiche ganz unterschiedlicher Information und Attraktivität, die Distanzen entsprechen nicht den objektiven Entfernungen, sondern sind gerade durch Attraktivität und Anzahl von Informationen gewichtet: Je nach sozialer Schicht, je nach persönlichem Hintergrund und individueller Erfahrung sieht das Polarisierte Aktivitätsfeld anders aus. In der Realität werden aus der Fülle alternativer Ziele jene ausgewählt, die in Bereichen der Vertrautheit und subjektiven Nähe liegen. Das Problem der Substituierung und der Kombination von Erledigungen stellt sich ebenfalls, dürfte aber einer verhaltenstheoretischen Erklärung derzeit aus Mangel an empirischen Daten noch nicht zugänglich sein.

b) Wie schon oben vermerkt, haben unterschiedliche Bevölkerungsgruppen bei der Abwägung zwischen Distanzkosten und Attraktivität von Geschäften ganz unterschiedliche Kriterien und Parameter. Die in den Abwägungsprozeß eingehenden Distanzen sind zudem, da sie ja subjektive Distanzen darstellen, ebenfalls unterschiedlich, wie auch die Attraktivitäten, die ja zumindest zum Teil eine Funktion gruppentypischer Leitbilder sind, differieren. Auf solcher Basis eine multidimensionale Skalierung zu versuchen, ist problematisch – die Interpretation der Ergebnisse vielleicht noch mehr. Forschungsschwerpunkte sind nötig im Bereich der Beziehungen von Distanzschätzung und Attraktivität und im Bereich gruppentypischer Abwägungsprozesse – die Bedeutung eines sozialpsychologischen Ansatzes ist leicht einzusehen.

c) Die raum-zeitliche Suche, der Suchprozeß, verläuft nach gewissen, typischen Regeln. Im wesentlichen treten die drei Typen volle Suche, gezielte Suche und zufällige Suche auf. Im ersten Fall wird der Kauf nur getätigt, wenn ein im vorhinein bekanntes Objekt in der gesuchten Qualität gefunden werden konnte. Im zweiten Fall ist meist ein Rahmen für das Gut gegeben, während das Geschäft bestimmt werden muß, möglicherweise auch ist eine Reihe von Geschäften bestimmt, in denen eine Güterkategorie erworben werden soll. Im dritten Fall ist die Güterkategorie meist so niedrig in einer Güterhierarchie, daß es egal ist, wo man sie erwirbt. Dies trifft vor allem für Dinge des täglichen Bedarfs zu, die überall erworben werden können.

Der Suchprozeß ist mehrfach untersucht worden, wobei die zwei gegensätzlichen Theoriebereiche der Gestaltpsychologie und der Verstärkungstheorie jeweils den Erklärungshintergrund abgaben. Ein interessantes Beispiel geographischer Provenienz bieten GOLLEDGE und ZANNARAS (1973), die Häufigkeit von Einkaufsfahrten und Gewöhnung in entfernter Anlehnung an verstärkungstheoretische Überlegungen korrelierten. Der Forschungsbereich ist noch keineswegs abgeschlossen: Gerade in diesem Bereich wissen wir noch allzu wenig. Wie ein Polarisiertes Aktivitätsfeld entsteht, welche Bedeutung Kindheitseindrücke haben, wie weit Gewöhnung unter welchen Bedingungen zu hohen Bewertungen führt, das alles ist noch zu wenig erforscht. Ich meine, daß der verstärkungstheoretische Ansatz für die Erklärung des Suchverhaltens ungeeignet ist, wie ich schon in meiner Arbeit zu wahrnehmungswissenschaftlichen Konzepten innerstädtischen Umzugsverhaltens vermerkte. Die feldtheoretischen und neueren kognitiven Konsistenztheorien sollten hier eher sinnvolle Erkenntnisse ermöglichen.

d) Individuelle Einstellungen zum Einkaufen sind bedeutungsvoll, weil sie den Bereich bestimmen, in dem eingekauft wird, im Supermarkt, beim Händler um die Ecke, in der großstädtischen Einkaufszone oder bei einem peripheren Großmarkt. Ob diese Einstellungen gruppentypisch sind, bleibe dahingestellt; daß sie große Bedeutung für die Erklärung räumlicher Beziehungsmuster haben, ist evident.

B. Einige humangeographische Forschungsrichtungen und der Beitrag sozialpsychologischer Theorien und Konzepte zu ihrer Weiterentwicklung

1. Zur geographischen Diffusionsforschung

Die Diffusionsforschung ist eine interdisziplinäre Forschungsrichtung, an der sich die Geographie maßgeblich sowohl in bezug auf ihre Entstehung als auch in bezug auf heutige Fortschritte beteiligte. In der Diffusionsforschung wurden wohl erstmals innerhalb der Soziologie bewußt psychologische Gruppierungen gewagt: Die Typen der Adaptoren entsprechen psychologischen Typen des Annahmeverhaltens von Attitüden: Innovatoren, frühe Adaptoren, frühe Majorität, späte Majorität und Nachzügler sind charakteristisch für die fünf Bereiche der Innovationskurve (H. ALBRECHT 1969; BORCHERDT 1961). Die Agrarsoziologie hat ihrerseits ebenfalls von psychologischen Konzepten profitiert, wie z.B. ein Blick auf die Begründungszusammenhänge für den Adaptionstyp in Tabelle 3 bei H. ALBRECHT (1969) zeigt. Die Übernahme von Konzepten der Sozialpsychologie, die das Übernahmeverhalten von Innovationen und das Weitergabeverhalten von Informationen erklären helfen, ist jedoch sehr unsystematisch; an eine logische Herleitung aus sozialpsychologischen Theorien wurde bisher nicht gedacht. Daß aber andererseits die Vorhersagewahrscheinlichkeit eines der gängigen raum-zeitlichen Prozeßmodelle der Diffusion wesentlich gewinnen würde, setzte man bei den unterschiedlichen Adaptorengruppen psychologisch untermauerte Übernahmewahrscheinlichkeiten ein, ist wohl nicht zu bezweifeln.

Das Übernahmeverhalten von Innovationen oder Informationen, Techniken usw. ist stark sozial, kulturell und räumlich-lagemäßig gefärbt. Der Standort eines potentiellen Adaptors auf einem urban-ruralen Gradienten, auf einem Zentrum-Peripherie- oder Modernität-Traditionalitäts-Gradienten bestimmt dessen wahrscheinliches Verhalten. Diese Lagekomponenten sind unabhängig von ersteren Charakteristika, die über sozialen Status, Größe der landwirtschaftlichen Produktionseinheit (bei landwirtschaftlichen Betrieben), Qualität und Länge der Ausbildung und Risikobereitschaft die Wahrscheinlichkeit zur Adaption beeinflussen. Wegen der dualistischen Entwicklung von Regionssystemen, die miteinander wirtschaftlich verbunden sind, hat die Adaptionsselektion über Zentrum-Peripherie-Gradienten große Bedeutung für die zukünftige Situation ohnehin benachteiligter Gebiete: Die Diffusion z.B. agrarischer Innovationen geht gerade in diesen Gebieten, in denen sie besonders dringend benötigte Erfolge bringen könnte, besonders langsam vor sich. Für die Wirtschafts- und Sozialgeographie ist somit das regionale Niveau der Risikobereitschaft und Adaptionsbereitschaft als Funktion irgendwelcher räumlicher bzw. distanzieller Gradienten ein wesentliches Forschungsziel.

Die Aktivitätsfeldforschung innerhalb der Geographie hat ebenfalls in der Diffusionsforschung ihre Anfänge erlebt (HÄGERSTRAND 1953, 1967). Das Konzept des Informationsfeldes des Individuums, wie es Hägerstrand operationalisiert hat, ist für den Typus von ihm verwendeter Modelle (Monte-Carlo-Modell) optimal geeignet, aber nicht geeignet für die Untersuchung der Gründe z. B. für den hohen Prozentsatz von Nachzüglern in einer Region, die rasche Übernahme in einer anderen, den hohen Prozentsatz von Innovatoren in der dritten Region. Zweifelsohne sind Hägerstrands Modelle dafür auch nicht gedacht. Sie sollen ja mögliche raum-zeitliche Prozesse simulieren; aber die starke Beschäftigung gerade mit diesen Modellen hat etwas verschleiert: Daß damit noch keine Erklärungen verbunden sind. Ein Modell des Polarisierten Aktivitätsfeldes, in dem Übernahmewahrscheinlichkeiten nicht einfach distanziell variieren, sondern nach den Kriterien für die Bestimmung dieses Aktivitätsfeldes – etwa wie dies bei der Operationalisierung in Abschnitt V versucht wurde –, könnte interessante Ergebnisse liefern, indem es die Bedeutung einzelner subjektiver Parameter, wie Vertrautheit oder Bekanntheit, neben dem rein distanziellen Aspekt abklären könnte.

2. Standorts- und Produktionsentscheidungen in der Landwirtschaft

Innerhalb der landwirtschaftlichen Produktions- und Standortstheorie ergab sich, wenn wir hier nur die geographische Entwicklung betrachten, am frühesten eine kritische Basis zur allgegenwärtigen normativen homo-oeconomicus-Theorie vom Typ der von Thünenschen Landnutzungstheorie mit ihren äußerst restriktiven Verhaltensannahmen. Gestützt wurde diese Kritik zunächst durch die auffälligen Abweichungen der tatsächlichen Produktionsstruktur vom erwarteten Muster sowie durch das Problem, mit dieser Theorie die starken Schwankungen der Nutzungsstruktur zu erklären. Um Beispiele für real-world-Nutzungsringe von Produkten zu finden, mußte man unterentwickelte Gebiete heranziehen, wie Zentralsizilien oder Nordostafrika. Zweifellos erklärt das von Thünensche Modell einen Teil der Wirklichkeit, aber es versagt bei Strukturen, bei denen die modellintegrierten Komponenten nur teilbestimmend sind, also praktisch in allen modernen Gesellschaften.

Die Diskussion wurde gefördert durch die Arbeit von WOLPERT (1965, 1970), die zeigte, daß das homo-oeconomicus-Prinzip rationalen und profitmaximierenden Handelns nicht für individuelle Entscheidungen, sondern allenfalls für jene von Gesellschaften oder Firmen zutrifft. Vielmehr handeln Landwirte nicht ökonomisch optimierend, sondern suchen einen ganz subjektiven

Befriedigungswert zu erreichen. Die beiden Konzepte, die hinter diesen Annahmen stehen, sind das Optimizer- und das Satisficer-Konzept (vergl. HÖLLHUBER 1977 b).

Rationales Handeln ist das eine der grundlegenden Axiome des Optimizer-Modells, Profitmaximierung das andere. Rationales Handeln ist in der Realität eine Seltenheit, ist doch Handeln von sozialgruppentypischen Zielvorstellungen, traditionellen Übereinkünften, moralischen Regeln und der Intelligenz wie der Einsatzbereitschaft des einzelnen abhängig. Die Profitmaximierung ist ebenso wenig charakteristisch für das Handeln; denn Optimierungsverhalten ist anstrengend, und es ist zweifelhaft, ob die durch zusätzliche Anstrengungen noch möglichen Gewinne bei Annäherung an die theoretische Obergrenze des erreichbaren Profits noch in einer für das Individuum sinnvollen Relation zueinander stehen: Die Aufwandskurve ist als Grenzkostenkurve von Einheit zu Einheit ungünstiger. Andererseits ist für rationales Handeln und profitmaximierendes Handeln totale Information notwendig, die ebenfalls nicht in der Realität denkbar ist; wird sie doch im Raum und in der Zeit vom Standort des Individuums in irgendeiner Distanzfunktion abnehmen und durch Unsicherheitsbedingungen bei zufälligen Ereignissen selbst bei bester objektiver Information keine Sicherheit über zukünftige Zustände zulassen, die aber notwendig wäre, um profitmaximierende Entscheidungen zu treffen.

Im Hinblick auf das Konzept der Profitmaximierung sollte auf eine Entscheidungstheorie zurückgegriffen werden, um das jeweilige Maß der Differenz zwischen Realität und Anspruchsniveau bestimmen zu können. Die Theorie der marginalen Differenz legt diese Differenz als Funktion widerstreitender Verhaltensziele fest. Es wäre möglich, die landwirtschaftliche Produktionsentscheidung im Sinne einer Entscheidung für eine bestimmte Profithöhe mittels einer Entscheidungstheorie dieses Typs zu simulieren. Die Theorien des sozialen Vergleichs und der Bezugsgruppe geben andererseits die Möglichkeit zu überprüfen, wieweit gruppeninterne und gruppenübergreifende Vergleiche das Anspruchsniveau, damit die Art der Produktion und damit die räumliche Verteilung der landwirtschaftlichen Produktion beeinflussen.

Die ökonomische Krisentheorie hat mehrfach versucht, individuelles Entscheidungsverhalten auf sozialpsychologischer Grundlage für die Erklärung zyklischer Schwankungen der Wirtschaft heranzuziehen. Ein Beispiel ist die Krisenlehre der Labrousse-Schule (vergl. TICHY 1976). In Darstellungen agrarischer Zyklen wird der psychologische Aspekt ebenfalls stark betont (vergl. ABEL 1966). In beiden Krisentheorien wird festgestellt, daß die Einstellung der Produzenten zu möglichen zukünftigen Ereignissen diese Ereignisse auslöst. Die kritische kollektive Handlung (als Investitionszurückhaltung oder als Investitionsboom) hat dabei zeitlichen, aber auch räumlichen Auslösungscharakter: Die Krise wird raum-zeitlich verbreitet und erreicht zuerst die höchstentwickelten, zuletzt die niedrigstentwickelten Gebiete, wenn sie sich nicht zuvor im Sande bzw. in traditionellen Produktionsweisen, die nicht von ihr berührt werden können, verlaufen hat. Hier wird deutlich, daß Übernahmeverhalten von Innovationen, Produktionsverhalten und distanzielle Parameter der Einstellung zu bestimmten Techniken, Ideen und Verhaltensweisen ausschlaggebend für die Erklärung räumlich-zeitlicher Differenzen des Entwicklungsstandes einer Region und der Differenzierung der Produktion sind. Die landwirtschaftliche Produktion und die Standortentscheidung sind abhängig von den Einstellungen des Bauern als eines Individuums und eines Mitglieds einer sozialen Gruppe zu den in seinem engeren Wohnbereich und in seiner Region aus technologischen, informationsmäßigen und ökologischen Gründen denkbaren und möglichen Handlungsalternativen. Die Überschneidung raumwissenschaftlicher und sozialwissenschaftlicher bzw. im engeren Sinne sozialpsychologischer Probleme bei der Erklärung räumlicher Verhaltensparameter kann nur durch einen sozialpsychologisch fundierten geographischen Ansatz zu einer Lösung geführt werden.

3. Regionale Disparitäten der Lebensqualität und die Soziale-Indikatoren-Bewegung

Dies ist wieder ein interdisziplinäres Forschungsgebiet, das erst vor kurzem von Geographen entdeckt wurde. Noch besteht in den Sozialwissenschaften keine Übereinkunft, was eigentlich Lebensqualität ist, während die Literatur zu sozialen Indikatoren, die diese Lebensqualität erfassen sollen, bereits zu kaum noch zu übersehender Stärke angeschwollen ist.

Lebensqualität ist ein fiktiver Zielzustand, den das Individuum zu erreichen sucht. Lebensstandard ist gleichzusetzen mit dem äußeren Lebenszuschnitt des Individuums hier und jetzt in seiner subjektiven Sicht (also nicht mit den objektiven Charakteristika seines Lebenszuschnitts!) und ist eine (objektive) Teilkomponente der Lebensqualität. Das Ausmaß der Differenz zwischen Lebensstandard und Lebensqualität wird geprägt durch sozialpsychologische Gesetze der Motivation. In Anlehnung an die Theorie der marginalen Differenz ist Lebensqualität ein nur marginal vom Lebensstandard einer Person unterschiedener Zielzustand. Kleine Veränderungen des Lebensstandards würden jeweils kleine Veränderungen der Lebensqualität mit sich führen, wobei das Ausmaß der Differenz unabhängig wäre von der Höhe des erreichten Lebensstandards, aber im angemessenen Rahmen abhängig wäre von sozialschichttypischen Normen.

Andererseits könnte Lebensqualität für konkrete Regionen neu definiert werden: Lebensqualität als Zielsituation einer Region ist ein idealer Zustand, der sich marginal von der Realsituation im kollektiven Innenbereich der Bevölkerung dieser Region abhebt. Sie entspricht somit dem Lebensstandard des kollektiven Marginalen Übergangsbereichs dieser Region, den wir, getreu unserer ursprünglichen Definition, als zwar vertraut, also im Charakter ähnlich, aber möglicherweise wenig bekannt definieren. Die Vertrautheit ist dabei der wesentlich ausschlaggebende Faktor, denn Vergleich ist, wie z. B. die Theorie sozialer Vergleichsprozesse aussagt, immer nur nach oben hin und nur in einem sehr engen Rahmen möglich: Zu weite Vergleiche führen zu einer unerträglichen Herabsetzung der eigenen Situation, wodurch es zu Einpendelungsversuchen kommt, zum Versuch, die kognitive Konsistenz wieder herzustellen (und möglicherweise zur Verdrängung des unerwünschten Vergleichs).

Lebensqualität ist ein philosophisches Konzept, das erst in seiner vollen Bedeutung verstanden sein muß, bevor es als Ausgangspunkt für aufbauende Untersuchungen verwendet wird. Die Beziehungen zwischen subjektiver Lebensqualität in einer Region, dem Lebensstandard der Region und jenem angrenzender Regionen als möglichen Vergleichsobjekten sind noch keineswegs erforscht. Die Veränderung des Zufriedenheitsniveaus, also der empfundenen Lebensqualität, ist ein raum-zeitlicher Prozeß, der von der Humangeographie noch zu entdecken bleibt. Die Bedeutung der Fragestellung haben inzwischen andere Sozialwissenschaftler erfaßt und bereits teilweise konzeptualisiert (vergl. ZAPF 1974 und 1977).

Soziale Indikatoren sollen einen sozialpsychologischen Zustand der Bevölkerung oder eines Teiles der Bevölkerung einer Raumeinheit erfassen. Sie sind üblicherweise statisch beschreibende Merkmale für den Lebensstandard einer Bevölkerungsgruppe, selten das, was sie sein sollten: Indikatoren von Tendenzen, dynamische Indikatoren von Veränderungen der Zufriedenheit mit dem Lebenszuschnitt. Als dynamische Indikatoren sind sie aber auf psychometrische Techniken angewiesen, die sich bisher in den Sozialwissenschaften noch keiner großen Verbreitung erfreuen, obwohl sie in der Psychologie detailliert überprüft und beschrieben wurden. Wenige Ausnahmen bestätigen die Regel, etwa der Repertory Grid auf der Basis von Kellys Theorie persönlicher Konstrukte (KELLY 1955), mit dem es möglich ist, die Bewertungsmaßstäbe zu erfassen, mit denen Individuen ihre Umwelt messen (in neueren Arbeiten seit HARRISON und SARRE 1975, desgleichen TOWNSEND 1977). Es ist zu hoffen, daß die weitere Entwicklung von sozialen Indikatoren zur Messung der Lebensqualität so verläuft, daß endlich wirklich das gemessen wird, was allen vorschwebt: das persönliche Konstrukt der Zufriedenheit mit einer fiktiven, aber doch ganz nahen, erfüllbaren Lebenssituation.

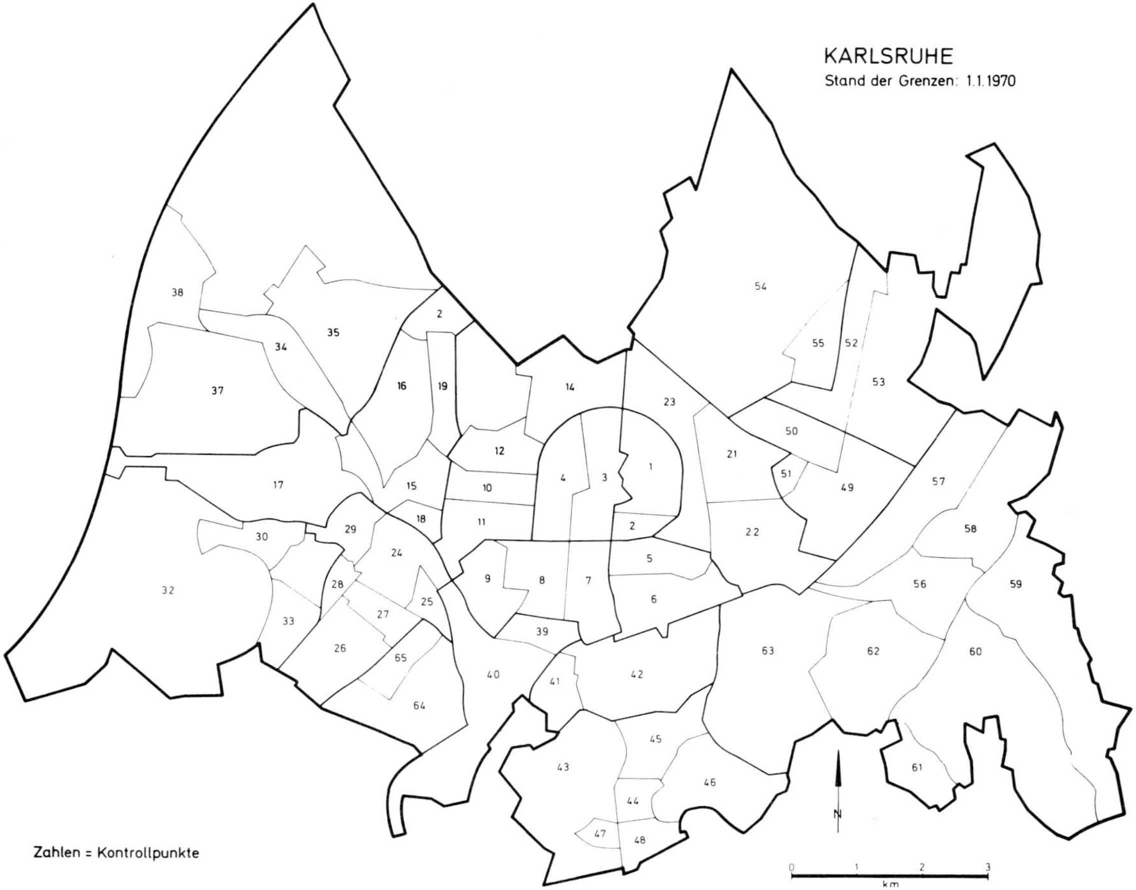

Tabelle 18. Liste der Stadtbezirke von Karlsruhe. Stand der Grenzen 1. 1. 1970

Lfd. Nr.	Name des Stadtbezirks
1	Innenstadt Ost, Nordteil
2	Innenstadt Ost, Südteil
3	Innenstadt West, Ostteil
4	Innenstadt West, Westteil
5	Südstadt, Nordteil
6	Südstadt, Südteil
7	Südweststadt, Ostteil
8	Südweststadt, Mittelteil
9	Südweststadt, Beiertheimer Feld
10	Weststadt, Mittelteil
11	Weststadt, Südteil
12	Hardtwaldsiedlung
13	Alter Flugplatz
14	Hardtsiedlung
15	Alt Mühlburg
16	Rennbuckel-Wengartensiedlung
17	Rheinhafen
18	Mühlburger Feld
19	Binsenschlauch
20	Lange Richtstatt
21	Oststadt, Nordteil
22	Oststadt, Südteil
23	Oststadt, Westteil
24	Alt Grünwinkel
25	Stadtrandsiedlung
26	Alte Heidenstückersiedlung
27	Neue Heidenstückersiedlung
28	Hardacker
29	Albsiedlung
30	Alt Daxlanden
31	Neu Daxlanden
32	Fritschlach
33	Rheinstrandsiedlung
34	Alt Knielingen
35	Neu Knielingen
36	Industriegebiet Knielingen
37	Burgau (Rheinstadt)
38	Maxau
39	Beiertheim
40	Bulach
41	Weiherfeld
42	Dammerstock
43	Alt Rüppurr
44	Neu Rüppurr
45	Gartenstadt
46	Hungerlach
47	Allmendsiedlung
48	Baumgartensiedlung
49	Alt Rintheim
50	Vogelsang-Kirchenpfadsiedlung
51	Altes Rintheimer Feld
52	Alt Hagsfeld
53	Hagsfeld Westteil
54	Waldstadt Waldlage
55	Waldstadt Feldlage
56	Alt Durlach
57	Dornwald-Untermühlsiedlung
58	Durlach nördlich der Pfinz
59	Turmberg
60	Südliches Hanggebiet
61	Bergwald
62	Aue
63	Killisfeld-Oberwald
64	Oberreut Feldlage
65	Oberreut Waldlage

KARLSRUHE
Stand der Grenzen: 1.1.1970

Zahlen = Kontrollpunkte

Abb. 44. Stadtbezirke von Karlsruhe, Stand 1. 1. 1970

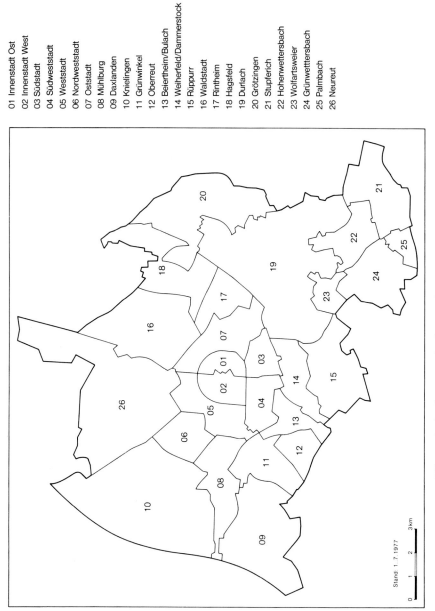

Abb. 45. Stadtteile von Karlsruhe, Stand 1. 7. 1977

01 Innenstadt Ost
02 Innenstadt West
03 Südstadt
04 Südweststadt
05 Weststadt
06 Nordweststadt
07 Oststadt
08 Mühlburg
09 Daxlanden
10 Knielingen
11 Grünwinkel
12 Oberreut
13 Beiertheim/Bulach
14 Weiherfeld/Dammerstock
15 Rüppurr
16 Waldstadt
17 Rintheim
18 Hagsfeld
19 Durlach
20 Grötzingen
21 Stupferich
22 Hohenwettersbach
23 Wolfartsweier
24 Grünwettersbach
25 Palmbach
26 Neureut

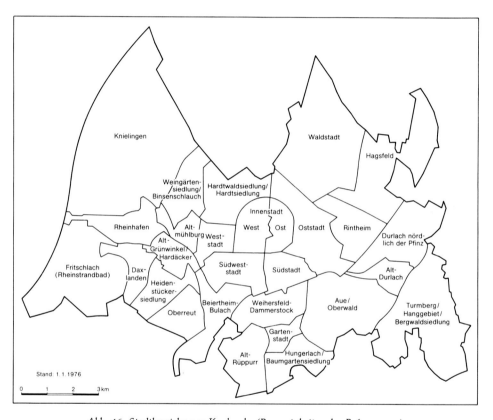

Abb. 46. Stadtbereiche von Karlsruhe (Raumeinheiten der Befragungen)

Tabelle 19: Bevölkerungsbilanz nach Stadtteilen 1971–1976 (nach Unterlagen des Statistischen Amtes und Meldeamtes der Stadt Karlsruhe).

Stadtteil	Wohnbev. am 1. 1. 1971	Geburten-/Sterbeüberschuß	Außenwanderung	Ortsumzüge	Wohnbev. am 31. 12. 1976
Innenstadt Ost	6457	107	− 103	−1553	4908
Innenstadt West	11354	− 302	− 168	− 985	10235
Südstadt	17061	− 273	218	−1357	15649
Südweststadt	22308	− 565	− 172	− 792	20779
Weststadt	25887	− 776	− 204	−1316	23591
Nordweststadt	13865	− 85	−1030	− 240	12510
Oststadt	20500	− 814	1743	−1022	20407
Mühlburg	19256	− 886	−1047	− 194	17129
Daxlanden	10811	− 163	− 327	2538	12859
Knielingen	9961	182	− 572	− 134	9437
Grünwinkel	11704	− 159	− 736	− 312	10497
Oberreut	6210	43	− 703	529	6079
Beiertheim-Bulach	7155	− 94	− 306	118	6873
Weiherfeld-Dammerstock	6487	− 354	230	697	7060
Rüppurr	11718	− 378	− 502	555	11393
Waldstadt	13705	107	−1335	747	13244
Rintheim	6345	− 106	− 406	676	6509
Hagsfeld	4752	59	− 321	172	4662
Durlach	33358	−1099	−1591	582	31250

Die nach 1970 eingegliederten Stadtteile wurden nicht einbezogen.

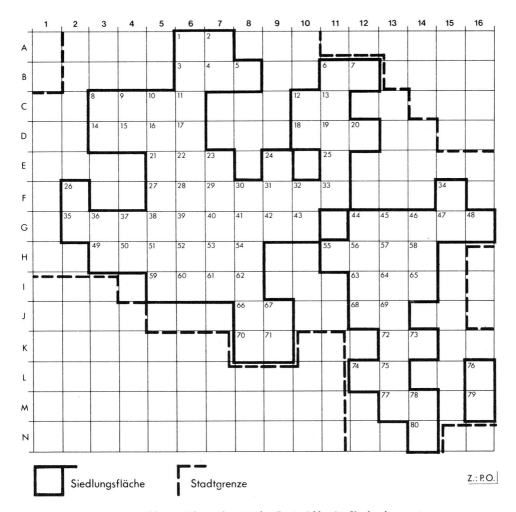

Abb. 47. Schema der 1×1 km-Rasterfelder für Karlsruhe

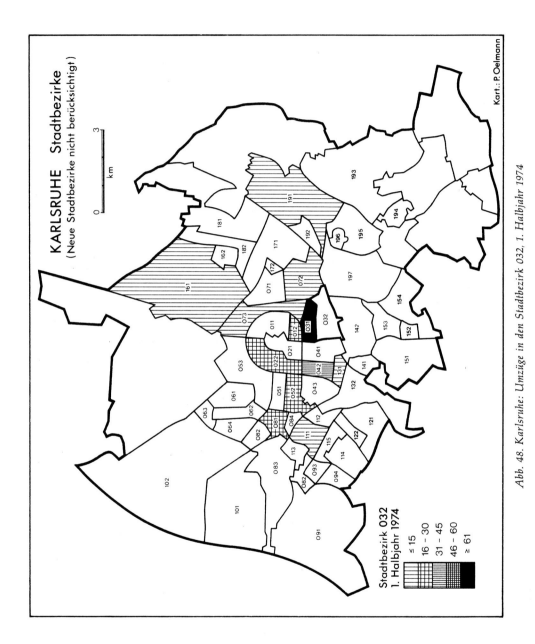

Abb. 48. Karlsruhe: Umzüge in den Stadtbezirk 032, 1. Halbjahr 1974

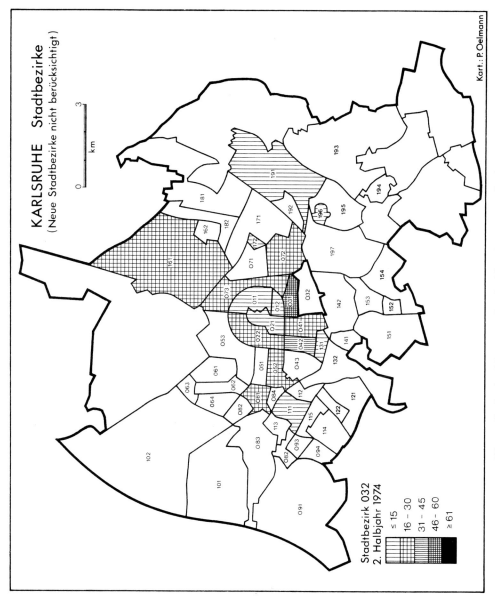

Abb. 49. Karlsruhe: Umzüge in den Stadtbezirk 032, 2. Halbjahr 1974

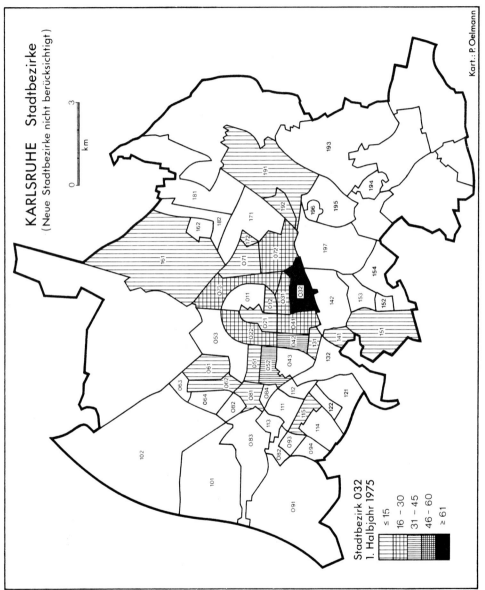

Abb. 50. Karlsruhe: Umzüge in den Stadtbezirk 032, 1. Halbjahr 1975

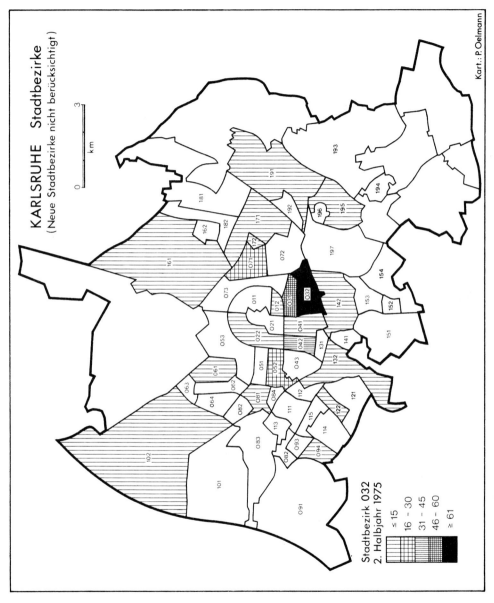

Abb. 51. *Karlsruhe: Umzüge in den Stadtbezirk 032, 2. Halbjahr 1975*

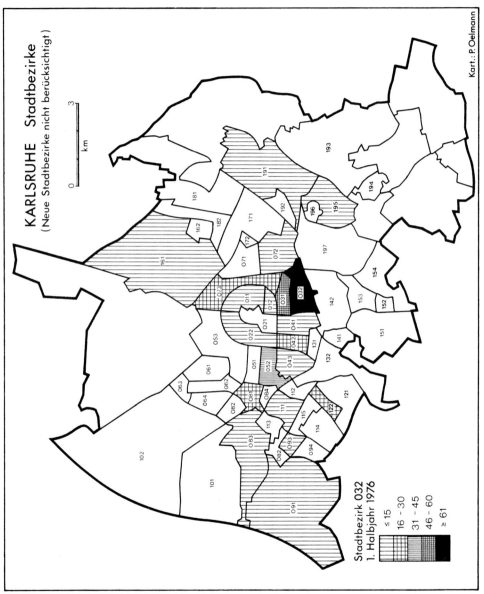

Abb. 52. Karlsruhe: Umzüge in den Stadtbezirk 032, 1. Halbjahr 1976

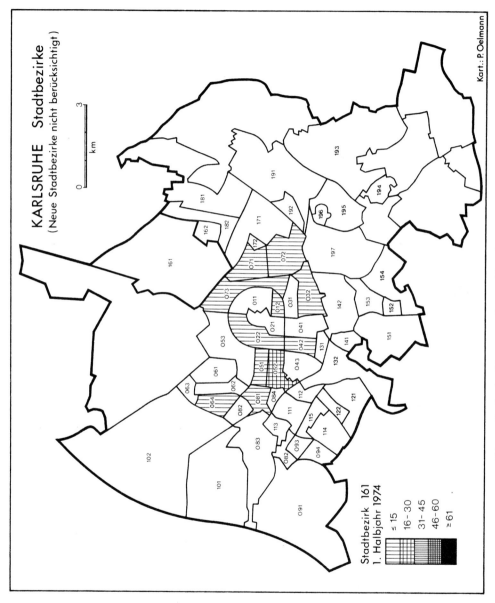

Abb. 53. Karlsruhe: Umzüge in den Stadtbezirk 161, 1. Halbjahr 1974

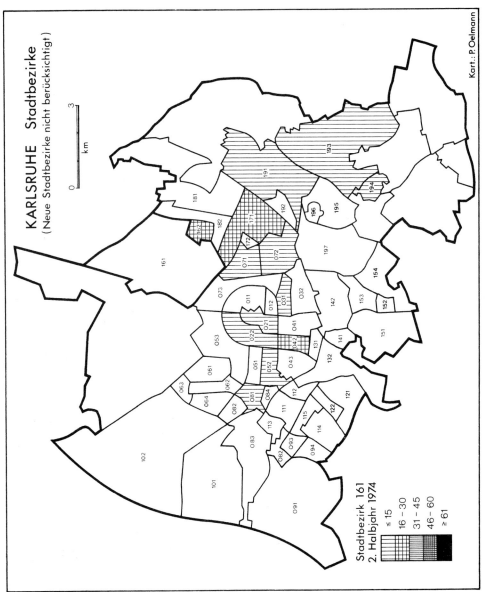

Abb. 54. Karlsruhe: Umzüge in den Stadtbezirk 161, 2. Halbjahr 1974

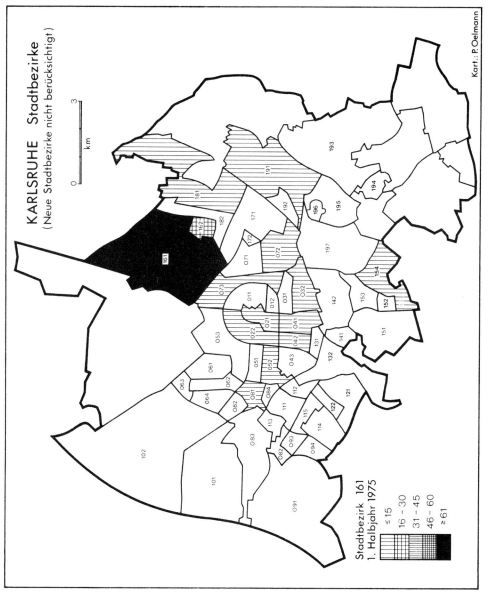

Abb. 55. *Karlsruhe: Umzüge in den Stadtbezirk 161, 1. Halbjahr 1975*

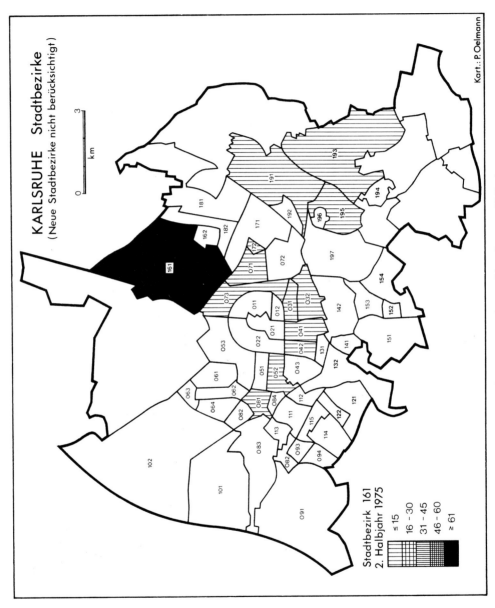

Abb. 56. Karlsruhe: Umzüge in den Stadtbezirk 161, 2. Halbjahr 1975

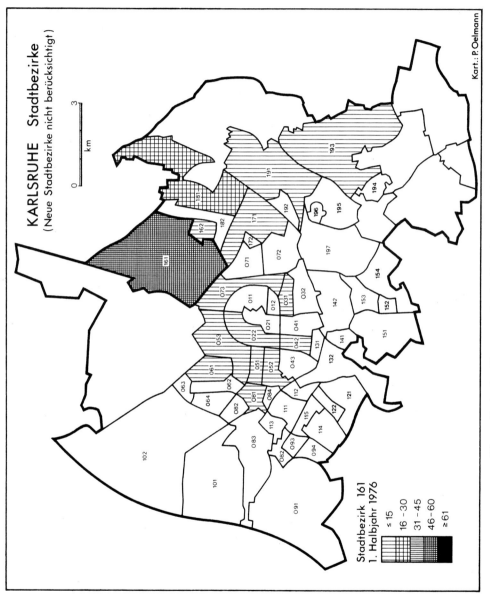

Abb. 57. Karlsruhe: Umzüge in den Stadtbezirk 161, 1. Halbjahr 1976

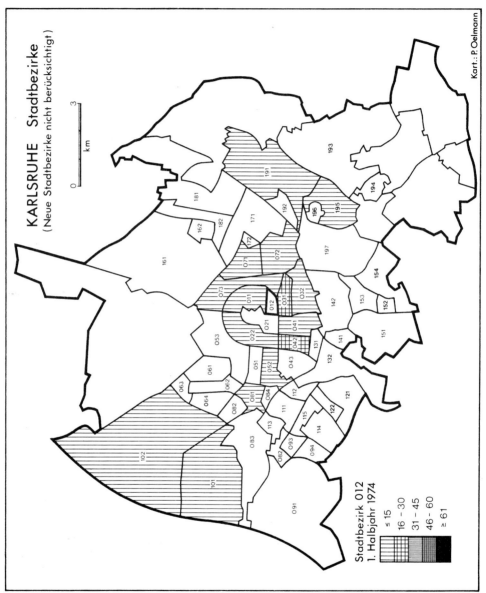

Abb. 58. Karlsruhe: Umzüge in den Stadtbezirk 012, 1. Halbjahr 1974

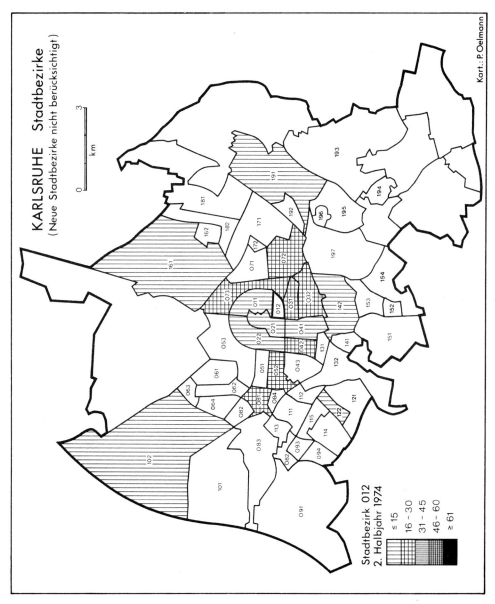

Abb. 59. Karlsruhe: Umzüge in den Stadtbezirk 012, 2. Halbjahr 1974

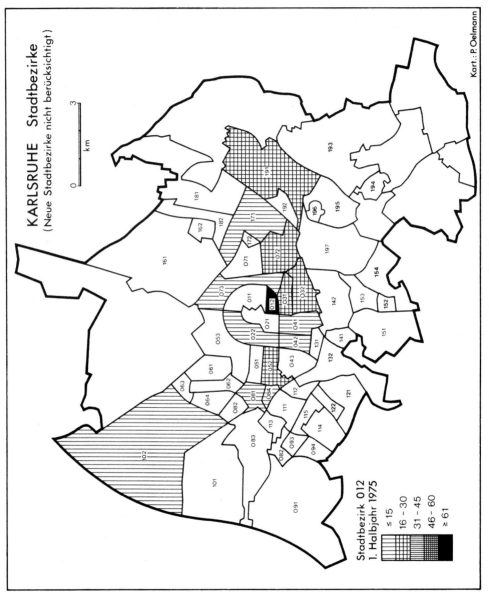

Abb. 60. Karlsruhe: Umzüge in den Stadtbezirk 012, 1. Halbjahr 1975

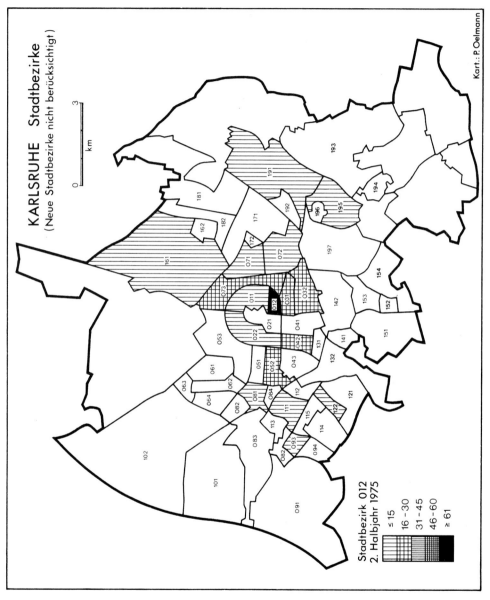

Abb. 61. Karlsruhe: Umzüge in den Stadtbezirk 012, 2. Halbjahr 1975

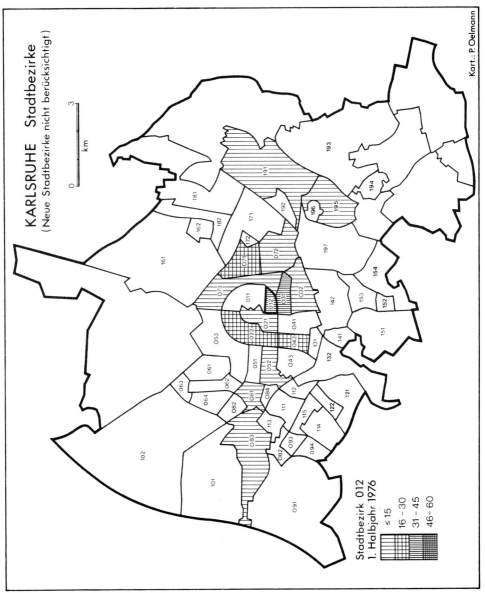

Abb. 62. Karlsruhe: Umzüge in den Stadtbezirk 012, 1. Halbjahr 1976

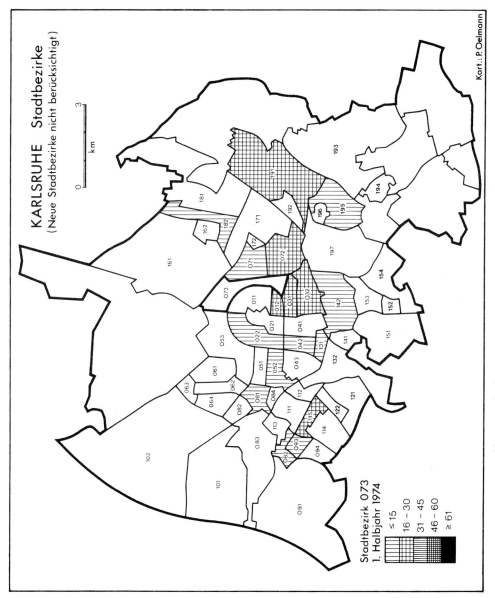

Abb. 63. Karlsruhe: Umzüge in den Stadtbezirk 073, 1. Halbjahr 1974

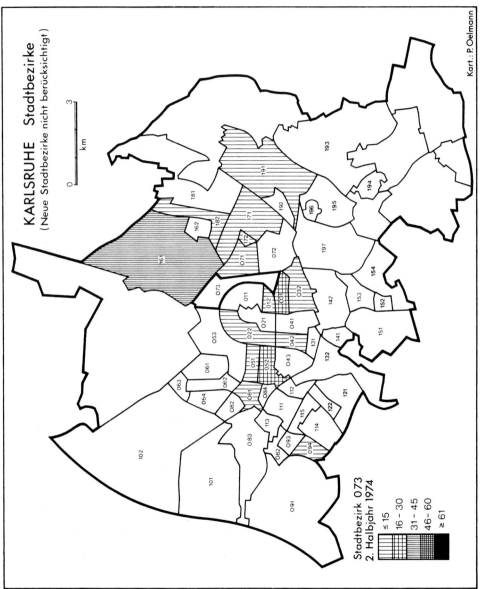

Abb. 64. Karlsruhe: Umzüge in den Stadtbezirk 073, 2. Halbjahr 1974

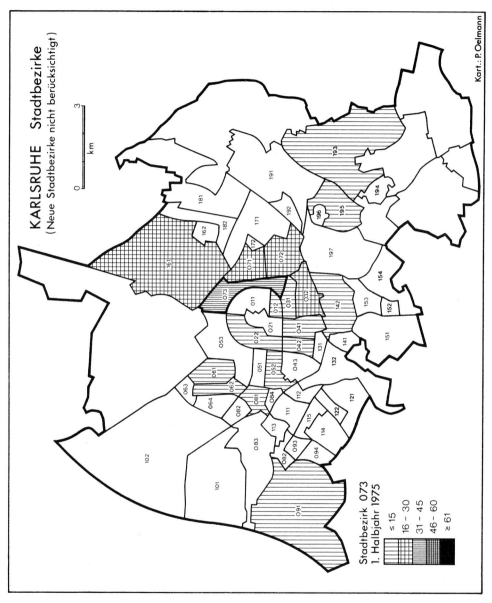

Abb. 65. *Karlsruhe: Umzüge in den Stadtbezirk 073, 1. Halbjahr 1975*

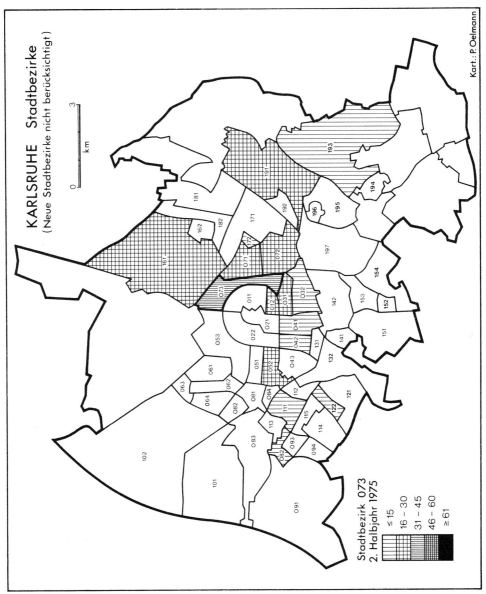

Abb. 66. Karlsruhe: Umzüge in den Stadtbezirk 073, 2. Halbjahr 1975

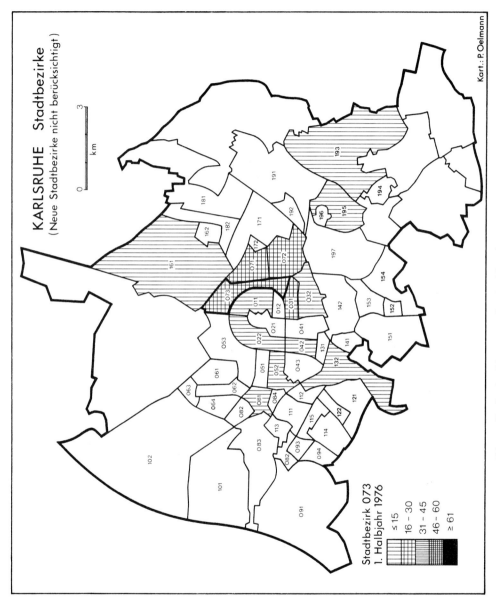

Abb. 67. Karlsruhe: Umzüge in den Stadtbezirk 073, 1. Halbjahr 1976

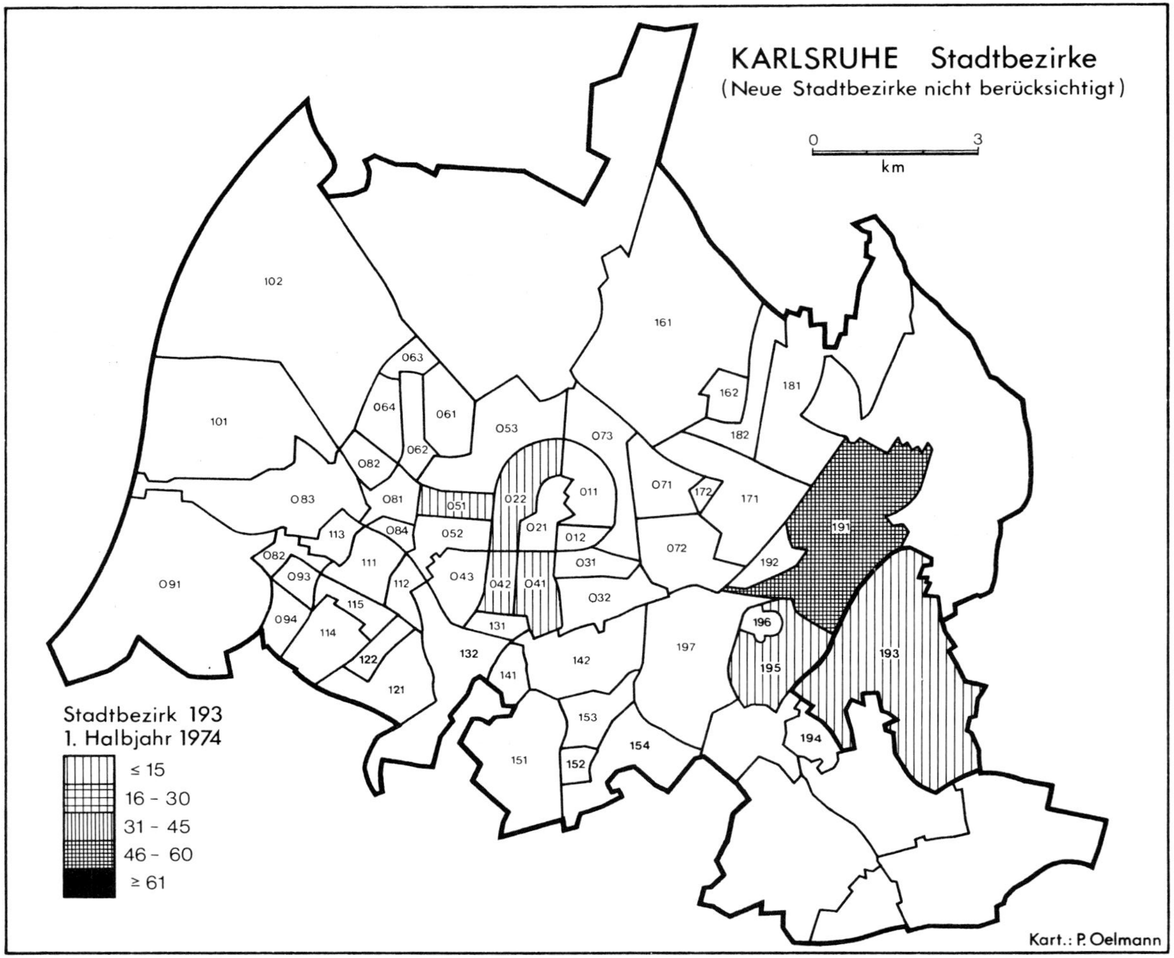

Abb. 68. *Karlsruhe: Umzüge in den Stadtbezirk 193, 1. Halbjahr 1974*

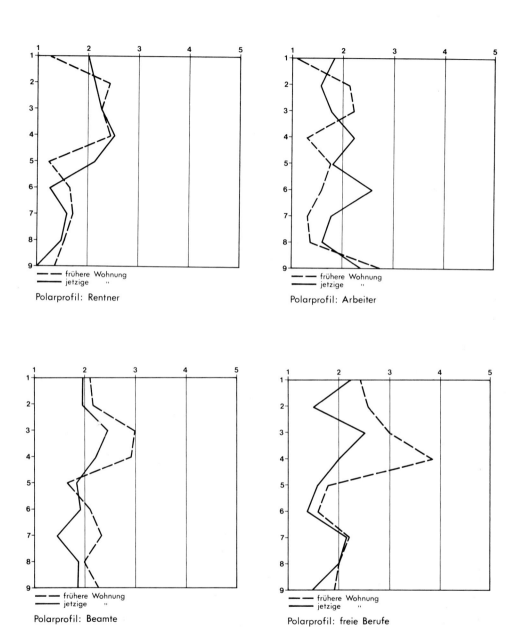

Abb. 69, 70, 71 und 72. Karlsruhe: Polarprofile (Rentner, Arbeiter, Beamte, freie Berufe)

193

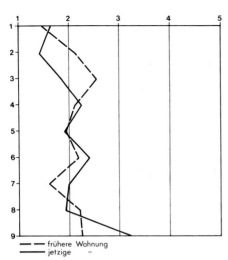
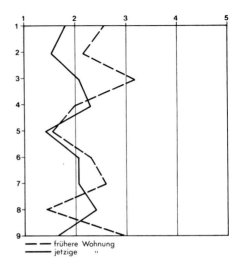
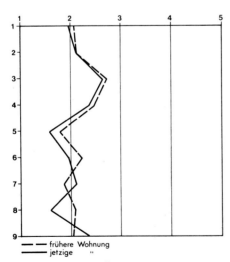
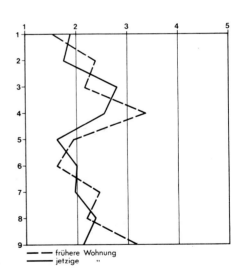

Abb. 73, 74, 75 und 76. Karlsruhe: Polarprofile (Selbständige und Unternehmer, Facharbeiter, Angestellte, in Ausbildung)

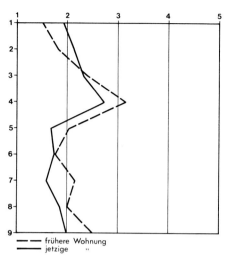
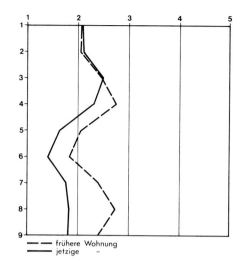
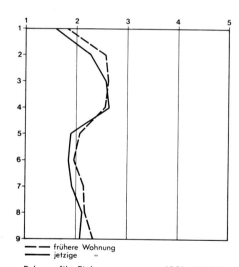

Abb. 77, 78 und 79. Karlsruhe: Polarprofile (Einkommensgruppen unter 600 DM, 601–1000 DM, 1001–1500 DM)

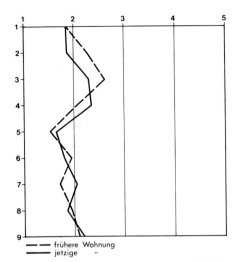

Polarprofil: Einkommensgruppe 1501–2000 DM

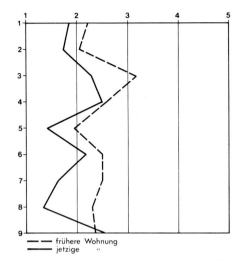

Polarprofil: Einkommensgruppe 2001–2500 DM

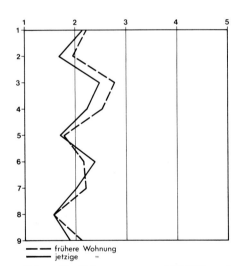

Polarprofil: Einkommensgruppe 2501 DM u. mehr

Abb. 80, 81 und 82. Karlsruhe: Polarprofile (Einkommensgruppen 1501–2000 DM, 2001–2500 DM, 2501 DM und mehr)

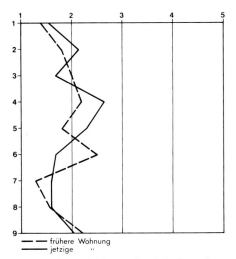

Polarprofil: Ausbildung Volksschule ohne Lehre

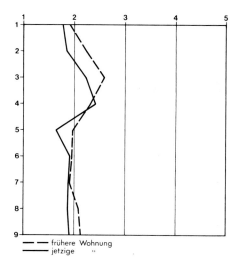

Polarprofil: Ausbildung Volksschule mit Lehre

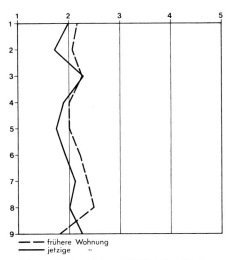

Polarprofil: Ausbildung Mittelschule mit Lehre

Abb. 83, 84 und 85. Karlsruhe: Polarprofile (Ausbildung Volksschule ohne Lehre, Volksschule mit Lehre, Mittelschule mit Lehre)

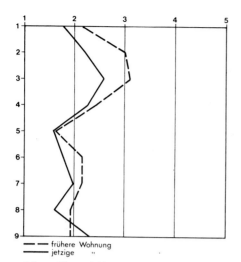

Polarprofil: Ausbildung Mittelschule, Fachschule

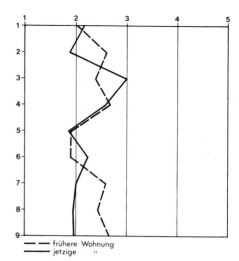

Polarprofil: Ausbildung Abitur

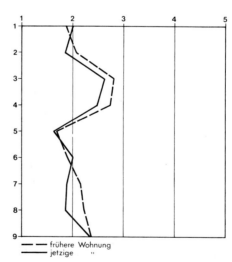

Polarprofil: Ausbildung Hochschule

Abb. 86, 87 und 88. Karlsruhe: Polarprofile (Ausbildung Mittelschule und Fachschule, Abitur, Hochschule)

Literaturverzeichnis

Die Literaturangaben sind mit Codes von Sachgebieten versehen. Die folgenden Codes wurden verwendet:

[1] Wissenschaftstheorie, Theorie der Sozialwissenschaften, Theorie der Humangeographie

[2] Wanderungsforschung, insbesondere geographische Wanderungsforschung (ohne innerstädtische Umzüge, umweltpsychologische Ansätze und reine Interaktionsmodelle)

[3] Innerstädtische Umzüge (ohne Aktivitätsfeldforschung und ohne umweltpsychologische Ansätze)

[4] Psychologie, insbesondere Sozialpsychologie (ohne Umweltpsychologie)

[5] Umweltpsychologie, geographische Perzeptionsforschung und benachbarte Forschungsgebiete (ohne Aktivitätsfeldforschung und Mental Maps)

[6] Mental Maps und Aktivitätsforschung

[7] Soziologie, Sozialforschung, weitere sozialwissenschaftliche Disziplinen

[8] Methodologie, Verfahren, reine Interaktionsmodelle

[9] Verschiedenes

Abel, W.: Agrarkrisen und Agrarkonjunktur – 2. Aufl. Hamburg, Berlin 1966. [9]

Abelson, R. P. u. a. (Hrsg.): Theories of Cognitive Consistency: A Sourcebook. – Chicago 1968. [4]

Abler, R., J. S. Adams u. P. Gould: Spatial Organization: The Geographer's View of the World. – Englewood Cliffs, N. J. 1971. [1]

Adams, J. S.: Directional Bias in Intra-Urban Migration. – Econ. Geogr. 45. 1969, S. 302–323. [6]

Adams, R. L. A.: Uncertainty in Nature, Cognitive Dissonance, and the Perceptual Distortion of Environmental Information. – Econ. Geogr. 49. 1973, S. 287–297. [5]

Albrecht, G.: Soziologie der geographischen Mobilität. – Stuttgart 1972. [2]

Albrecht, H.: Innovationsprozesse in der Landwirtschaft. – Saarbrücken 1969. [7]

Alonso, W.: Location and Land Use. – Harvard 1964. [8]

Arbuthnot, J.: The Roles of Attitudinal and Personality Variables in the Prediction of Environmental Behavior and Knowledge. – Environment and Behavior 9. 1977, S. 217–232. [5]

Baldermann, J., G. Hecking u. E. Knauss: Wanderungsmotive und Stadtstruktur. Empirische Fallstudie zum Wanderungsverhalten im Großstadtraum Stuttgart. – Schriftenreihe 6 des Städtebaulichen Instituts der Univ. Stuttgart. Stuttgart 1976. [3]

Bartels, D.: Zur wissenschaftstheoretischen Grundlegung einer Geographie des Menschen. – Geographische Zeitschrift, Beihefte, Heft 19. Wiesbaden 1968. [1]

Bartels, D. (Hrsg.): Wirtschafts- und Sozialgeographie. – Köln, Berlin 1970. [1]

Bartels, D. u. G. Hard: Lotsenbuch für das Studium der Geographie – 2. Aufl. Bonn, Kiel 1975. [1]

Beck, R.: Spatial Meaning and the Properties of the Environment. – In: Lowenthal, D. (Hrsg.): Environmental Perception and Behavior. Univ. of Chicago, Dept. of Geogr. Research Papers 109. 1967, S. 18–41. [5]

Bellebaum, A.: Soziologie der modernen Gesellschaft. – Hamburg 1977. [7]

Bem, D. J.: Self-Perception Theory – In: Berkowitz, L. (Hrsg.): Advances in Experimental Social Psychology 6, New York 1972. [4]

Berkowitz, L.: Einführung in die Sozialpsychologie. – München 1977. [4]

Binswanger, L.: Das Raumproblem in der Psychopathologie. – Z. f. Neurologie 145. 1933; wieder gedruckt in Binswanger, L.: Ausgewählte Vorträge und Aufsätze, 2. Bd. 1955, S. 174 ff. [5]

Blaut, J. M. u. D. Stea: Place Learning. – Graduate School of Geogr. Clark Univ., Place Perception Res. Rep. 1969. [5]

Board, C. u. R. M. Taylor: Perception and Maps: Human Factors in Map Design and Interpretation. – Transactions N.S. 2. 1977, S. 19–36. [6]

Bobek, H.: Kann die Sozialgeographie in der Wirtschaftsgeographie aufgehen? – Erdkunde 16. 1962, S. 119–126. [1]

Bobek, H.: Die Entwicklung der Geographie – Kontinuität oder Umbruch? Mitt. Österr. Geogr. Ges. 114. 1972, S. 3–18. [1]

Böhm, H., F. J. Kemper u. W. Kuls: Studien über Wanderungsvorgänge im innerstädtischen Bereich, am Beispiel Bonn. – Arb. z. Rhein. Landeskunde 39. 1975. [3]

Bollnow, O. F.: Mensch und Raum. – Stuttgart 1963. [5]

Bollnow, O. F.: Lived Space – In: Lawrence, N. u. D. O'Connor (Hrsg.): Readings in Existential Phenomenology. Englewood Cliffs, N. J. 1967, S. 178–186. [5]

Bolte, K. M., D. Kappe u. F. Neidhardt: Soziale Ungleichheit. – Opladen 1975. [7]

Borcherdt, C.: Die Innovation als agrargeographische Regelerscheinung. – Arb. a. d. Geogr. Inst. d. Univ. d. Saarlandes 6. 1961, S. 13–50. [9]

Bottomore, T. B.: Soziale Schichtung. – In: König, R. (Hrsg.): Handbuch der Empirischen Sozialforschung, Bd. 5. Stuttgart 1976 (= Bd. II, Stuttgart 1969). [7]

Boulding, K. E.: The Image. – Ann Arbor 1976. [5]

Bourne, L. S.: Through the Looking Glass. – In: Rees, J. u. P. Newby (Hrsg.): Behavioral Aspects in Geography. Middlesex Polytechnik Monographs in Geography, N. 1, o. J. (1974), S. 94–106. [1]

Brehm, J. W. u. A. R. Cohen: Explorations in Cognitive Dissonance. – New York 1962. [4]

Briggs, R.: Urban Cognitive Distance. – In: Downs, R. M. u. D. Stea (Hrsg.): Image and Environment. Chicago 1973, S. 361–388. [5]

Brody, E. B. (Hrsg.): Behavior in New Environments. Adaption of Migrant Populations. – Beverly Hills 1969. [2]

Brookfield, H. C.: On the Environment as Perceived. – Progress in Geography 1. 1969, S. 51–80. [5]

Brown, L. A.: On the Use of Markov Chains in Movement Research – Econ. Geogr. 46. 1970, S. 393 ff. [8]

Brown, L. A. u. J. Holmes: Search Behavior in an Intra-Urban Migration Context: A Spatial Perspective. – Environment and Planning, 3. 1971, S. 307–326. [3]

Brown, L. A. u. D. Longbrake: On the Implementation of Place Utility and Related Concepts: The Intra-Urban Migration Case – In: Cox, K. R. u. R. G. Golledge (Hrsg.): Behavioral Problems in Geography. North Western Univ., Dept. of Geogr. Publ. 17. 1969, S. 169–196. [3]

Brown, L. A. u. D. Longbrake: Migration Flows in Intra-Urban Space: Place Utility Considerations. – Ann. Ass. Amer. Geogr. 60. 1970, S. 368–384. [4]

Brown, L. A. u. E. G. Moore: The Intra-Urban Migration Process. – Manus., Dept. of Geogr., State Univ. of Iowa. Iowa City 1968. [3]

Bruner, J. S.: On Perceptual Readiness. – Psychological Review 64. 1957, S. 123–152. [4]

Bruner, J. S.: Der Prozeß der Erziehung. – 3. Aufl., Berlin 1973. [4]

Bruner, J. S. u. C. C. Goodman: Value and Need as Organizing Factors in Perception. – Journal Abnormal Soc. Psych. 55. 1957. [4]

Bruner, J. S., R. R. Olver u. P. M. Greenfield (Hrsg.): Studies in Cognitive Growth. – New York 1966. [4]

Bruner, J. S. u. L. Postman: An Approach to Social Perception. Current Trends in Social Psychology. – Pittsburgh 1948. [4]

Bruner, J. S. u. J. S. Rodrigues: Some Determinants of Apparent Size. – Journal Abnormal Soc. Psych. 48. 1953, S. 17–24. [4]

Bürgerbefragung Karlsruhe – Schriften zur Stadtentwicklungsplanung, hrsg. v. d. Stadt Karlsruhe, 1. Karlsruhe 1974. [9]

Cadwalladar, M.: Frame Dependency in Cognitive Maps: An Analysis Using Directional Statistics. – Geogr. Analysis 9. 1977, S. 284–292. [6]

Canter, D. u. S. K. Tagg: Distance Estimation in Cities. – Environment and Behavior 7. 1975, S. 59–80. [5]

Cesario, F. M. u. T. E. Smith: Directions for Future Research in Spatial Interaction Modeling. – Reg. Sc. Ass. Papers 35. 1975, S. 57–62. [8]

Clark, W. A. V.: Measurement and Explanation in Intra-Urban Residential Mobility. – Tijdschrift voor Economische en Sociale Geografie 61. 1970. [6]

Clark, W. A. V.: A Test of Directional Bias in Residential Mobility. – In: McConnell, H. u. D. Yaseen (Hrsg.): Models of Spatial Variation. Chicago 1971. [6]

Clark, W. A. V.: Patterns of Black Intraurban Mobility and Restricted Relocation Opportunities. – In: Rose, H. M. (Hrsg.): Geography of the Ghetto. – Perspectives in Geography 2. 1972, S. 112–127. [3]

Clark, W. A. V.: Migration in Milwaukee. – Econ. Geogr. 52. 1976, S. 48–60. [3]

Clark, W. A. V. u. M. Cadwalladar: Residential Preferences: an Alternative View of Intraurban Space. – Environment and Planning 5. 1973, S. 693–705. [6]

Cohen, Y. A.: Man in Adaption. The Cultural Present. – Chicago 1968. [7]

Collins, L.: An Introduction to Markov Chain Analysis. – Catmog 1. 1975. [8]

Cox, K. R. u. R. G. Golledge (Hrsg.): Behavioral Problems in Geography. – North Western Univ., Dept. of Geogr.. Publ. 17. 1969. [1]

Craik, K. H. (Hrsg.): New Directions in Psychology 4. – New York 1970. [5]

Dacey, M. F.: Comments on Papers by Isard and Smith. – Reg. Sc. Ass. Papers 35. 1975, S. 51–56. [8]

Davis, E. E.: La Modification des Attitudes. Inventaire et Bibliographie de Certains Travaux de Recherche. – UNESCO Rapports et Documents de Sciences Sociales 19, 1964. Paris 1965. [4]

Demko, D.: Cognition of Southern Ontario Cities in a Potential Migration Context. – Econ. Geogr. 50. 1974, S. 20–34 [5]

Deutsch, M. u. R. M. Krauss: Theorien der Sozialpsychologie. – Frankfurt am Main 1976. [4]

Dickel, H. u. a. (Hrsg.): Studenten in Marburg. – Marburger Geogr. Schriften 61. 1975. [3]

Dijkink, G. J. W.: On the Foundations of Geographical Imagination. – Tijdschrift voor Economische en Sociale Geografie 67. 1976, S. 352–357. [1]

Dixon, C. J. u. B. Leach: Questionnaires and Interviews in Geographical Research. – CATMOG 18. 1977. [8]

Dollard, J. u. N. E. Miller: Personality and Psychotherapy. – New York 1950. [4]

Donaldson, B.: An Empirical Investigation into the Concept of Sectoral Bias in the Mental Maps, Search Spaces and Migration Patterns of Intra-Urban Migrants. – Geografiska Annaler, Ser. B., Human Geogr., 55. 1973, S. 13–33. [6]

Donaldson, B. u. R. J. Johnston: Intraurban Sectoral Mental Maps. Further Evidence from an Extended Methodology. – Geogr. Analysis 1973, S. 45–54. [6]

Downs, R. M.: Approaches to and Problems in the Measurement of Space Perception. – Seminar Series 9, Dept. of Geogr., Univ. of Bristol 1967. [5]

Downs, R. M.: Geographic Space Perception – Past Approaches and Future Prospects. – Progress in Geography 2. 1970, S. 65–108. [5]

Downs, R. M. u. D. Stea (Hrsg.): Image and Environment. – Chicago 1973. [5]

Downs, R. M. u. D. Stea: Maps in Minds: Reflections on Cognitive Mapping: New York 1977. [6]

Dürckheim, Graf K. v.: Untersuchungen zum gelebten Raum. – Neue Psychol. Studien, 6. Bd., München 1932, S. 383 ff. [5]

Eisenstadt, S. N.: The Absorption of Immigrants; – London 1954. [2]

Esser, A. H. (Hrsg.): Behaviour and Environment: The Use of Space by Animals and Men. – New York 1971. [5]

Festinger, L.: A Theory of Social Comparison Processes. – Human Relations 7. 1954, S. 117–140. [4]

Festinger, L.: A Theory of Cognitive Dissonance. – Evanston, Ill. 1957; wieder abgedruckt: Stanford, Calif. 1962. Dt. Übers.: Theorie der kognitiven Dissonanz. Hrsg. v. M. Irle und V. Möntmann. Zürich-Stuttgart 1977. [4]

Festinger, L., A. Pepitone u. T. Newcomb: Some Consequences of De-Individuation in a Group. – Journal Abnormal Soc. Psych. 47. 1952, S. 382–389. [4]

Fichtinger, R.: Das Ammersee/Starnberger See-Naherholungsgebiet im Vorstellungsbild Münchner Schüler. – Der Erdkundeunterricht 19. 1974, S. 11–63. [5]

Fredland, D. R.: A Model of Residential Change. – Journal of Regional Science 15. 1975, S. 199–208. [3]

Frey, H. P.: Theorie der Sozialisation. – Stuttgart 1974. [7]

Gärling, T.: The Structural Analysis of Environmental Perception and Cognition – A Multidimensional Scaling Approach. – Environment and Behavior 8. 1976, S. 385–415. [5]

Gatzweiler, H. P.: Zur Selektivität interregionaler Wanderungen. Forsch. z. Raumentw., Bd. 1. Bonn-Bad Godesberg 1975. [2]

Golledge, R. G. u. G. Zannaras: Cognitive Approaches to the Analysis of Human Spatial Behavior. – In: Ittelson, W. H. (Hrsg.): Environment and Cognition. New York, London 1973. [5]

Goodchild, B.: Class Differences in Environmental Perception: An Exploratory Study. – Urban Studies 1974/1, S. 157–169. [5]

Goodey, B.: Perception of the Environment. – Occasional Paper 19. Centre for Urban and Regional Studies, Univ. of Birmingham 1971. [5]

Gould, P.: On Mental Maps. – Michigan Inter Univ. Commun. of Math. Geographers, Discuss. Paper 9, 1966 (Wieder gedruckt in: Downs, R. M. u. D. Stea (Hrsg.): Image and Environment. Chicago 1973, S. 182–220. [6]

Gould, P.: Problems of Space Preference Measures and Relationships. – Geogr. Analysis 1. 1969, S. 31–44. [6]

Gould, P.: People in Information Space: The Mental Maps and Information Surfaces of Sweden. – Lund Studies in Geogr., Ser. B, Human Geogr. 42. Lund 1975. [6]

Gould, P. u. R. R. White: The Mental Maps of British School Leavers. – Regional Studies 2, 1968, S. 161–182. [6]

Gould, P. u. R. R. White: Mental Maps. – Harmondsworth 1974. [6]

Gould, R.: An Experimental Analysis of "Level of Aspiration". – Genet. Psychol. Monogr. 21. 1939. [4]

Gray, F.: Non-Explanation in Urban Geography. – Area 7. 1975, S. 228–235. [1]

Griese, H. M.: Soziologische Anthropologie und Sozialisationstheorie. – Weinheim, Basel 1975. [7]

Guelke, R.: The Role of Laws in Human Geography. – Progress in Human Geography 1. 1977, S. 376–386. [1]

Guy, C.: Consumer Behaviour and its Geographical Impact. – Geographical Papers, University of Reading 34. 1975. [9]

Haberland, E. H.: Naturvölkische Raumvorstellungen. – Studium Generale 10. 1957, S. 583 ff. [5]

Hägerstrand, T.: Migration and Area: Survey of a Sample of Swedish Migration Fields and Hypothetical Considerations on their Genesis. – Lund Studies in Geogr., Ser. B., N. 13, 1957, S. 27–158. [2]

Hägerstrand, T.: Innovationsförloppet ur korologisk synpunkt. – Medd. f. Lunds Univ. Geogr. Inst., Avh. 25. 1953 (Engl. Übers.: Innovation Diffusion as a Spatial Process. Chicago, London 1967), [9]

Hägerstrand, T.: On Monte Carlo Simulation of Diffusion. – North Western Univ., Studies in Geogr. 13. Evanston 1967. [9]

Hägerstrand, T.: The Domain of Human Geography. – In: Chorley, R. J. (Hrsg.): Directions in Geography. London 1973, S. 67–87. [1]

Hall, E. T.: The Silent Language. – New York 1959. [5]

Hall, E. T.: The Hidden Dimension. – London 1966. [5]

Hard, G.: Die Geographie. Eine wissenschaftstheoretische Einführung. – Berlin 1973. [1]

Hard, G.: Die Methodologie und die „eigentliche Arbeit". – Die Erde 104. 1973, S. 104–131. [1]

Hard, G.: Von der Landschafts- zur Ökogeographie. Zu den methodischen Überlegungen von Peter Weichhart. – Mitt. Österr. Geograph. Ges. 117. 1975, S. 274–286. [1]

Hard, G.: Physical Geography – its Function and Future. A Reconsideration. – Tijdschrift voor Economische en Sociale Geografie 67. 1976, S. 358–368. [1]

Hard, G.: Antwort auf die „Anmerkungen zum Dogma der uneinigen Geographie". – Mitt. Österr. Geogr. Ges. 118. 1976, S. 209–210. [1]

Hard, G.: Zu den Landschaftsbegriffen der Geographie. – In: „Landschaft" als interdisziplinäres Forschungsproblem = Veröffentl. d. Provinzialinst. f. Westfäl. Landes- und Volksforsch. d. Landschaftsverb. Westfalen-Lippe, Reihe 1, Heft 21. 1976, S. 13–25. [1]

Harrison, J. A. u. P. Sarre: Personal Construct Theory in the Measurement of Environmental Images. – Environment and Behavior 7. 1975, S. 3–58. [5]

Hart, R. A. u. G. T. Moore: The Development of Spatial Cognition. – In: Downs, R. M. u. D. Stea (Hrsg.): Image and Environment. Chicago 1973, S. 322–337. [5]

Hartfiel, G. (Hrsg.): Das Leistungsprinzip. – Opladen 1977. [7]

Harvey, D.: Behavioral Postulates and the Construction of Theory in Human Geography. – Seminar Paper, Ser. A, N. 6, Dept. of Geogr., Univ. of Bristol 1967. [1]

Harvey, D.: Explanation in Geography. – London 1969. [1]

Harvey, D.: Conceptual and Measurement Problems in the Cognitive Behavioral Approach to Location Theory. – In: Cox, K. R. u. R. G. Golledge: Behavioral Problems in Geography. North Western Univ., Dept. of Geogr., Publ. 17. 1969, S. 35–67. [1]

Heckhausen, H.: Motivation der Anspruchsniveausetzung. – In: Thomae, H. (Hrsg.): Die Motivation des menschlichen Handelns. Köln, Berlin 1970. S. 231–250. [7]

Heider, F.: Attitudes and Cognitive Organization. – Journal of Psychology 21. 1946, S. 107–112. [4]

Heider, F.: The Psychology of Interpersonal Relations. – New York 1958, Dt. Übers.: Psychologie der interpersonalen Beziehungen. Stuttgart 1977. [4]

Helson, H.: Adaption-Level as a Basis for a Quantitative Theory of Frames of Reference. – Psychological Review 55, 1948, S. 297–313. [4]

Helson, H.: Adaption-Level Theory. – New York 1964. [4]

Herzog, T. R., S. Kaplan u. R. Kaplan: The Prediction of Preference for Familiar Urban Places. – Environment and Behavior 8. 1976, S. 627–645. [5]

Hewitt, K., T. K. Hare: Man and Environment, Conceptual Frameworks. – Resource Paper 20, Comm. on College Geogr., Ass. of Amer. Geogr., Washington 1973. [5]

Hyman, H. H.: The Psychology of Status. – Archs. Psychol., Columbia Univ., N. 269. 1942. [4]

Hyman, H. H. u. E. Singer (Hrsg.): Readings in Reference Group Theory and Research. New York 1968. [4]

Höllhuber, D.: Die Perzeption der Distanz im städtischen Verkehrsliniennetz. – Geoforum 17. 1974, S. 43–59. [5]

Höllhuber, D.: Die Mental Maps von Karlsruhe. – Karlsruher Manuskripte z. Math. u. Theoret. Wirtsch.- u. Soz. Geogr. 11. 1975. [6]

Höllhuber, D.: Wahrnehmungswissenschaftliche Konzepte in der Erforschung innerstädtischen Umzugsverhaltens. – Karlsruher Manuskripte zur Math. u. Theoret. Wirtsch.- u. Soz. Geogr. 19. 1976(a). [5]

Höllhuber, D.: Image and Environment. Ed. by R. M. Downs u. D. Stea. – Rezension in: Annals of Regional Science 10. 1976(b), S. 133–137. [5]

Höllhuber, D.: Mental Maps und innerstädtische Wohnstandortswahl. – In: Verhalten in der Stadt. – Inst. f. Städtebau und Landesplanung. Karlsruhe 1977(a), S. 275–305. [6]

Höllhuber, D.: Modelle des wirtschaftenden Menschen in der Geographie. – Wirtschaftsgeographische Studien 1, Wien 1977(b), S. 17–36. [5]

Höllhuber, D.: Zurück in die Innenstädte? Gründe und Umfang der Rückwanderung der großstädtischen Bevölkerung in die Stadtzentren. – Tagungsber. u. Wiss. Abh. d. 41. Dt. Geographentages, Mainz 1977, Wiesbaden 1978(a), S. 116–124. [3]

Höllhuber, D.: Sozialgruppentypische Wohnstandortspräferenzen und innerstädtische Wohnstandortswahl. – Bremer Beitr. z. Geogr. u. Raumpl., H. 1 = Quantitative Modelle in der Geogr. und Raumplanung 1978(b), S. 95–105. [3]

Höllhuber, D., B. Jäckle u. E. Suhr (Hrsg.): Wohnstandortsentscheidungen für Randbereiche von Stadtregionen und das Problem der Randwanderung für die Raumplanung. – Karlsruhe 1978(c). [3]

Höllhuber, D.: Cultural Differences of Attitudes to the Social Context of the Environment: The Case of South Tyrol (Italy) – Riv. Geogr. Italiana 87. 1980, S. 25–48. [5]

Hoffmann-Nowotny, H.-J.: Migration. – Stuttgart 1970. [2]

Hoffmann-Nowotny, H.-J.: Zur Soziologie demographischer Prozesse. – Forsch.- u. Sitz.-ber., Akad. f. Raumforsch. u. Ldpl. 122. Hannover 1978. S. 105–128. [7]

Hofstätter, P. P.: Sozialpsychologie; – 5. Aufl., Berlin, New York 1973. [4]

Holm, K. (Hrsg.): Die Befragung. – 6 Bde., München 1975–1977. [8]

Homans, G. C.: Elementarformen sozialen Verhaltens. – Köln und Opladen 1968, 2. Aufl. 1972. [7]

Homans, G. C.: Theorie der sozialen Gruppe. – 3. Aufl., Köln und Opladen 1968. [7]

Homans, G. C.: Was ist Sozialwissenschaft? – Köln und Opladen 1969. [7]

Horstmann, K.: Horizontale Mobilität. – In: König, R. (Hrsg.): Handbuch der empirischen Sozialforschung, Bd. 2. 1968, S. 43–64. [2]

Horton, F. E. u. D. R. Reynolds: An Investigation of Individual Action Spaces: A Progress Report. – Proc., Ass. of Amer. Geogr. 1. 1969, S. 70–75. [6]

Horton, F. E. u. D. R. Reynolds: Intra-Urban Migration and the Perception of Residential Quality. – Res. Paper 13. Dept. of Geogr., Ohio State Univ., 1970. [6]

Horton, F. E. u. D. R. Reynolds: Effects of Urban Spatial Structure on Individual Behavior. – Econ. Geogr. 47. 1971, S. 36–48. [6]

Horton, F. E. u. D. R. Reynolds: Action-Space Differentials in Cities. – In: McConnell, H., D. W. Yaseen (Hrsg.): Perspectives in Geography 1, Models of Spatial Variation, 1971, S. 84–102. [6]

Hull, C. L.: Principles of Behavior. An Introduction to Behavior Theory. – New York 1943. [1]

Hull, C. L.: A Behavior System. – New Haven 1952. [1]

Iblher, G.: Wohnwertgefälle als Ursache kleinräumiger Wanderungen, untersucht am Beispiel der Stadt Zürich. – Beitr. z. Stadt- u. Regionalforschung, Göttingen 1974. [3]

Irle, M.: Lehrbuch der Sozialpsychologie. – Göttingen 1975. [4]

Isard, W.: A Simple Rationale for Gravity Type Behavior. – Reg. Sc. Ass. Papers 35. 1975, S. 25–30. [8]

Ittelson, W. (Hrsg.): Environment and Cognition. – New York-London 1973. [5]

Jackson, L. E. u. R. J. Johnston: Structuring the Image: An Investigation of the Elements of Mental Maps. – Environment and Planning 4. 1972. S. 415–427. [6]

Jackson, L. E. u. R. J. Johnston: Underlying Regularities to Mental Maps: An Investigation of Relationships among Age, Experience and Spatial Preferences. – Geogr. Analysis 1974, S. 69–84. [6]

Jacobs, P.: The Landscape Image. – Town Planning Review 46/2. 1975, S. 127–150. [5]

Jäckle, B.: Beziehungen zwischen Randwanderungen und städtischen Planungsproblemen: Forchheim, eine Fallstudie für die Stadtregion Karlsruhe. – In: Höllhuber, D. u. a. (Hrsg.): (s. o.). 1977, S. 71–166, [3]

Jansen, A. C. M.: On Theoretical Foundations of Policy-Oriented Geography. – Tijdschrift voor Economische en Sociale Geografie, 67. 1976, S. 342–351. [1]

Johnston, R. J.: Mental Maps of the City: Suburban Preference Patterns. – Environment and Planning 3. 1971, S. 63–72. [6]

Johnston, R. J.: Activity Spaces and Residential Preferences: Some Tests of the Hypothesis of Sectoral Mental Maps. – Econ. Geogr. 48. 1972, S. 199–211, [6]

Johnston, R. J.: Spatial Patterns in Suburban Evaluations. – Environment and Planning 5. 1973, S. 385–395. [6]

Kaminski, G.: Umweltpsychologie. – Stuttgart 1976. [5]

Kaplan, R.: Patterns of Environmental Preference. – Environment and Behavior 9. 1977, S. 195–216. [5]

Kau, J. B. u. Sirmans, C. F.: The Influence of Information Cost and Uncertainty on Migration: A Comparison of Migrant Types. – Journal of Regional Science 17. 1977, S. 89–96. [2]

Kaufmann, A.: Umfang und Struktur der Wohnmobilität. Statistische Erfassung der Wohnwechsler der sechs österreichischen Großstadtregionen. – Inst. f. Stadtforsch. 25, Wien 1975. [3]

Kelley, H. H.: Two Functions of Reference Groups. – In: Swanson, G. E., T. M. Newcomb, E. L. Hartley (Hrsg.): Readings in Social Psychology. – New York 1952, S. 410–414. [4]

Kelley, H. H.: Attribution Theory in Social Psychology. – In: Levine, D. (Hrsg.): Nebraska Symposium on Motivation, Vol. 15. Lincoln, N. J., 1967, S. 192–238. [4]

Kelley, H. H.: Attribution and Social Interaction. – Morristown, N. J., 1971. [4]

Kelly, G. A.: The Psychology of Personal Constructs. – Tl. 1–2, New York 1955. [4]

Kelvin, P.: The Bases of Social Behavior. An Approach in Terms of Order and Value. – London 1969. [7]

Keuning, H. J.: Aims and Scope of Modern Human Geography. – Tijdschrift voor Economische en Sociale Geografie 68. 1977, S. 262–274. [1]

Kilchenmann, A.: Operationalisierte geographische (räumliche) Interaktionstheorie. – Karlsruher Manus. z. Math. u. Theoret. Wirtsch.- u. Soz. Geogr. 18. 1976. [8]

Klopfer, P. H.: Behavioral Aspects of Ecology. – Englewood Cliffs, N. J., 1962, (Dt. Übersetzung: Psychologie und Verhalten. Stuttgart 1968). [5]

Köhler, W.: Gestalt Psychology. – New York 1929. [4]

Koffka, K.: Principles of Psychology. – London 1935. [4]

Kraik, K. H.: Discussion of Communal Behavior and the Environment. – In: Esser, A. H. (Hrsg.): Behavior and Environment. New York 1971. [5]

Krech, D., R. S. Crutchfield u. E. L. Ballachey: Individual in Society – A Textbook of Social Psychology. – New York 1962. [4]

Kreppner, K.: Zur Problematik des Messens in den Sozialwissenschaften. – Stuttgart 1975. [8]

Kruse, L.: Räumliche Umwelt. – Berlin, New York 1974. [5]

Kruse, L.: Umweltpsychologie. – In: Glaser, H. (Hrsg.): Urbanistik. München 1974. S. 45–53. [5]

Lange, W.: Zur Wahrnehmung der Gestalt der Stadt. – Geografiker 6. Berlin 1971, S. 24–33. [5]

Langenheder, W.: Ansatz zu einer allgemeinen Wanderungstheorie in den Sozialwissenschaften, dargestellt und überprüft an Ergebnissen empirischer Untersuchungen über Ursachen von Wanderungen. – In: Die Industrielle Entwicklung, Abt. B, Bd. 1. Köln und Opladen 1968. [2]

Lee, E. S.: Eine Theorie der Wanderung. – In: Szell, G. (Hrsg.): Regionale Mobilität. München 1972. [2]

Lee, T. R.: Perceived Distance as a Function of Direction in the City. – Environment and Behavior 2. 1970, S. 40–51. [5]

Lee, T. R.: Urban Neighbourhood as a Socio-Spatial Schema. – In: Proshansky, H. M. et al. (Hrsg.): Environmental Psychology New York 1970, S. 349–370. [5]

Lee, T. R.: Cities in the Mind. – In: Herbert, D. T., R. J. Johnston (Hrsg.): Social Class in Cities II: Spatial Perspectives on Problems and Policies. London 1976, S. 159–187. [5]

Lee, T. R.: Psychology and the Environment. – London 1976. *[5]*

Lehmann, E. L. u. H. J. M. D'Abrera: Nonparametrics: Statistical Methods Based on Ranks. – San Francisco 1975. *[8]*

Leng, G.: Zur „Münchner" Konzeption der Sozialgeographie. – Geographische Zeitschrift 61. 1973, S. 121–134. *[1]*

Lewin, K.: Der Richtungsbegriff in der Psychologie. Der spezielle und der allgemeine hodologische Raum. – Psychol. Forsch. 19. 1934, S. 249 ff. *[4]*

Lewin, K.: Feldtheorie in den Sozialwissenschaften. – Bern und Stuttgart 1963. *[1]*

Ley, D.: Social Geography and the Taken-For-Granted World. – Transactions N. S. 2. 1977. *[1]*

Lloyd, R. E.: Cognition, Preference, and Behavior in Space. – Econ. Geogr. 52. 1976, S. 241–253. *[5]*

Louviere, J. J.: The Dimensions of Alternatives in Spatial Choice Processes: A Comment. – Geogr. Analysis 7. 1975, S. 315–325. *[5]*

Louviere, J. J. u. D. A. Henley: Information Integration Theory Applied to Student Appartment Selection Decisions. – Geogr. Analysis 9. 1977, S. 130–141. *[5]*

Lowenthal, D. (Hrsg.): Environmental Perception and Behavior. – Univ. of Chicago, Dept. of Geogr., Res. Papers N. 109. 1967. *[5]*

Lowenthal, D.: Past Time, Present Place: Landscape and Memory. Geogr. Review 65. 1975, S. 1–36. *[5]*

Lowenthal, D.: Finding Valued Landscapes. – Envir. Perception Research, Working Paper 4. Toronto 1978. *[5]*

Lowenthal, D. u. M. J. Bowden (Hrsg.): Geographies of the Mind. – New York 1976. *[5]*

Lowrey, R. A.: A Method for Analyzing Distance Concepts of Urban Residents. – In: Downs, R. M. u. D. Stea (Hrsg.): Image and Environment. Chicago 1973, S. 338–360. *[5]*

Lowry, I. S.: A Model of Metropolis. – Rand Corp. Memo, 1964. *[8]*

Lowry, I. S.: Migration and Metropolitan Growth. Two Analytical Models. – Univ. of Calif., Inst. of Government and Public Affairs, 1966. *[3]*

Lucas, R. C.: User Concepts of Wilderness and Their Implications for Resource Management. – In: Proshansky, H. M. et al. (Hrsg.): Environmental Psychology. New York 1970, S. 297–303. *[5]*

Lundberg, U.: Emotional and Geographical Phenomena in Psycho-Physical Research. – In: Downs, R. M., D. Stea (Hrsg.): Image and Environment. Chicago 1973, S. 322–337. *[5]*

Lynch, K.: Das Bild der Stadt. – Berlin 1965 (engl. Ausg. Cambridge, Mass., 1960). *[5]*

MacKay, D. B.: The Effect of Spatial Stimuli on the Estimation of Cognitive Maps. – Geogr. Analysis 8. 1976, S. 439–452. *[6]*

Mackensen, R., M. Vanberg u. K. Krämer: Probleme regionaler Mobilität. – Komm. f. wirtschaftl. und sozialen Wandel 19. Göttingen 1975. *[2]*

Mangalam, J. J. u. H. K. Schwarzweller: Some Theoretical Guidelines towards a Sociology of Migration. – The International Migration Review 4. 1970, S. 5–21. *[2]*

Markham, J. u. P. N. O'Farrell: Choice of Travel Mode for the Workjourney: some Multivariate Aspects. – Journal of Environmental Management 1974. *[5]*

McClelland, D. C.: The Achieving Society. – Princeton 1961. *[4]*

McReynolds, J. u. P. Worchel: Geographic Orientation in the Blind. – Journal of General Psychology 51. 1954, S. 230–234. *[5]*

Mercer, J.: Metropolitan Housing Quality and an Application of Causal Modeling. – Geogr. Analysis 7. 1975, S. 295–302. *[3]*

Merleau-Ponty, M.: Phänomenologie der Wahrnehmung. – Berlin 1966. *[5]*

Merton, R. K.: Social Theory and Social Structure. – New York 1957. *[7]*

Meyer, G.: Distance Perception of Consumers in Shopping Streets. – Tijdschrift voor Economische en Sociale Geografie 68. 1977, S. 355–361. *[5]*

Michaels, R. M.: Attitudes of Drivers Toward Alternative Highways and Their Relation to Route Choice. – Highway Res. Record 122. 1966, S. 50–74. *[5]*

Moore, E. G.: Some Spatial Properties of Urban Contact Fields. – Geogr. Analysis 2. 1970, S. 376–386. *[6]*

Moore, E. G. u. L. Brown: Spatial Properties of Urban Contact Fields: An Empirical Analysis. – North Western Univ., Dept. of Geogr., Res. Rep. 52, 1969. *[6]*

Moore, E. G. u. L. Brown: Urban Acquaintance Fields: An Evaluation of a Spatial Model. – Environment and Planning 2. 1970, S. 443–454. *[6]*

Moore, G. T. u. R. G. Golledge (Hrsg.): Environmental Knowing. – Stroudsburg 1976. *[5]*

Neel, A. F.: Handbuch der psychologischen Theorien. – München 1974. *[4]*

Nicolaidis, G. C.: Psychometric Techniques in Transportation Planning: Two Examples. – Environment and Behavior 9. 1977, S. 459–486. *[5]*

Niedercorn, J. H. u. B. V. Bechdoldt Jr.: An Economic Derivation of the „Gravity Law" of Spatial Interaction. – Journal of Reg. Science 9. 1969, S. 273–281. *[8]*

O'Farrell, P. N. u. J. Markham: Commuter Perception of Public Transport Work Journeys. – Environment and Planning A. 1974, S. 79–100. *[5]*

Okabe, A.: Formulation of the Intervening Opportunities Model for Housing Location Choice Behavior. – Journal of Regional Science 17. 1977, S. 31–40. *[3]*

Olsson, G.: On Words and Worlds: Comment on the Isard and Smith Papers. – Reg. Science Ass. Papers 35. 1975, S. 45–56. *[8]*

Opp, K. D.: Methodologie der Sozialwissenschaften. Einführung in Probleme ihrer Theoriebildung. – Reinbek 1970. *[1]*

Opp, K. D.: Verhaltenstheoretische Soziologie. Eine neue soziologische Forschungsrichtung. – Reinbek 1972. *[7]*

Osayinwese, I.: Rural-Urban Migrations and Control Theory. – Geogr. Analysis 6. 1974, S. 147–161. *[2]*

Osgood, C. E.: The Nature and Measurement of Meaning. – Psychol. Bull. 49. 1952. *[4]*

Pacione, M.: Measures of the Attraction Factor: A Possible Alternative. – Area 6. 1974, S. 279–282. *[5]*

Pacione, M.: Shape and Structure in Cognitive Maps of Great Britain. – Regional Studies 10. 1976, S. 275–283. *[6]*

Palmer, C. J., M. E. Robinson u. R. W. Thomas: The Countryside Image: An Investigation of Structure and Meaning. – Environment and Planning A. 1977, S. 739–749. *[5]*

Peterson, G. L.: Measuring Visual Preferences of Residential Neighborhoods. – Ekistiks 25. 1967, S. 169–173. *[5]*

Phillips, F., G. M. White u. K. H. Haynes: External Approaches to Estimating Spatial Interaction. – Geogr. Analysis 8. 1976, S. 185–200. *[2]*

Piaget, J. u. B. Inhelder: Die Entwicklung des räumlichen Denkens beim Kinde. – Stuttgart 1971. *[4]*

Piaget, J. u. B. Inhelder: Die Psychologie des Kindes. – Olten 1972. (wieder gedruckt: Hamburg 1977). *[4]*

Pirie, G. H.: Thoughts on Revealed Preference and Spatial Behavior. – Environment and Planning A. 1976. S. 947–955. *[5]*

Pocock, D. C. D.: Environmental Perception: Process and Product. – Tijdschrift voor Economische en Sociale Geografie 64. 1973, S. 251–257. *[5]*

Pocock, D. C. D.: Some Characteristics of Mental Maps: An Empirical Study. – Transactions, N. S. 1. 1976, S. 493–512. *[6]*

Proshansky, H. M., W. H. Ittelson u. L. G. Rivlin (Hrsg.): Environmental Psychology. – New York 1970. *[5]*

Prünte, V.: Beweggründe ehemaliger Einwohner zur Abwanderung aus Heidelberg. – Bauwelt, Ausg. A, Stadtbauwelt 49. 1976, S. 371–376. *[2]*

Quigley, Y. M. u. D. H. Weinberg: Intra-Urban Residential Mobility. A Review and Synthesis. – Internat. Regional Science Review, 2. 1977, S. 41–66. *[3]*

Rees, J. u. P. Newby (Hrsg.): Behavioral Perspectives in Geography. – Middlesex Polytechn. Monographs in Geography, N. 1, o. J. (1974). *[1]*

Relph, E.: Place and Placelessness. – London 1976. *[5]*

Restle, F.: Learning: Animal Behavior and Human Cognition. New York 1975. *[4]*

Rhode-Jüchtern, T.: Geographie und Planung. Eine Analyse des sozial- und politikwissenschaftlichen Zusammenhangs. – Marburger Geogr. Schr. 65. 1975. *[1]*

Riddell, J. B.: Regression Analysis of Aggregate Migration Data in the Third World: A Review and Comment. – Internat. Regional Science Review 1. 1975, S. 95–101. *[8]*

Röder, H.: Ursachen, Erscheinungsformen und Folgen regionaler Mobilität. – Beitr. z. Siedlungs- und Wohnungswesen, Bd. 16. Münster 1974. *[2]*

Rogers, A.: Matrix Analysis of Interregional Population Growth and Distribution. – Berkeley 1968. *[8]*

Rosen, A. C.: Change in Perceptual Threshold as a Protective Function of the Organism. – Journal of Personality 23. 1954 (wieder gedruckt in: Vernon, M. D. (Hrsg.): Experiments in Visual Perception. 2. Aufl. Harmondsworth 1970. S. 408–420). *[5]*

Rossi, P. H.: Why Families Move. – Glencoe 1955. *[2]*

Rowley, G. u. S. Wilson: The Analysis of Housing and Travel Preferences: A Gaming Approach. – Environment and Planning A. 1975, S. 171–177. *[8]*

Ruppert, K. u. F. Schaffer: Zur Konzeption der Sozialgeographie. – Geogr. Rundschau 21. 1969, S. 205–214. *[1]*

Rushton, G.: Analysis of Spatial Behavior by Revealed Space Preference. – Annals of the Ass. of Amer. Geogr. 59. 1969, S. 391–400. *[8]*

Rushton, G.: The Scaling of Locational Preferences. – In: Cox, K. R., R. G. Golledge (Hrsg.): Behavioral Problems in Geography. North Western Univ., Dept. of Geogr., Publ. 17. 1969, S. 197–227. *[8]*

Rushton, G.: Behavioral Correlates of Urban Spatial Structure. – Econ. Geogr. 47. 1971, S. 49–58. *[8]*

Salkin, M. S.: A Note on the Use of Markov Chains for Population Projection: A Reply. – Journal of Reg. Science 16. 1976, S. 105–106. *[8]*

Salkin, M. S., T. P. Lianos u. Q. Paris: Population Predictions for the Western United States: A Markov Chain Approach. – Journal of Reg. Science 15. 1975, S. 53–60. *[8]*

Sanders, R.: Bilevel Effects in Urban Residential Patterns. – Econ. Geogr. 52. 1976, S. 61–70. *[3]*

Schachter, S.: Deviation, Rejection and Communication. – Journal Abnormal Psych. 46. 1951, S. 190–207. *[4]*

Schachter, S.: The Psychology of Affiliation. – Stanford, Calif. 1959. *[4]*

Schaffer, F., F. Hundhammer, G. Peyke u. W. Poschwatta: Die Stadt-Umland-Mobilität. Motive, Strukturen und Verhaltensweisen der Wandernden im Raum Augsburg. – Mitt. Geogr. Ges. München 1974, S. 85–114. *[3]*

Schneider, M.: Gravity Models and Trip Distribution Theory. – Reg. Science Ass. Papers 5. 1959, S. 51–56. *[8]*

Schoeck, H.: Der Neid. Eine Theorie der Gesellschaft. – 2. Aufl. Freiburg 1968. *[7]*

Sen, A.: Behaviour and the Concept of Preference. – Economica 40. 1973, S. 241–259. *[7]*

Serow, W. J.: A Note on the Use of Markov Chains for Population Projection. – Journal of Reg. Science 16. 1976, S. 101–104. *[8]*

Shafer, E. L.: Perception of Natural Environments. – Environment and Behavior 1. 1969, S. 71–82. *[5]*

Shafer, E. L., J. F. Hamilton, u. E. A. Schmidt: Natural Landscape Preferences: A Predicitive Model. – Journal of Leasure Research 1. 1969, S. 1–19. *[5]*

Shafer, E. L. u. M. Tooby: Landscape Preferences: An International Replication. – Journal of Leasure Research 5. 1973, S. 60–65. *[5]*

Shaw, R. P.: Migration Theory and Fact. A Review and Bibliography of Current Literature. – Bibliography Series N. 5. Reg. Science Res. Inst. Philadelphia (Penn.) 1975. *[2]*

Sinn, H.: Abwanderung der Wohnbevölkerung aus den Großstädten. – Baden-Württemberg in Wort und Zahl 24. 1976, S. 130–141. *[2]*

Simmons, J. W.: Changing Residence in the City. A Review of Intra-Urban Mobility. – Geogr. Review 58. 1968, S. 622–651. *[3]*

Skinner, B. F.: Wissenschaft und menschliches Verhalten. – München 1973 (Engl. Ausg. New York 1953). *[4]*

Skinner, B. F.: Die Funktion der Verstärkung in der Verhaltenswissenschaft. – München 1974 (Engl. Ausg. New York 1969). *[4]*

Smith, L. J.: Residential Neighborhoods as Humane Environments. – Environment and Planning A. 1976. S. 311–326. *[5]*

Smith, P. E.: Markov Chains, Exchange Matrices, and Regional Development. In: Blunden, J., C. Brook, G. Edge u. A. Hay (Hrsg.): Regional Analysis and Development. New York 1973. S. 96–102. *[8]*

Smith, T. E.: An Axiomatic Theory of Spatial Discounting Behavior. – Reg. Science Ass. Papers 35. 1975, S. 31–44. *[8]*

Sommer, R.: Spatial Invasion. In: Sommer, R.: Personal Space: The Behavioral Basis of Design. Englewood Cliffs, N. J., 1969. S. 26–38. *[5]*

Sonnenfeld, J.: Geography, Perception, and the Behavioral Environment. In: English, P. W. u. R. C. Mayfield (Hrsg.): Man, Space, and Environment. New York 1972, S. 244–251. *[5]*

Speare, A. Jr., S. Goldstein u. W. H. Frey: Residential Mobility, Migration, and Metropolitan Change. – (o. O.) 1974. *[3]*

Stadler, M., F. Seeger u. A. Raeithel: Psychologie der Wahrnehmung. – München 1975. *[4]*

Stea, D.: The Measurement of Mental Maps: An Experimental Model for Studying Conceptual Spaces. In: Cox, K. R. u. R. G. Golledge (Hrsg.): Behavioral Problems in Geography. North Western Univ., Dept. of Geogr., Publ. 17. 1969. S. 228–253. *[6]*

Suhr, E.: Individuelle Wohnansprüche und Standortsentscheidungen für Waldbronn (Ldkr. Karlsruhe). In: Höllhuber, D. u. a. (Hrsg.): Wohnstandortsentscheidungen für Randbereiche von Stadtregionen und das Problem der Randwanderung für die Raumplanung. Karlsruhe 1978, S. 1–67. [3]

Szell, G. (Hrsg.): Regionale Mobilität. – München 1972. [2]

Tajfel, H.: Quantitative Judgement in Social Perception. – Brit. Journ. Psych. 50. 1959. [4]

Taylor, C. C. u. A. R. Townsend: The Local "Sense of Place" as Evidenced in North-East England. – Urban Studies 13. 1976, S. 133–146. [5]

Thibaut, J. W. u. H. H. Kelley: The Social Psychology of Groups. – New York 1959. [4]

Thomale, E.: Geographische Verhaltensforschung. – In: Dickel, H. (Hrsg.): Studenten in Marburg. Marburger Geogr. Schr. 61. 1974, S. 9–30. [1]

Thomas, M. D.: Some Explanatory Concepts in Regional Science. – Reg. Science Ass. Papers 39. 1977, S. 7–23. [8]

Thompson, D. L.: New Concept: Subjective Distance. – Journal of Retailing 39. 1963, S. 1–6. [5]

Tichy, G. J.: Konjunkturschwankungen. – Berlin 1976. [9]

Tolman, E. C.: Ein kognitives Motivationsmodell. – In: Thomae, H. (Hrsg.): Die Motivation menschlichen Handelns. 6. Aufl., Köln, Berlin 1970, S. 448–461. [4]

Townsend, J. G.: Perceived Worlds of the Colonists of Tropical Rainforest, Colombia. – Transactions N. S. 2. 1977, S. 430–458. [5]

Trott, C. E.: Differential Responses in the Decision to Migrate. Reg. Science Ass. Papers 28. 1972, S. 203–219. [2]

Tuan, Y.-F.: The Hydrological Cycle and the Wisdom of God. A Theme in Geoteleology. – Toronto 1968. [5]

Tuan, Y.-F.: Perceiving, Evaluating the World: Three Standpoints. – In: Lonegran, D. A. u. R. Palm (Hrsg.): An Invitation to Geography. New York 1973, S. 21–31. [5]

Tuan, Y.-F.: Space and Place: Humanistic Perspective. – Progress in Geography 6. 1974, S. 211–252. [5]

Tuan, Y.-F.: Images and Mental Maps. – Annals of the Ass. of Amer. Geogr. 65. 1975, S. 205–213. [6]

Tuan, Y.-F.: Space and Place. The Perspective of Experience. – London 1977. [5]

Tucker, W. T.: The Social Context of Economic Behavior. – New York 1964. [7]

Tumin, M. M.: Schichtung und Mobilität. – In: Claessens, D. (Hrsg.): Grundfragen der Soziologie, Bd. 5. München 1968. [7]

Ulrich, R. S.: Scenery and the Shopping Trip: The Roadside Environment as a Factor in Route Choice. – Michigan Geogr. Publ. 12. Dept. of Geogr., Univ. of Michigan, Ann Arbor 1974. [5]

Van Paassen, C.: Human Geography in Terms of Existential Anthropology. – Tijdschrift voor Economische en Sociale Geografie 67. 1976, S. 324–341. [1]

Veen, A. W. L.: Geography Between the Devil and the Deep Blue Sea. – Tijdschrift voor Economische en Sociale Geografie, 67. 1976. S. 369–380. [1]

Vernon, M. D.: The Psychology of Perception. – Hardsmondsworth 1974. [4]

Vining, D. R.: Bad Models with Interesting Physics and Vice Versa: Some Comments on the Cassetti and Isard-Liossatos-Papers. – Reg. Science Ass. Papers 39. 1977, S. 79–83. [8]

Vogel, F.: Probleme und Verfahren der numerischen Klassifikation. – Göttingen 1975. [8]

Wasna, M.: Leistungsmotivation. – München und Basel 1973. [7]

Waterhouse, A. u. J. Hitchcock: Umweltbedingungen und Wohnungswahl. – Archiv für Kommunalwiss., 13. 1974, S. 308–320. [5]

Wehling, H. W.: Die Innenstadt – Erlebnisfeld der Großstadtbewohner. – Structur 1976, S. 85–89; 106–110. [5]

Wehling, H. W.: Die Analyse der innerstädtischen Umweltperzeption und ihr Beitrag zur Innenstadtplanung. – In: Lob, R. E. u. H. W. Wehling (Hrsg.): Geographie und Umwelt/ Geography and Environment. Kronberg i. T. 1977. S. 129–154. [5]

Weinstein, N. D.: The Statistical Prediction of Environmental Preferences. Environment and Behavior 8. 1976, S. 611–626.

Weichhart, P.: Geographie im Umbruch. Ein methodologischer Beitrag zur Neukonzeption der komplexen Geographie. Wien 1975. [1]

Weichhart, P.: Anmerkungen zum Dogma der uneinigen Geographie; Gerhard Hards Kritik an der Ökogeographie. Mitt. Österr. Geogr. Ges. 118. 1976, S. 195–208. [1]

White, R. W.: A Generalization of the Utility Theory Approach to the Problem of Spatial Interaction. – Geogr. Analysis 8. 1976, S. 39–46. [8]

Whitelegg, J.: Markov Chains: Caveat Emptor. – Area 8. 1976, S. 37–41. [8]

Wirth, E.: Die deutsche Sozialgeographie in ihrer theoretischen Konzeption und in ihrem Verhältnis zu Soziologie und Geographie des Menschen. – Geogr. Zeitschrift 65. 1977, S. 161–187. [1]

Wittmann, H.: Migrationstheorien. – Sozialökonomische Schriften zur Agrarentwicklung 9, Saarbrücken 1975. [2]

Wolpert, J.: Behavioral Aspects of the Decision to Migrate. – In: Davies, W. K. D. (Hrsg.): The Conceptual Revolution in Geography. London 1965. S. 369–380. [2]

Wolpert, J.: Eine räumliche Analyse des Entscheidungsverhaltens in der mittelschwedischen Landwirtschaft. – In: Bartels, D. (Hrsg.): Wirtschafts- und Sozialgeographie. Köln 1970, S. 380–387. [9]

Zapf, W. (Hrsg.): Soziale Indikatoren. Konzepte und Forschungsansätze. Frankfurt am Main. Bd. 1. 1974; Bd. 2. 1974; Bd. 3. 1975. [7]

Zapf, W.: Soziale Indikatoren: Gesellschaftspolitische Zielsysteme. – Bd. 4, Frankfurt am Main 1976. [7]

Zapf, W.: Lebensbedingungen in der Bundesrepublik. Sozialer Wandel und Wohlfahrtsentwicklung. – 2. Aufl. Frankfurt am Main, 1978. [7]

Zelinsky, W.: Selfward Bound? Personal Preference Patterns and the Changing Map of American Society. – Econ. Geogr. 50. 1974, S. 144–179. [5]

Zelinsky, W.: The Demigod's Dilemma. – Ann. Ass. Amer. Geogr. 65. 1975, S. 123–143. [2]

Zimmer, B. G.: Residential Mobility and Housing – Land Economics 49. 1973. [3]

Zimmermann, K.: Zur Imageplanung von Städten. – Kölner Wirtschafts- und Sozialwiss. Abh. 5. 1975. [2]

Anhang

1. Faktorenanalyse der Bewertungen der Wohnstandortsqualität von Karlsruhe

Probanden: 95 befragte Karlsruher (Nr. 1–95 der Personenliste, die zufällig zusammengestellt wurde: nach dem Posteinlauf).
Variable: Rangskalen der Wohnstandortsqualität für 28 Karlsruher Stadtbereiche.
Methode: Faktorenanalyse nach der Hauptachsenmethode, Programm PAFA [1]; Berechnung der Faktorenwerte mit Programm FAKS [2].

a) Die rotierte Faktoren-Matrix, 7-Faktoren-Lösung

Spaltenquadratsummen:
16.2415   11.0414   12.6872   5.9611   6.5969   5.2793   7.4517

In Prozent einzeln:
24.8877   16.9193   19.4413   9.1345   10.1088   8.0898   11.4187

In Prozent kumulativ:
24.887   41.8070   61.2483   70.3828   80.4916   88.5813   100.00

b) Die Faktorenwerte

Kovarianzmatrix der Schätzwerte für die Faktoren:

Faktor	1	2	3	4	5	6	7
1	.979						
2	−.000	.988					
3	.006	.000	.978				
4	.000	.000	.003	.951			
5	−.008	.001	.001	.005	.954		
6	.012	−.001	−.005	−.012	.002	.943	
7	−.008	.004	−.008	.005	.013	.007	.953

---

1) Programm PAFA, Autoren P. Schnell u. F. Gebhardt, UNIVAC-Version K. Puk, Geogr. Inst., Univ. Karlsruhe

2) Programm FAKS, Autor F. Gebhardt, UNIVAC-Version K. Puk, Geogr. Inst., Univ. Karlsruhe

c) Liste der Faktorenwerte

Proband	Faktoren-Scores						
1	1.560	−.550	.157	−.007	−.447	1.018	1.083
2	1.374	−.123	−.638	−1.624	−.414	.625	1.167
3	1.688	−.599	−.417	.535	.009	.625	−.104
4	.523	.319	−1.245	−.962	.766	1.608	−.841
5	.326	.488	−1.553	−2.163	−.086	.446	.135
6	−1.293	.374	−.169	−.524	−.099	.353	.006
7	.526	.062	−.216	−.683	−.287	.309	−1.363
8	.877	−.414	1.360	.010	−.539	.216	−.564
9	−1.526	.429	.846	−1.079	−.715	.608	−.776
10	1.329	−.193	.722	.245	1.620	.591	.438
11	−1.311	−.264	.899	−.095	−.611	.350	−1.532
12	.306	−.617	.348	.203	−.987	.221	−.750
13	.366	.010	.428	−1.247	.553	−2.327	−.825
14	.136	−.107	.996	−.053	−1.255	−.813	−.672
15	−.030	−.366	.849	−.794	−1.560	−1.666	.156
16	−.419	.169	.166	.347	1.223	.782	−.992
17	−.797	.552	−1.341	.247	.922	−.301	−.187
18	−.142	.556	−1.742	1.726	.314	−.814	−1.875
19	−1.307	−4.389	−1.261	.268	.664	−.708	.800
20	−1.105	.307	−.944	1.694	−2.097	1.779	.601
21	−.367	.156	1.102	.625	1.004	.654	1.054
22	−.771	.158	1.283	.390	.550	.428	.845
23	−1.090	1.020	−.031	−.585	.649	−.519	1.460
24	1.547	.374	−.909	1.110	−1.130	−1.204	−.097
25	.564	.935	.184	1.587	1.280	−1.089	.137
26	−1.124	1.222	−.952	−.448	.515	−.898	1.297
27	.035	.802	.248	.961	−1.005	−.614	1.775
28	.126	−.312	1.831	.316	1.167	.340	−.376

2. Fragebogen der Umfrage zur Wohnstandortsbewertung

GEOGRAPHISCHES INSTITUT
DER UNIVERSITÄT KARLSRUHE (TH)

7500 Karlsruhe 1, den
Kaiserstraße 12
Telefon (07 21) 60 81

FRAGEBOGEN
Wohnstandortspräferenzen – Bestimmungsgründe innerstädtischer Wohnstandortswechsel.

Einige Mitarbeiter des Geographischen Instituts der Universität Karlsruhe führen im Rahmen einer Übung eine Befragung der Karlsruher Bevölkerung durch. In dieser Befragung geht es darum, herauszufinden, ob die Umzüge innerhalb der Stadt mit dem guten oder schlechten „Image" von Stadtteilen zusammenhängen.

Ihre Adresse wurde mittels einer Zufallsstichprobe ermittelt. Ihr Fragebogen wird *völlig anonym* bearbeitet! Der Fragebogen wird im Laufe der nächsten 14 Tage bei Ihnen abgeholt werden, Sie haben dann auch Gelegenheit, Ihre Fragen beantwortet zu bekommen. Wir möchten Sie noch bitten, den Fragebogen *vollständig* auszufüllen, da er unvollständig für uns wertlos ist!

Wir danken Ihnen bereits jetzt für Ihre Bereitschaft, uns mit Ihren Angaben zu helfen.

Zunächst einige Fragen zu Ihrem Haushalt!

1.1 Wieviele Personen gehören zu Ihrem Haushalt (ohne auswärts wohnende Kinder, ohne Untermieter)?

☐ 1 Person
☐ 2 Personen
☐ 3 Personen
☐ 4 Personen
☐ 5 und mehr Personen

1.2 Wieviele Personen sind davon ___ Jahre alt?

	1 P.	2 P.	3 P.	4 P.	5 u. mehr
bis zu 10 Jahre					
zwi. 11 und 17 Jahren					
zwi. 18 und 30 Jahren					
zwi. 31 und 60 Jahren					
61 Jahre und älter					

1.3 Wer ist der Hauptverdiener in Ihrem Haushalt?

ich selbst _____
Ehemann _____
Ehefrau _____
Vater _____
Mutter _____
Andere (bitte nennen) _____

1.4 Welche Nationalität besitzt der Hauptverdiener?
- ☐ deutsch
- ☐ andere (bitte nennen!)

1.5 Welche Ausbildung hat der Hauptverdiener?
- Volksschule ohne Lehre ☐
- Volksschule mit Lehre ☐
- Mittelschule mit Lehre ☐
- Mittelschule, Fachschule ☐
- Abitur ☐
- Hochschule ☐

1.6 Welche Tätigkeit übt der Hauptverdiener aus?
- Freier Beruf ☐
- Selbständiger Unternehmer ☐
- Mithelfender Familienangehöriger ☐
- Beamter ☐
- Angestellter ☐
- Rentner ☐
- in Ausbildung ☐
- Arbeiter ☐
- Facharbeiter ☐

1.7 In welchem Stadtbezirk von Karlsruhe, in welcher Gemeinde des Kreises arbeiten der Hauptverdiener und weitere Erwerbspersonen Ihres Haushaltes?
  a) Hauptverdiener arbeitet in _____
  b) weitere Erwerbspersonen arbeiten in _____

1.8 Nennen Sie bitte drei Stadtbezirke von Karlsruhe, in denen Sie Freunde und/oder Verwandte haben (Ihren eigenen Stadtbezirk nicht eingerechnet!).
  _____   _____   _____

Nun folgen einige Fragen zu Ihrem Wohnstandort!

2.1 Seit wann wohnen Sie an dieser Adresse?
- ☐ seit Geburt
- ☐ vor 1960 zugezogen
- ☐ 1960–1969 zugezogen
- ☐ 1970–1973 zugezogen
- ☐ 1974–1975 zugezogen

2.2 Sollten Sie an einer anderen Karlsruher Adresse schon einmal mindestens *drei* Jahre gewohnt haben, dann nennen Sie uns bitte Straße und Bezirk:
  Straße _____   Bezirk _____

2.3 Wenn Sie erst nach dem 1.1.1970 in Ihre jetzige Wohnung eingezogen sind, dann füllen Sie bitte die folgenden Fragen aus. Sind Sie schon länger (vor dem 31.12.1969) an dieser Adresse, dann gehen Sie weiter zu Frage 3.1!

Nennen Sie uns bitte einige Daten zu Ihrer ehemaligen und zu Ihrer jetzigen Wohnung (kreuzen Sie Zutreffendes an)

frühere Wohnung   *jetzige Wohnung*

☐	☐	Zahl von Wohnräumen
☐	☐	Telefon
☐	☐	Bad
☐	☐	Zentralheizung
☐	☐	Neubau (nach 1950)

2.4 Geben Sie bitte an, aus welchen Gründen Sie umzogen (Sie können mehrere Gründe ankreuzen!).

Wohnung wurde zu klein, da Familie vergrößert
Schönere Wohnlage gesucht
Wohnung gesucht, die näher zum Arbeitsplatz liegt
Wohnung gesucht, die für Kinderschulweg günstiger
Einkommen der Familie erhöht, bessere Wohnung gesucht
Erbschaft
Alte Wohnung war zu laut
Alte Wohnung hatte kaum Geschäfte in erreichbarer Nähe
Wohnung wurde nach Wegzug/Todesfall zu groß
Wohnung gesucht, die näher bei Verwandten/Freunden
Besseres Viertel gesucht

2.5 Für jedes der Lagemerkmale, das Sie unten für Ihren ehemaligen und Ihren jetzigen Wohnstandort ausfüllen sollen, können Sie unter fünf Bewertungen wählen. Ganz links ein Kreuz von Ihnen = damit sind (waren) Sie sehr zufrieden. Ist im anderen Fall Ihr Kreuz ganz rechts, dann sind (waren) Sie sehr unzufrieden mit einem bestimmten Lagemerkmal. Halblinks bedeutet mäßig zufrieden, halbrechts im ganzen unzufrieden, Mitte bedeutet, daß Sie es nicht recht abwägen können (vermeiden Sie möglichst die mittlere Position!)

frühere Wohnung   *jetzige Wohnung*

Einkaufsmöglichkeiten in nächster Umgebung
Nähe zu Erholungsmöglichkeiten
Nähe zu öffentlichen Bädern
Kontakte mit Nachbarn
Straßenverbindung in die Stadt

Erschließung mit öffentlichen Verkehrsmitteln

Nähe zu Schulen
Nähe zu Kindergärten
Nähe zum Arbeitsplatz

2.6 Wie haben Sie von Ihrer neuen Wohnung erfahren?
Nachbarn ☐ Freunde ☐ Arbeitskollegen ☐ Verwandte ☐
Zeitungsannonce aufgegeben ☐ Zeitungsannonce gelesen ☐
Immobilienbüro ☐ Betrieb ☐ Erbschaft ☐

3.0 Zur Attraktivitätsbewertung

3.1 Nehmen wir an, Sie könnten Ihren Wohnsitz jederzeit wechseln und hätten genügend Geld, um sich auch in teuren Stadtbereichen anzusiedeln. Wo würden Sie sich dann niederlassen?

Auf der Karte des letzten Blattes des vorliegenden Fragebogens finden Sie Karlsruher Stadtgebiete eingezeichnet. Das Gebiet, in dem Sie am liebsten wohnen möchten, bezeichnen Sie auf der Karte mit einer deutlichen 1, das zweitliebste mit einer 2 usw. bis zu demjenigen Gebiet, in dem Sie am wenigsten gerne wohnen möchten, das Sie mit einer 28 bezeichnen. Es sollten also alle Zahlen zwischen 1 und 28 verwendet werden, um den verschiedenen Grad ihrer Wohneignung für Sie anzugeben. Wenn Sie glauben, daß Sie von einigen Bezirken zu wenig wissen, um sie richtig einschätzen zu können, dann greifen Sie bitte die 15 besten Wohngebiete heraus und bezeichnen Sie sie mit den Zahlen 1 bis 15; die restlichen, Ihnen ungeeignet oder unsympathisch oder unbekannt erscheinenden Gebiete lassen Sie ohne Bezeichnung.

3.2 Es könnte sein, daß Sie in nächster Zukunft innerhalb Karlsruhes umziehen wollen, geben Sie uns bitte den Stadtteil und die Straße an, wo sich Ihr neuer Wohnsitz vermutlich befinden wird!

Stadtteil _____ Straße _____

4.1 Zum Schluß noch einige Informationen statistischer Art!
Wie alt sind Sie? _____ Jahre

4.2 Über welches monatliche Nettoeinkommen verfügt Ihr Haushalt? Kreuzen Sie bitte die entsprechende Einkommensgruppe an!

bis 600 DM ☐
600 –1000 DM ☐
1000–1500 DM ☐
1500–2000 DM ☐
2000–2500 DM ☐
2500 DM u. mehr ☐

Wir danken Ihnen für das Ausfüllen dieses Fragebogens!

Die dem Fragebogen beigegebene Karte der Stadtbereiche von Karlsruhe entspricht der Karte in Abb. 46.

*Sonderabdrucke aus den
Mitteilungen der Fränkischen Geographischen Gesellschaft*

Erlanger Geographische Arbeiten

Herausgegeben vom Vorstand der Fränkischen Geographischen Gesellschaft

ISSN 0170-5172

Heft 1. *Thauer, Walter:* Morphologische Studien im Frankenwald und Frankenwaldvorland. 1954. IV. 232 S., 10 Ktn., 11 Abb., 7 Bilder und 10 Tab. im Text, 3 Ktn. u. 18 Profildarst. als Beilage.
ISBN 3-920405-00-5 kart. DM 19,-

Heft 2. *Gruber, Herbert:* Schwabach und sein Kreis in wirtschaftsgeographischer Betrachtung. 1955. IV, 134 S., 9 Ktn., 1 Abb., 1 Tab.
ISBN 3-920405-01-3 kart. DM 11,-

Heft 3. *Thauer, Walter:* Die asymmetrischen Täler als Phänomen periglazialer Abtragungsvorgänge, erläutert an Beispielen aus der mittleren Oberpfalz. 1955. IV, 39 S., 5 Ktn., 3 Abb., 7 Bilder.
ISBN 3-920405-02-1 kart. DM 5,-

Heft 4. *Höhl, Gudrun:* Bamberg – Eine geographische Studie der Stadt. 1957. IV, 16 S., 1 Farbtafel, 28 Bilder, 1 Kt., 1 Stadtplan. – *Hofmann, Michel:* Bambergs baukunstgeschichtliche Prägung. 1957. 16 S.
ISBN 3-920405-03-X kart. DM 8,-

Heft 5. *Rauch, Paul:* Eine geographisch-statistische Erhebungsmethode, ihre Theorie und Bedeutung. 1957. IV, 52 S., 1 Abb., 1 Bild u. 7 Tab. im Text, 2 Tab. im Anhang.
ISBN 3-920405-04-8 kart. DM 5,-

Heft 6. *Bauer, Herbert F.:* Die Bienenzucht in Bayern als geographisches Problem. 1958. IV, 214 S., 16 Ktn., 5 Abb., 2 Farbbilder, 19 Bilder u. 23 Tab. im Text, 1 Kartenbeilage.
ISBN 3-920405-05-6 kart. DM 19,-

Heft 7. *Müssenberger, Irmgard:* Das Knoblauchsland, Nürnbergs Gemüseanbaugebiet. 1959. IV, 40 S., 3 Ktn., 2 Farbbilder, 10 Bilder u. 6 Tab. im Text, 1 farb. Kartenbeilage.
ISBN 3-920405-06-4 kart. DM 9,-

Heft 8. *Burkhart, Herbert:* Zur Verbreitung des Blockbaues im außeralpinen Süddeutschland. 1959. IV, 14 S., 6 Ktn., 2 Abb., 5 Bilder.
ISBN 3-920405-07-2 kart. DM 3,-

Heft 9. *Weber, Arnim:* Geographie des Fremdenverkehrs im Fichtelgebirge und Frankenwald. 1959. IV, 76 S., 6 Ktn., 4 Abb., 17 Tab.
ISBN 3-920405-08-0 kart. DM 8,-

Heft 10. *Reinel, Helmut:* Die Zugbahnen der Hochdruckgebiete über Europa als klimatologisches Problem. 1960. IV, 74 S., 37 Ktn., 6 Abb., 4 Tab.
ISBN 3-920405-09-9 kart. DM 10,-

Heft 11. *Zenneck, Wolfgang:* Der Veldensteiner Forst. Eine forstgeographische Untersuchung. 1960. IV, 62 S., 1 Kt., 4 Farbbilder u. 23 Bilder im Text, 1 Diagrammtafel, 5 Ktn., davon 2 farbig, als Beilage.
ISBN 3-920405-10-2 kart. DM 19,–

Heft 12. *Berninger, Otto:* Martin Behaim. Zur 500. Wiederkehr seines Geburtstages am 6. Oktober 1459. 1960. IV, 12 S.
ISBN 3-920405-11-0 kart. DM 3,–

Heft 13. *Blüthgen, Joachim:* Erlangen. Das geographische Gesicht einer expansiven Mittelstadt. 1961. IV, 48 S., 1 Kt., 1 Abb., 6 Farbbilder, 34 Bilder u. 7 Tab. im Text, 6 Ktn. u. 1 Stadtplan als Beilage.
ISBN 3-920405-12-9 kart. DM 13,–

Heft 14. *Nährlich, Werner:* Stadtgeographie von Coburg. Raumbeziehung und Gefügewandlung der fränkisch-thüringischen Grenzstadt. 1961. IV, 133 S., 19 Ktn., 2 Abb., 20 Bilder u. zahlreiche Tab. im Text, 5 Kartenbeilagen.
ISBN 3-920405-13-7 kart. DM 21,–

Heft 15. *Fiegl, Hans:* Schneefall und winterliche Straßenglätte in Nordbayern als witterungsklimatologisches und verkehrsgeographisches Problem. 1963. IV, 52 S., 24 Ktn., 1 Abb., 4 Bilder, 7 Tab.
ISBN 3-920405-14-5 kart. DM 6,–

Heft 16. *Bauer, Rudolf:* Der Wandel der Bedeutung der Verkehrsmittel im nordbayerischen Raum. 1963. IV, 191 S., 11 Ktn., 18 Tab.
ISBN 3-920405-15-3 kart. DM 18,–

Heft 17. *Hölcke, Theodor:* Die Temperaturverhältnisse von Nürnberg 1879 bis 1958. 1963. IV, 21 S., 18 Abb. im Text, 1 Tabellenanhang u. 1 Diagrammtafel als Beilage.
ISBN 3-920405-16-1 kart. DM 4,–

Heft 18. Festschrift für Otto Berninger.
Inhalt: Erwin Scheu: Grußwort. – Joachim Blüthgen: Otto Berninger zum 65. Geburtstag am 30. Juli 1963. – Theodor Hurtig: Das Land zwischen Weichsel und Memel, Erinnerungen und neue Erkenntnisse. – Väinö Auer: Die geographischen Gebiete der Moore Feuerlands. – Helmuth Fuckner: Riviera und Côte d'Azur – mittelmeerische Küstenlandschaft zwischen Arno und Rhone. – Rudolf Käubler: Ein Beitrag zum Rundlingsproblem aus dem Tepler Hochland. – Horst Mensching: Die südtunesische Schichtstufenlandschaft als Lebensraum. – Erich Otremba: Die venezolanischen Anden im System der südamerikanischen Cordillere und in ihrer Bedeutung für Venezuela. – Pierre Pédelaborde: Le Climat de la Méditerranée Occidentale. – Hans-Günther Sternberg: Der Ostrand der Nordskanden, Untersuchungen zwischen Pite- und Torne älv. – Eugen Wirth: Zum Problem der Nord-Süd-Gegensätze in Europa. – Hans Fehn: Siedlungsrückgang in den Hochlagen des Oberpfälzer und Bayerischen Waldes. – Konrad Gauckler: Beiträge zur Zoogeographie Frankens. Die Verbreitung montaner, mediterraner und lusitanischer Tiere in nordbayerischen Landschaften. – Helmtraut Hendinger: Der Steigerwald in forstgeographischer Sicht. – Gudrun Höhl: Die Siegritz-Voigendorfer Kuppenlandschaft.– Wilhelm Müller: Die Rhätsiedlungen am Nordostrand der Fränkischen Alb. – Erich Mulzer: Geographische Gedanken zur mittelalterlichen Entwicklung Nürnbergs. – Theodor Rettelbach: Mönau und Mark, Probleme eines Forstamtes im Erlanger Raum. – Walter Alexander Schnitzer: Zum Problem der Dolomitsandbildung auf der südlichen Frankenalb. – Heinrich Vollrath: Die Morphologie der Itzaue als Ausdruck hydro- und sedimentologischen Geschehens. – Ludwig Bauer: Philosophische Begründung und humanistischer Bildungsauftrag des Erdkundeunterrichts, insbesondere auf der Oberstufe der Gymnasien. – Walter Kucher: Zum afrikanischen Sprichwort. – Otto Leischner: Die biologische Raumdichte. – Friedrich Linnenberg: Eduard Pechuel-Loesche als Naturbeobachter.

1963. IV, 358 S., 35 Ktn., 17 Abb., 4 Farbtafeln, 21 Bilder, zahlreiche Tabellen.
ISBN 3-920405-17-X kart. DM 36,–

Heft 19. *Hölcke, Theodor:* Die Niederschlagsverhältnisse in Nürnberg 1879 bis 1960. 1965, 90 S., 15 Abb. u. 51 Tab. im Text, 15 Tab. im Anhang.
ISBN 3-920405-18-8 kart. DM 13,-

Heft 20. *Weber, Jost:* Siedlungen im Albvorland von Nürnberg. Ein siedlungsgeographischer Beitrag zur Orts- und Flurformengenese. 1965. 128 S., 9 Ktn., 3 Abb. u. 2 Tab. im Text, 6 Kartenbeilagen.
ISBN 3-920405-19-6 kart. DM 19,-

Heft 21. *Wiegel, Johannes M.:* Kulturgeographie des Lamer Winkels im Bayerischen Wald. 1965. 132 S., 9 Ktn., 7 Bilder, 5 Fig. u. 20 Tab. im Text, 4 farb. Kartenbeilagen.
vergriffen

Heft 22. *Lehmann, Herbert:* Formen landschaftlicher Raumerfahrung im Spiegel der bildenden Kunst. 1968. 55 S., mit 25 Bildtafeln.
ISBN 3-920405-21-8 kart. DM 10,-

Heft 23. *Gad, Günter:* Büros im Stadtzentrum von Nürnberg. Ein Beitrag zur City-Forschung. 1968. 213 S., mit 38 Kartenskizzen u. Kartogrammen, 11 Fig. u. 14 Tab. im Text, 5 Kartenbeilagen.
ISBN 3-920405-22-6 kart. DM 24,-

Heft 24. *Troll, Carl:* Fritz Jaeger. Ein Forscherleben. Mit e. Verzeichnis d. wiss. Veröffentlichungen von Fritz Jaeger, zsgest. von Friedrich Linnenberg. 1969. 50 S., mit 1 Portr.
ISBN 3-920405-23-4 kart. DM 7,-

Heft 25. *Müller-Hohenstein, Klaus:* Die Wälder der Toskana. Ökologische Grundlagen, Verbreitung, Zusammensetzung und Nutzung. 1969. 139 S., mit 30 Kartenskizzen u. Fig., 16 Bildern, 1 farb. Kartenbeil., 1 Tab.-Heft u. 1 Profiltafel als Beilage.
ISBN 3-920405-24-2 kart. DM 22,-

Heft 26. *Dettmann, Klaus:* Damaskus. Eine orientalische Stadt zwischen Tradition und Moderne. 1969. 133 S., mit 27 Kartenskizzen u. Fig., 20 Bildern u. 3 Kartenbeilagen, davon 1 farbig.
vergriffen

Heft 27. *Ruppert, Helmut:* Beirut. Eine westlich geprägte Stadt des Orients. 1969. 148 S., mit 15 Kartenskizzen u. Fig., 16 Bildern u. 1 farb. Kartenbeilage.
ISBN 3-920405-26-9 kart. DM 25,-

Heft 28. *Weisel, Hans:* Die Bewaldung der nördlichen Frankenalb. Ihre Veränderungen seit der Mitte des 19. Jahrhunderts. 1971. 72 S., mit 15 Kartenskizzen u. Fig., 5 Bildern u. 3 Kartenbeilagen, davon 1 farbig.
ISBN 3-920405-27-7 kart. DM 16,-

Heft 29. *Heinritz, Günter:* Die „Baiersdorfer" Krenhausierer. Eine sozialgeographische Untersuchung. 1971. 84 S., mit 6 Kartenskizzen u. Fig. u. 1 Kartenbeilage.
ISBN 3-920405-28-5 kart. DM 15,-

Heft 30. *Heller, Hartmut:* Die Peuplierungspolitik der Reichsritterschaft als sozialgeographischer Faktor im Steigerwald. 1971. 120 S., mit 15 Kartenskizzen u. Figuren und 1 Kartenbeilage.
ISBN 3-920405-29-3 kart. DM 17,-

Heft 31. *Mulzer, Erich:* Der Wiederaufbau der Altstadt von Nürnberg 1945 bis 1970. 1972. 231 S., mit 13 Kartenskizzen u. Fig., 129 Bildern u. 24 farb. Kartenbeilagen.
ISBN 3-920405-30-7 kart. DM 39,–

Heft 32. *Schnelle, Fritz:* Die Vegetationszeit von Waldbäumen in deutschen Mittelgebirgen. Ihre Klimaabhängigkeit und räumliche Differenzierung. 1973. 35 S., mit 1 Kartenskizze u. 2 Profiltafeln als Beilage.
ISBN 3-920405-31-5 kart. DM 9,–

Heft 33. *Kopp, Horst:* Städte im östlichen iranischen Kaspitiefland. Ein Beitrag zur Kenntnis der jüngeren Entwicklung orientalischer Mittel- und Kleinstädte. 1973. 169 S., mit 30 Kartenskizzen, 20 Bildern und 3 Kartenbeilagen, davon 1 farbig.
ISBN 3-920405-32-3 kart. DM 28,–

Heft 34. *Berninger, Otto:* Joachim Blüthgen, 4. 9. 1912–19. 11. 1973. Mit einem Verzeichnis der wissenschaftlichen Veröffentlichungen von Joachim Blüthgen, zusammengestellt von Friedrich Linnenberg. 1976. 32 S., mit 1 Portr.
ISBN 3-920405-36-6 kart. DM 6,–

Heft 35. *Popp, Herbert:* Die Altstadt von Erlangen. Bevölkerungs- und sozialgeographische Wandlungen eines zentralen Wohngebietes unter dem Einfluß gruppenspezifischer Wanderungen. 1976. 118 S., mit 9 Figuren, 8 Kartenbeilagen, davon 6 farbig, und 1 Fragebogen-Heft als Beilage.
ISBN 3-920405-37-4 kart. DM 28,–

Heft 36. *Al-Genabi, Hashim K. N.:* Der Suq (Bazar) von Bagdad. Eine wirtschafts- und sozialgeographische Untersuchung. 1976, 157 S., mit 37 Kartenskizzen u. Figuren, 20 Bildern, 8 Kartenbeilagen, davon 1 farbig, und 1 Schema-Tafel als Beilage.
ISBN 3-920405-38-2 kart. DM 34,–

Heft 37. *Wirth, Eugen:* Der Orientteppich und Europa. Ein Beitrag zu den vielfältigen Aspekten west-östlicher Kulturkontakte und Wirtschaftsbeziehungen. 1976. 108 S., mit 23 Kartenskizzen u. Figuren im Text und 4 Farbtafeln.
ISBN 3-920405-39-0 kart. DM 28,–

Heft 38. *Hohenester, Adalbert:* Die potentielle natürliche Vegetation im östlichen Mittelfranken (Region 7). Erläuterungen zur Vegetationskarte 1 : 200 000. 1978. 74 S., mit 26 Bildern, 4 Tafelbeilagen und 1 farb. Kartenbeilage.
ISBN 3-920405-44-7 kart. DM 28,–

Heft 39. *Meyer, Günter:* Junge Wandlungen im Erlanger Geschäftsviertel. Ein Beitrag zur sozialgeographischen Stadtforschung unter besonderer Berücksichtigung des Einkaufsverhaltens der Erlanger Bevölkerung. 1978. 215 S., mit 44 Kartenskizzen u. Figuren, zahlreichen Tab. u 1 Beilagenheft.
ISBN 3-920405-45-5 kart. DM 38,–

Heft 40. *Wirth, Eugen, Inge Brandner, Helmut Prösl u. Detlev Eifler:* Die Fernbeziehungen der Stadt Erlangen. Ausgewählte Aspekte überregionaler Verflechtungen im Interaktionsfeld einer Universitäts- und Industriestadt. 1978, 83 S., mit 57 Kartenskizzen und Figuren auf 34 Abbildungen.
ISBN 3-920405-46-3 kart. DM 18,–

Heft 41. *Wirth, Eugen:* In vino veritas? Weinwirtschaft, Weinwerbung und Weinwirklichkeit aus der Sicht eines Geographen. 1980. 66 S., mit 4 Kartenskizzen u. Figuren.
ISBN 3-920405-50-1 kart. DM 15,–

* * *

Nicht in den Mitteilungen der Fränkischen Geographischen Gesellschaft erschienen
Sonderbände der Erlanger Geographischen Arbeiten
Herausgegeben vom Vorstand der Fränkischen Geographischen Gesellschaft

ISSN 0170–5180

Sonderband 1. *Kühne, Ingo:* Die Gebirgsentvölkerung im nördlichen und mittleren Apennin in der Zeit nach dem Zweiten Weltkrieg. Unter besonderer Berücksichtigung des gruppenspezifischen Wanderungsverhaltens. 1974. 296 S., mit 16 Karten, 3 schematischen Darstellungen, 17 Bildern u. 21 Kartenbeilagen, davon 1 farbig.
ISBN 3-920405-33-1 kart. DM 82,–

Sonderband 2. *Heinritz, Günter:* Grundbesitzstruktur und Bodenmarkt in Zypern. Eine sozialgeographische Untersuchung junger Entwicklungsprozesse. 1975. 142 S., mit 25 Karten, davon 10 farbig, 1 schematischen Darstellung, 16 Bildern und 2 Kartenbeilagen.
ISBN 3-920405-34-X kart. DM 73,50

Sonderband 3. *Spieker, Ute:* Libanesische Kleinstädte. Zentralörtliche Einrichtungen und ihre Inanspruchnahme in einem orientalischen Agrarraum. 1975. 228 S., mit 2 Karten, 16 Bildern und 10 Kartenbeilagen.
ISBN 3-920405-35-8 kart. DM 19,–

Sonderband 4. *Soysal, Mustafa:* Die Siedlungs- und Landschaftsentwicklung der Çukurova. Mit besonderer Berücksichtigung der Yüregir-Ebene. 1976. 160 S., mit 28 Kartenskizzen u. Fig., 5 Textabbildungen u. 12 Bildern.
ISBN 3-920405-40-4 kart. DM 28,–

Sonderband 5. *Hütteroth, Wolf-Dieter and Kamal Abdulfattah:* Historical Geography of Palestine, Transjordan and Southern Syria in the Late 16th Century. 1977. XII, 225 S., mit 13 Karten, 1 Figur u. 5 Kartenbeilagen, davon 1 Beilage in 2 farbigen Faltkarten.
ISBN 3-920405-41-2 kart. DM 69,–

Sonderband 6. *Höhfeld, Volker:* Anatolische Kleinstädte. Anlage, Verlegung und Wachstumsrichtung seit dem 19. Jahrhundert. 1977. X, 258 S., mit 77 Kartenskizzen u. Fig. und 16 Bildern.
ISBN 3-920405-42-0 kart. DM 30,–

Sonderband 7. *Müller-Hohenstein, Klaus:* Die ostmarokkanischen Hochplateaus. Ein Beitrag zur Regionalforschung und zur Biogeographie eines nordafrikanischen Trokkensteppenraumes. 1978. 193 S., mit 24 Kartenskizzen u. Fig., davon 18 farbig, 15 Bildern, 4 Tafelbeilagen und 1 Beilagenheft mit 22 Fig. und zahlreichen Tabellen.
ISBN 3-920405-43-9 kart. DM 108,–

Sonderband 8. *Jungfer, Eckhardt:* Das nordöstliche Djaz-Murian-Becken zwischen Bazman und Dalgan (Iran). Sein Nutzungspotential in Abhängigkeit von den hydrologischen Verhältnissen. 1978, XII, 176 S., mit 28 Kartenskizzen u. Fig., 20 Bildern und 4 Kartenbeilagen.
ISBN 3-920405-47-1 kart. DM 29,-

Sonderband 9. *Mayer, Josef:* Lahore. Entwicklung und räumliche Ordnung seines zentralen Geschäftsbereichs. 1979. XI, 202 S., mit 3 Figuren, 12 Bildern und 10 mehrfarbigen Kartenbeilagen.
ISBN 3-920405-48-X kart. DM 128,-

Sonderband 10. *Stingl, Helmut:* Strukturformen und Fußflächen im westlichen Argentinien. Mit besonderer Berücksichtigung der Schichtkämme. 1979. 130 S., mit 9 Figuren, 27 Bildern, 2 Tabellen und 10 Beilagen.
ISBN 3-920405-49-8 kart. DM 48,20

Sonderband 11. *Kopp, Horst:* Agrargeographie der Arabischen Republik Jemen. Landnutzung und agrarsoziale Verhältnisse in einem islamisch-orientalischen Entwicklungsland mit alter bäuerlicher Kultur. 1981, 293 S., mit 15 Kartenskizzen, 6 Figuren, 24 Bildern u. 22 Tabellen im Text und 1 Übersichtstafel, 25 Luftbildtafeln u. 1 farbigen Faltkarte als Beilage.
ISBN 3-920405-51-X kart. DM 149,-

Sonderband 12. *Abdulfattah, Kamal:* Mountain Farmer and Fellah in 'Asīr, Southwest Saudi Arabia. The Conditions of Agriculture in a Traditional Society. 1981. 123 S., mit 17 Kartenskizzen u. Figuren, 25 Bildern und 7 Kartenbeilagen, davon 1 farbig.
ISBN 3-920405-52-8 kart. DM 78,-

Sonderband 13. *Höllhuber, Dietrich:* Innerstädtische Umzüge in Karlsruhe. Plädoyer für eine sozialpsychologisch fundierte Humangeographie. 1982. 218 S., mit 88 Kartenskizzen u. Figuren und 19 Tabellen.
ISBN 3-920405-53-6

Selbstverlag der Fränkischen Geographischen Gesellschaft
Kochstraße 4, D-8520 Erlangen